欧亚历史文化文库

总策划 张余胜

兰州大学出版社

16—19世纪中亚各国与俄国关系论述

丛书主编 余太山

蓝琪 著

图书在版编目(CIP)数据

16—19世纪中亚各国与俄国关系论述/蓝琪著 . —
兰州:兰州大学出版社,2012.9
(欧亚历史文化文库/余太山主编)
ISBN 978-7-311-03973-8

Ⅰ.①1… Ⅱ.①蓝… Ⅲ.①国际关系史—研究—中
亚、俄罗斯—16世纪—19世纪 Ⅳ.①D836.09

中国版本图书馆CIP数据核字(2012)第234227号

总 策 划　张余胜

书　　名 16—19世纪中亚各国与俄国关系论述
丛书主编　余太山
作　　者　蓝琪著
出版发行　兰州大学出版社　(地址:兰州市天水南路222号　730000)
电　　话　0931-8912613(总编办公室)　　0931-8617156(营销中心)
　　　　　0931-8914298(读者服务部)
网　　址　http://www.onbook.com.cn
电子信箱　press@lzu.edu.cn
印　　刷　兰州人民印刷厂
开　　本　700 mm×1000 mm　1/16
印　　张　19.25
字　　数　265千
版　　次　2012年9月第1版
印　　次　2012年9月第1次印刷
书　　号　ISBN 978-7-311-03973-8
定　　价　58.00元

(图书若有破损、缺页、掉页可随时与本社联系)
淘宝网邮购地址:http://lzup.taobao.com

出版说明

随着 20 世纪以来联系地、整体地看待世界和事物的系统科学理念的深入人心，人文社会学科也出现了整合的趋势，熔东北亚、北亚、中亚和中、东欧历史文化研究于一炉的内陆欧亚学于是应运而生。时至今日，内陆欧亚学研究取得的成果已成为人类不可多得的宝贵财富。

当下，日益高涨的全球化和区域化呼声，既要求世界范围内的广泛合作，也强调区域内的协调发展。我国作为内陆欧亚的大国之一，加之 20 世纪末欧亚大陆桥再度开通，深入开展内陆欧亚历史文化的研究已是责无旁贷；而为改革开放的深入和中国特色社会主义建设创造有利周边环境的需要，亦使得内陆欧亚历史文化研究的现实意义更为突出和迫切。因此，将针对古代活动于内陆欧亚这一广泛区域的诸民族的历史文化研究成果呈现给广大的读者，不仅是实现当今该地区各国共赢的历史基础，也是这一地区各族人民共同进步与发展的需求。

甘肃作为古代西北丝绸之路的必经之地与重要组

1

成部分,历史上曾经是草原文明与农耕文明交汇的锋面,是多民族历史文化交融的历史舞台,世界几大文明(希腊—罗马文明、阿拉伯—波斯文明、印度文明和中华文明)在此交汇、碰撞,域内多民族文化在此融合。同时,甘肃也是现代欧亚大陆桥的必经之地与重要组成部分,是现代内陆欧亚商贸流通、文化交流的主要通道。

基于上述考虑,甘肃省新闻出版局将这套《欧亚历史文化文库》确定为2009—2012年重点出版项目,依此展开甘版图书的品牌建设,确实是既有眼光,亦有气魄的。

丛书主编余太山先生出于对自己耕耘了大半辈子的学科的热爱与执著,联络、组织这个领域国内外的知名专家和学者,把他们的研究成果呈现给了各位读者,其兢兢业业、如临如履的工作态度,令人感动。谨在此表示我们的谢意。

出版《欧亚历史文化文库》这样一套书,对于我们这样一个立足学术与教育出版的出版社来说,既是机遇,也是挑战。我们本着重点图书重点做的原则,严格于每一个环节和过程,力争不负作者、对得起读者。

我们更希望通过这套丛书的出版,使我们的学术出版在这个领域里与学界的发展相偕相伴,这是我们的理想,是我们的不懈追求。当然,我们最根本的目的,是向读者提交一份出色的答卷。

我们期待着读者的回声。

总 序

　　本文库所称"欧亚"(Eurasia)是指内陆欧亚,这是一个地理概念。其范围大致东起黑龙江、松花江流域,西抵多瑙河、伏尔加河流域,具体而言除中欧和东欧外,主要包括我国东三省、内蒙古自治区、新疆维吾尔自治区,以及蒙古高原、西伯利亚、哈萨克斯坦、乌兹别克斯坦、吉尔吉斯斯坦、土库曼斯坦、塔吉克斯坦、阿富汗斯坦、巴基斯坦和西北印度。其核心地带即所谓欧亚草原(Eurasian Steppes)。

　　内陆欧亚历史文化研究的对象主要是历史上活动于欧亚草原及其周邻地区(我国甘肃、宁夏、青海、西藏,以及小亚、伊朗、阿拉伯、印度、日本、朝鲜乃至西欧、北非等地)的诸民族本身,及其与世界其他地区在经济、政治、文化各方面的交流和交涉。由于内陆欧亚自然地理环境的特殊性,其历史文化呈现出鲜明的特色。

　　内陆欧亚历史文化研究是世界历史文化研究中不可或缺的组成部分,东亚、西亚、南亚以及欧洲、美洲历史文化上的许多疑难问题,都必须通过加强内陆欧亚历史文化的研究,特别是将内陆欧亚历史文化视做一个整体加以研究,才能获得确解。

中国作为内陆欧亚的大国,其历史进程从一开始就和内陆欧亚有千丝万缕的联系。我们只要注意到历代王朝的创建者中有一半以上有内陆欧亚渊源就不难理解这一点。可以说,今后中国史研究要有大的突破,在很大程度上有待于内陆欧亚史研究的进展。

古代内陆欧亚对于古代中外关系史的发展具有不同寻常的意义。古代中国与位于它东北、西北和北方,乃至西北次大陆的国家和地区的关系,无疑是古代中外关系史最主要的篇章,而只有通过研究内陆欧亚史,才能真正把握之。

内陆欧亚历史文化研究既饶有学术趣味,也是加深睦邻关系,为改革开放和建设有中国特色的社会主义创造有利周边环境的需要,因而亦具有重要的现实政治意义。由此可见,我国深入开展内陆欧亚历史文化的研究责无旁贷。

为了联合全国内陆欧亚学的研究力量,更好地建设和发展内陆欧亚学这一新学科,繁荣社会主义文化,适应打造学术精品的战略要求,在深思熟虑和广泛征求意见后,我们决定编辑出版这套《欧亚历史文化文库》。

本文库所收大别为三类:一,研究专著;二,译著;三,知识性丛书。其中,研究专著旨在收辑有关诸课题的各种研究成果;译著旨在介绍国外学术界高质量的研究专著;知识性丛书收辑有关的通俗读物。不言而喻,这三类著作对于一个学科的发展都是不可或缺的。

构建和发展中国的内陆欧亚学,任重道远。衷心希望全国各族学者共同努力,一起推进内陆欧亚研究的发展。愿本文库有蓬勃的生命力,拥有越来越多的作者和读者。

最后,甘肃省新闻出版局支持这一文库编辑出版,确实需要眼光和魄力,特此致敬、致谢。

余太山

2010 年 6 月 30 日

目录

导　言

　　本书论述的中亚地区指苏联解体之前中亚的 5 个加盟共和国(哈萨克、乌兹别克、土库曼、吉尔吉斯、塔吉克苏维埃社会主义共和国)及阿富汗。中亚国家与俄罗斯关系的研究是国际关系研究中的一个组成部分。中亚地处欧亚大陆的中心,俄罗斯地处欧洲东部边缘,在东欧平原上。从地理位置上看,这两个地区之间存在着许多障碍,但是在里海北岸交通还是便利的。乌拉尔山脉只是一道久经销蚀、平均高度仅2000 米的山脉,它逶迤南下到北纬 51 度处就不再延伸,留下了一片伸展到里海的宽阔平坦的沙漠地带,东欧平原与这片沙漠区连成一片;而一直向西延伸的中亚北部草原也逐渐渗入里海北岸沙漠,在此与东欧大平原相遇。这一地形有助于东欧平原与中亚草原的交通。

　　俄罗斯的自然地理特征,使它更多的与亚洲联系在一起。就是俄罗斯的欧洲部分,相对于西欧来说,也更加接近于亚洲。俄罗斯平原地面特点单调,整个地面几乎只有一种地形,即平原。在这个平原的南部是一望无际的干旱草原,这片草原是亚洲内陆草原不间隔的延续,在地质结构上与亚洲草原完全一样。俄罗斯与亚洲在气候上的联系也很密切。俄罗斯平原与亚洲腹地都远离海洋,属于大陆性气候。乌拉尔山从来不是游牧与定居的分水岭。亚洲的游牧人把自己的牧群赶到现在的南俄罗斯草原上,在伏尔加河和德涅斯特河之间的地带扎营,他们从未感觉到他们离开了亚洲而步入了一个新的大陆,也从不需要改变自己的生活方式。而当他们越过喀尔巴阡山,来到现在的匈牙利之时,他们中的大多数人都放弃了自己以前的游牧生活,很快成了定居居民。亚洲游牧者的生活实例,说明了欧俄所处之地与亚洲在自然地理上的一致性。

　　本书分两条线进行。一条线写中亚诸汗国的创建、形成和发展。

·欧·亚·历·史·文·化·文库·

在 15 世纪末到 16 世纪初,中亚形成了 3 个汗国,成吉思汗术赤系后裔的一支在七河地区建立了哈萨克汗国;另一支在中亚腹地建立了布哈拉汗国和希瓦汗国,到 18 世纪初,从布哈拉汗国中又分裂出浩罕汗国。16 世纪初期建立起来的 3 个中亚汗国(哈萨克、布哈拉和希瓦汗国)尽管由于封建割据政权的影响,中央集权程度不高,但是,它们仍然是能够独自与他国进行外交活动和签订条约的主权国家。因此,16 世纪可以看成中亚国家的形成时期。

另一条线写俄国历史的发展过程。以莫斯科为中心的俄罗斯统一国家是 15 世纪末钦察汗国瓦解后的产物。莫斯科公国在摆脱钦察汗国的统治之后,加速了"统一罗斯"的过程。前苏联史学界认为俄罗斯民族与国家的形成是同步的,时间为 15—16 世纪。中亚诸国与莫斯科公国一样,在 16—17 世纪的 200 年中致力于国家的巩固,并且积极向外扩张,与周边邻国争夺地盘。但是,中亚汗国与沙皇俄国的发展却很不一样。中亚诸国始终未能加强中央集权,所以国家政权很不巩固;而莫斯科公国经过几代大公的治理,中央集权得到加强,逐渐形成并巩固了俄国的统一。本书指出了造成这种结果的原因。

本书将 16—19 世纪中亚与俄国的关系分为两个阶段进行探讨,16—17 世纪为第一阶段,18—19 世纪为第二阶段。在第一阶段中,中亚诸国与俄国之间尽管发生了一些冲突,但是,两者之间的关系基本上是和平交往。在 16 世纪中叶以前,中亚 3 个汗国与俄国的领土没有接壤,中亚西北部与俄国东南部领土之间隔着伏尔加河中游的喀山汗国和伏尔加河下游的阿斯特拉罕汗国;中亚北部和东北部与俄国之间被西伯利亚汗国将两者分开。在这一时期内,除了哥萨克人对中亚北部哈萨克草原和希瓦西北地区的侵扰外,中亚与俄国之间没有发生直接的武装冲突。16 世纪中叶,俄国先后灭喀山汗国和阿斯特拉罕汗国;1587 年,俄国又征服西伯利亚汗国。于是,哈萨克汗国在西部和北部,希瓦汗国在西北部分别与俄国东部和东南部的领土接壤。两个汗国与莫斯科公国发生了武力冲突。尽管如此,在这一阶段的交往中,冲突不是双方关系的主流。

在 16—17 世纪,中亚诸国与莫斯科公国之间关系的主流是贸易交往。15 世纪末期在远离中亚的地方发生了两件事,即哥伦布横跨大西洋的航行(1492 年)和达·伽马开辟了绕过非洲通往印度的航线(1498年),这两件事后来影响了中亚的命运。穿越中亚草原和沙漠的"丝绸之路"逐渐让位于经红海和绕过非洲的两条海路,这是其一。俄国强大起来以后,垄断了中亚国家与西方国家的贸易,中亚诸汗国在西方只能与俄国进行贸易,这是其二。于是,河中地区(阿姆河与锡尔河之间地区)的布哈拉和希瓦汗国、七河地区的哈萨克汗国及后来的哈萨克 3 个玉兹,[1] 还有费尔干纳地区的浩罕汗国和里海西南的土库曼斯坦从16 世纪下半叶起与俄国的贸易日益加强。

在 16 世纪中叶以前,中亚与俄国之间的贸易基本上仍沿着以往的路线进行,贸易中心是伏尔加河中游、卡马河岸的保加尔城和伏尔加河河口附近的伊蒂尔城。布哈拉商人经锡尔河草原地带和穿越咸海西北部的沙漠来到这两个城市;希瓦商人则从乌尔根奇出发,渡里海到达伏尔加河河口,再经陆路到达伊蒂尔城和保加尔城。

16 世纪中叶以后,随着俄国对喀山和阿斯特拉罕两个汗国的征服,中亚与俄国之间的贸易转移到喀山、阿斯特拉罕城和西伯利亚的托博尔斯克城等城市。随着贸易中心的南移,花剌子模绿洲的地位重要起来,成为联系中亚南部市场与北部 3 海(咸海、里海和黑海)北岸贸易的便捷之地。在 17 世纪,中亚与北方托博尔斯克城的贸易也发展起来。中亚商人到托博尔斯克的贸易路线是经伊施姆河、额尔齐斯河到托博尔斯克城的。在托博尔斯克城和西西伯利亚的另一些城市有布哈拉人的侨居区。

布哈拉汗国和希瓦汗国与俄国除了贸易往来外,在 16—17 世纪期间双方还开始了正式的使节访问。使节互访涉及的内容集中在两国之

---

〔1〕对"玉兹"有两种解释,一种认为玉兹一名来自阿拉伯语 juzc,意思是"一部分"或"一个分支";另一种解释认为它源于突厥语 yuz,意为 100。玉兹是有血缘关系的部落联盟,一个玉兹内包括若干称为"耶利"的氏族部落,这些部落由大小不等的血缘集团组成,并以其先祖如"乃蛮"、"克烈"等名命名。

间的贸易、释放俄国奴隶、协商中亚穆斯林途经俄国领土前往麦加朝圣，以及俄国经中亚南下印度洋的道路等等问题上。

这一时期，俄国与中亚交往中成功解决的问题是探测通往印度的道路。俄国探测从中亚南下印度的目的终于达到，实现了俄国近100年来的愿望。

纵观16—17世纪200年来中亚诸国与俄国在政治、经济中的交往，可以知道，在沿袭以往经济交流的基础上，双方之间的关系，无论是政治上的还是经济上的都在不断加强，而且这种关系基本上是平等的。这种平等关系是建立在双方国力差距不大的基础上的。从生产力的角度来看，16—17世纪时它们都处于同一发展水平上，俄国并没有明显的优势。

18—19世纪的200年为中亚与俄国关系发展的第二阶段。18世纪以后，中亚诸国与俄国朝着不同的历史轨迹发展。从文明史的角度上看，18世纪是人类历史上的分水岭，是人类社会从农业文明走向工业文明的转型时期。此时，历史发展的缓慢节奏和停滞的外观突然发生了变化，生产力像泉水一样喷涌而出，人类社会被注入了新的活力。由于俄国受西部影响，虽然工业文明的步伐不如欧洲，但是，也在朝着这一方向缓慢地前进。而中亚由于远离工业文明的发源地，对外界的事物不甚了解，仍然沿着以往的轨迹前进。

从政治史的角度上看，18世纪世界正在酝酿着空前剧烈的变革。以英国的产业革命、美国的独立战争、法国的大革命为标志，世界历史进入了新纪元。在这种国际环境中，俄国的政治制度在西方的影响下，也逐渐发生变化，开始走上资本主义道路。然而，当世界正在发生巨变之时，中亚仍在沿着封建经济的老路缓慢地前进，而且还出现了政治、经济和文化衰退的现象。造成这种现象的主要原因是中亚政治上的频繁动乱。除以前已经存在的布哈拉和希瓦两个汗国外，从布哈拉汗国中又分裂出浩罕汗国。这种状况直到18世纪下半叶才得到扭转。19世纪上半叶，中亚国家在逐渐兼并封建小领地的基础上，也趋向于联合和统一。但是，19世纪中叶俄国的征服打断了中亚国家发展的进程，中亚国家的发展被纳入殖民地和半殖民地轨迹之中。

19世纪20年代以后,在西方列强争夺殖民地的历史进程中,中亚国家付出了巨大代价。哈萨克汗国在这一时期内瓦解,被俄罗斯兼并;布哈拉汗国和希瓦汗国成了俄国的保护国;浩罕汗国最终也被俄国兼并。

本书站在中亚国家的立场上探讨了中亚诸汗国被俄国兼并的原因,指出:在不到半个世纪的时间里,俄国征服了中亚的3个汗国及东、西两翼地区,除了俄国国力强大和国际环境外,中亚与俄国的地理联系,以及中亚国家的政治分裂、经济落后和军事力量软弱也是迅速被俄国征服的原因。

中亚地区在政治上是分裂的。汗国内封建割据与中亚国家实行的分封制分不开,中亚国家实行的分封制与这一时期俄国所采取的分封制有着本质的区别。中亚诸汗国对汗室成员的分封扶持了一个个与汗国对立的割据政权;选择这一手段的原意本来是为了统一汗国,将王公贵族与王室永久地联系起来,从而加强王权,而其结果却导致了王权的削弱、王公贵族的独立和汗国的瓦解。俄国在这一时期的分封制度培养了一批服役贵族,他们的利益与沙皇联系在一起,成为支持沙皇中央集权的一股力量。

中亚诸国之间为了夺取一些独立领地进行着无休止的战争,这些战争与中亚各国内部的封建割据战争一起阻碍了中亚经济的发展。18世纪上半叶,中亚的绿洲水利设施遭到战乱的破坏,社会经济衰退。到18世纪中叶以后,社会生产得到了一定程度的恢复和发展,中亚经济出现了转机。中亚经济虽然有了一定的发展,但是,各个地区经济的发展很不平衡。比较先进的地区集中在泽拉夫善河流域、花剌子模绿洲等小部分,它们被周围广阔的荒漠地带所包围、所制约,难以打破传统的经济格局。

中亚诸汗国统治者对被统治者的剥削也阻碍了中亚经济的发展。在农村,由于没有固定的税收制度,税额被征税人增加了若干倍,布哈拉、希瓦和浩罕的农民要交纳各种各样赋税。除了苛捐杂税外,农民还要负担各种劳役,如建造宫殿和军事要塞、清理沟渠、修筑道路等;而且,这些劳役常常在农忙期间进行。19世纪初,中亚诸汗国已经出现封建制度解体阶段中的代表性特征,即以货币地租取代实物地租,这种趋势促使农民迅速走向破产。因为,农民在将实物转换成货币的过程中,又受到了高利贷者的剥削。手工业者和小商贩也受到沉重的封建压迫和高利贷者的剥削,商业的发展也因沿途交付的重重关税,以及对非穆斯林商人抽取的附加税而受到阻碍。

中亚统治者和封建主不仅对中亚人民进行经济剥削,而且还对中亚人民实行政治压迫。埃米尔和伯克进行审讯和治罪是随心所欲的,人们因为一点点小过失就可能被汗或埃米尔没收全部财产。统治者对广大民众还广泛采用死刑及终身监禁于地牢。封建剥削和压迫阻碍了中亚经济的发展,激化了统治者与被统治者之间的矛盾,18—19世纪反对埃米尔、汗、伯克、拜依、比等统治阶级的各族农民起义不断爆发。

中亚诸汗国经济落后的这种局面造成了中亚诸政权军事力量的虚弱。在布哈拉和希瓦两汗国中几乎没有常备军,通常是在战争时期召集民兵,有时候还用棍棒把农民和手工匠驱赶去参战。军队的训练很差、装备恶劣,不可能抵御俄国军队。

政治上的分裂、经济上的落后和军事力量的软弱,使中亚成为俄国极易得手的猎物。俄国在中亚经过30多年的战争,除了将布哈拉和希瓦两个汗国沦为其保护国外,中亚其余地区都被纳入了沙皇俄国的政治版图,其面积相当于西欧的大陆部分。

本书最后阐述了俄国征服中亚对中亚历史发展的影响。俄国的征服和统治改变了中亚的战略地位。在历史上,处于欧亚大陆中心的中亚在几千年中一直有着重要的地位,凭借着得天独厚的地理优势,中亚曾是欧亚大陆商路的必经之地和商业贸易中转站,是东西方经济和文化交往的汇合点,也是东西方大国角逐较量的主要舞台之一。俄国征服中亚以后,中亚在政治上成为俄罗斯帝国整体战略布局的一部分,只能在俄国的范围内发挥作用,中亚的战略重要性下降了。它只是俄国通向两个东方大国,即中国和印度的通道和俄国推行其亚洲政策的前沿。

从经济的角度来看,中亚经济被纳入俄国的经济体系,成为东欧经济的边缘区,边缘化的结果导致了中亚经济的畸形发展。中亚经济具有殖民地经济特征:在俄国人的倡议下,中亚的棉花栽培有了惊人的增长,曾经是粮食自足的中亚以后却要依靠俄国的进口。中亚在中世纪的优势产业——纺织业——最终被淘汰,英俄两国纺织品占领了中亚市场。

俄国在中亚促进俄罗斯化。俄国政府在中亚确立俄语的地位,禁止各民族用自己的语言授课。为了有利于俄国文化和影响的传播,俄国在塔什干开办俄语小学,在哈萨克人的游牧学校里采用俄语字母注音。俄国还禁止用民族文字出版书籍和报纸。这些做法激化了俄国文化与当地本土文化即突厥或伊斯兰民族文化之间的紧张关系,给中亚各族人民造成了深刻的文化与心理危机。

俄国在中亚的移民改变了中亚的民族结构,在中亚引起了新的民族矛盾。19世纪90年代,俄国政府鼓励移民,大批俄罗斯、乌克兰农民涌入中亚,改变了中亚的民族构成。俄国政府在中亚采取民族歧视政策,对俄罗斯、乌克兰人和中亚当地人采取不平等的民族政策,这些政策激起了中亚当地人与俄罗斯移民的矛盾。在俄国征服中亚以后的19世纪后期,中亚地区反殖民压迫的起义不断发生。

尽管如此,俄国对中亚的征服和统治在客观上也产生了一定的积极影响。俄国征服中亚改变了中亚社会发展的方向。中亚成为了俄国的殖民地,这一过程充满着暴力和侵略,但是,也不自觉地把某些先进的生产力带到了中亚:中亚出现了资本主义性质的农业和农产品初加工企业;矿产的迅猛开采,推动了矿产资源的开发和促使原料初级加工业的发展;外里海铁路及奥伦堡到塔什干线等重要铁路的建筑,便利了外国资本进入中亚市场。所有这些都带动了中亚商品经济的发展,促进了生产力的增长,与此同时,也促进了中亚工人阶级和民族资产阶级的形成。

俄国的征服和统治,客观上为中亚的教育与社会生活带来了一些文明的因素,改变了中亚地区教育依附于宗教的现象。由于俄罗斯、乌克兰移民的涌入和俄罗斯教育的普及,中亚地区的文化呈现多元化特征。草原文化、定居文化、伊斯兰文化、基督教文化、古老的亚洲文化、现代的西方文化汇集于此,促进了中亚文化的多元性发展。

俄国在中亚的军事扩张与殖民统治尽管在某种程度上加速了该地区近代社会生产力与工业文明的发展,但是,它给中亚社会带来的消极影响也是很大的,这是必须承认的。

苏联解体以后,中亚5个加盟共和国踏上了独立建国的征程,中亚地区从沙俄和苏联时期的边缘地区回归到世界的怀抱之中,确立了自己应有的地位。由于地理位置的重要性和自然资源的丰富,回归之后的中亚再次成为大国角逐的地区。这一次中亚国家面临的大国不是英国和沙俄,而是美国与俄罗斯。

纵观16—19世纪中亚国家与俄国的发展,考察400年来中亚国家与俄国关系的轨迹,不难看出:中亚国家依靠自身的力量防御大国是有困难的。从历史中吸取教训,中亚独立国家正在参与创建、加入国际或区域合作组织,构建多形式、多领域、多成分的地区安全体系,以保证中亚国家的独立和经济的发展。

外国在中亚建立军事基地和驻军给邻近国家的安全造成了潜在的威胁。美国和俄罗斯两个大国在中亚的角逐直接关系到中国西部边疆的安全。中国新疆地区与哈萨克斯坦、吉尔吉斯斯坦、塔吉克斯坦3国有着长达3000多公里的边界,中亚国家的稳定对于维护中国西部边疆的安全至关重要。

中亚5国独立以后,中国注重"发展经济和安全合作"的价值取向获得了中亚国家执政者的信任,中亚国家普遍将中国视为对外关系的重点。经过共同努力,中国与哈萨克斯坦、吉尔吉斯斯坦和塔吉克斯坦的边界问题顺利解决,增进了相互之间的信任和理解。如今,中国与中亚5国已经形成了好邻居、好朋友、好伙伴的关系。中国与中亚国家的睦邻友好关系有利于维护中国和中亚地区的和平与安全,为中亚地区的稳定提供了现实的保证。实践证明,中亚国家要巩固独立,发展经济,必须有安全的环境。中亚国家的安全体系要依靠国际社会的合作。

15世纪末至16世纪初，欧亚大陆中部发生了重大的历史变化：统治着欧亚大陆的蒙古汗国纷纷瓦解，周边势力涌入欧亚中心地带，瓜分它们的遗产。在这一过程中，成吉思汗系后裔在中亚建立了哈萨克、布哈拉和希瓦3个封建汗国；诸罗思（pycb）公国在摆脱钦察汗国的统治以后，逐渐形成了以弗拉基米尔·苏兹达尔公国为主的东北罗思、以诺夫哥罗德共和国为主的西北罗思和以加利奇·沃伦公国为主的西南罗思3个地域中心。以后，地处东北罗思的莫斯科公国经过几位王公的励精图治，兼并了其他罗思公国，形成了统一的俄国。

在16—17世纪期间，中亚3个汗国和俄国对内积极致力于中央集权的构建，对外极力地扩张地盘。然而，无论是中央集权还是对外扩张，中亚3个汗国都未取得像俄国那样的成就。俄国对内建立了中央集权统治，对外征服了在钦察汗国领地上建立的西伯利亚汗国、诺盖汗国、喀山汗国、阿斯特拉罕汗国，形成了地域广大的沙皇俄国。

在这一时期内，中亚诸汗国与俄国之间在经济上保持着以往的贸易联系，在政治上开始了使者互访。双方使者就两国之间的贸易、释放俄国奴隶、中亚穆斯林取道俄国到麦加的朝圣，以及俄国经中亚南下印度洋的道路等等问题进行了交涉。在这一时期的交往中，尽管在双方领土毗邻地区有过一些武力冲突，然而，双方关系基本上是友好的。

1 欧亚草原的地理历史概况

通常的"中部欧亚"或"欧亚中部"指欧洲和亚洲之间的地区,在16世纪中叶以前,"中部欧亚"的范围很大,东起蒙古高原(Mongolian Plateau),西至喀尔巴阡山(Carpathians)的地区都被称为欧亚中央地带。古代著作中提到的"中部欧亚"普遍指欧亚大陆的草原地带,即欧亚草原(Euroasian Steppe)。欧亚草原哺育了众多的游牧民族,几乎可以说是所有印欧种和蒙古种游牧民族的摇篮。历史进步是各种文化互相交流、互相补充的结果,原始人类的相互交往很早就开始了,从考古资料可以了解到新石器时代乃至旧石器时代远古人类的交往。从文字资料可以考查到公元前3至前2千纪年间人类各聚落之间的交往,欧亚草原是原始人类频繁迁徙的通道。在丝绸之路开通以前(公元前2世纪以前),欧亚大陆之间的交通就已经存在着一些固定的路线。

1.1 地理概况

地理学家常用"欧亚"一名叙述全球最大的欧洲和亚洲陆地板块,在这片广袤大陆的西部是欧洲,东部是亚洲。欧亚大陆被分成欧洲和亚洲这一习惯在公元前5世纪就已经形成,并被人们接受。在希罗多德的书中,就已经出现欧亚非3洲的划分。尽管如此,希罗多德认为这种划分是非逻辑性的,他不明白:"为什么一整块大地却有三个名字。"[1]

自古代起,乌拉尔山(Urals)和乌拉尔河(Ural. R)成为欧洲和亚洲的分界线,但是,乌拉尔山脉和乌拉尔河流从来没有阻挡过生活在此

---

〔1〕〔古希腊〕希罗多德:《历史》,第4卷,第45节,商务印书馆,1985年。

山脉两面和河流两岸人们的交往。要在欧洲和亚洲之间画一条更加清晰和逻辑的界线是不可能的,如果必须划分,那么,地中海和黑海更应该成为欧洲与非洲、欧洲与亚洲的天然分界线。

如果按照传统观点,"欧亚"指欧洲和亚洲板块的话,那么"中部欧亚"或"欧亚中部"必定就是指这块大陆的中部地区。自从欧亚大陆有了"欧洲"和"亚洲"划分,欧洲与亚洲便成为两个互相对立的概念。在欧洲人眼中,亚洲是另一个统一的整体,它与欧洲在本质上不同。即便如此,这种对立在欧亚大陆的某些地区,或者可以肯定地说,在欧亚大陆的接合部"中部欧亚"或"欧亚中部"是不存在的,无论从地理上还是从文化上来看,"欧亚中部"历来是一个整体[1]。其间,成为两大洲分界线之一的乌拉尔山脉只是一道平均高度仅 2000 米、久经销蚀的山脉,并且它逶迤南下到北纬 51 度处就不再延伸了,留下一块伸展到里海(Caspian)的宽阔平坦的沙漠地区,整个平原可以看成一个统一体;作为两大洲分界线另一标志的乌拉尔河就更不用说了,河流自古不是地理交通的障碍,而是途径,古代最早的交通工具不是车,而是独木舟。按今天的认知,人类起源于非洲。从考古发掘中可以认定,"欧亚中部"是最早人类东迁的过道,在远古时代,"欧亚中部"的东西往来超过了世界上任何地区,可谓气势磅礴。

"印欧种人"一名的产生可以揭示欧亚草原牧民在欧亚大陆上迁徙的事实。18 世纪的欧洲语言学家们发现,亚洲的印度语(Indic)、伊朗语(Iranian)、赫梯语(Hittite)、吐火罗语(Tocharian)与欧洲的斯拉夫语(Slavic)、日耳曼语(Germanic)、罗曼语(Romance)、凯尔特语(Celtic)、希腊语(Greek)、阿尔巴尼亚语(Albanian)存在着某些共同点,因此,取印度和欧洲两词,构成"印欧语"一名,说这些语言的人都被称为印欧种人(Indo - European people)。印欧种人在体质形态上属于欧罗

---

〔1〕美国学者丹尼辛诺认为:"这块大约 800 万平方英里的广袤区域不是一个地理上的统一体,它是一个由许多陆块和植被带组成的巨大王国。"(见〔美〕Denis Sinor: *Inner Asia*, Pullished by Indiana University, Bloomington, 1971, p.2.)从欧亚大陆南北走向来看,此观点是正确的,而从欧亚草原来看,此观点尚待商榷。任何一个地区都是由许多陆块组成的。

巴人种,早先大概生活在黑海地区。公元前 4 千纪在中部欧亚(即今天被称为"南俄罗斯草原"的地方)正在驯化野马;公元前第 18 世纪,马拉车的现象出现,乘坐马拉车的印欧种人从中部欧亚开始向东西方迁徙,这一运动持续了近两千年,对区域文明产生了巨大影响。这些外迁的游牧民以后在欧亚大陆定居下来,他们的语言也开始发生变化。尽管如此,语言学家们找到了他们语言之间的联系,将他们统一称为说印欧语的人,即印欧种人。

尽管如此,"中部欧亚"作为一个地理名称是不科学的,因为它没有明确的地缘界定。今天我们所说的"中部欧亚"大陆的地理范围已经很小,主要指俄罗斯和中亚 5 国,最多将阿富汗和巴基斯坦囊括其中。而在 16 世纪中叶以前,"中部欧亚"的范围很大,东起蒙古草原,西至喀尔巴阡山的地区都被称为欧亚中央地带。其中,包括了第聂伯河(Dnieper. R)流域、伏尔加河(Volga. R)流域、乌拉尔河流域、额尔齐斯河(Irtysh. R)流域和鄂尔浑河(Orkhon. R)、克鲁伦(Kerulen. R,古怯绿连河)河流域。尽管中部欧亚地区东西延绵数千公里,然而,从南北纵向来看,历史学家们所提到的"中部欧亚"仅仅指"中部欧亚"的草原和沙漠地带。

"中部欧亚"大陆在纬度上呈现出明显的变化。从北极圈以南到北回归线之间,"中部欧亚"大陆可以划分出 4 个不同的生态圈,尽管每两个生态圈之间的界线不可能非常清晰,存在着过渡带,但是,按植被观察,四个生态圈毕竟是可以区分开的。欧亚中部地区从北到南是苔原、森林、草原和沙漠;其中北冰洋在欧亚中部地区的最北部。在北极圈以南的地区,是一片被称为冻土带的结冰沼泽地,其地貌是苔原自然带。苔原带往南是森林地带,即泰加森林。这片森林又分为南北两个部分,北部以常绿的针叶树为主;南部以落叶树为主。北部森林地带的南缘和南部森林的北缘是混合生长的阔叶和针叶林。从泰加森林再往南,是一片森林草原地带,这是从森林向草原过渡的地带,森林由北向南逐渐消失,最后是广袤的草原。草原地带再向南,逐渐过渡到了沙漠,沙漠上有少数可以农耕的绿洲。苔原、森林、草原、沙漠这 4 个地区

·欧·亚·历·史·文·化·文·库·

都是以带状形式覆盖的从匈牙利到中国、从北极圈到波斯高原的广阔地区。

在这4个地带内,苔原地带的居民完全靠有限的狩猎和驯鹿的苔原经济为生,狩猎和驯鹿基本上是不能再生的一种经济形式,它不可能成为维持高密度人口的基础。因此,在这一地区从未产生过大的人类集团,也就没有形成大的政权形式。在古代著作中提到的"中部欧亚"的历史将他们完全排除在外。森林地带的情况在某些方面与苔原相似,泰加森林(tianya)带的绝大部分下面是永久冻土,不适于从事农业,其居民靠捕鱼和打猎为生。捕鱼和打猎虽然相对来说较为容易维持一个比较密集的集体的生存,如在17世纪的西伯利亚,一个通古斯狩猎氏族的人数是在15-25人之间。然而,它也是一种不能再生的经济形式,不能支持较大的组织(尽管也有300-700人氏族的记录)的生存和发展。所以,森林地带的居民也没有建立过大的政权。在古代著作中提到的"中部欧亚"的历史也没有将他们包括在内,最多作为"林中百姓"被纳入在草原地带建立的大帝国之中。

古代著作中提到的"中部欧亚"普遍指欧亚大陆的草原地带,即欧亚草原。与以上两个地带不同,草原地带是哺育了众多的游牧民族,几乎可以说是一切印欧种和蒙古种游牧民族的摇篮。草原地带的北缘接着森林地带,南部边沿大致在北纬40度左右,其边界线是黑海海岸、高加索山脉(Caucasus. M)北坡、里海北岸、帕米尔山(Pamir. M)区、昆仑山脉(Kunlun. M),以及转向南方流入华北平原之前的黄河。在欧亚草原上,在相对来说较小的地区内有农耕生产,但是,农业在整个经济中只起到勉强的作用,居民靠畜牧业生活,并在一定的范围内游牧,史书常用"追逐水草"这句话来描述他们的生活。

在欧亚草原带有着世界上最优良的牧场,从东向西,有鄂尔浑河和克鲁伦河畔草原、鄂尔多斯草原、察哈尔草原、乌拉尔山区草原、东欧平原东部的伏尔加河—卡马河(Kama. R)流域、库班草原、北高加索平原、黑海草原,这些优良牧场养育了大批牧民。考古学的发现和古文字的解读表明,从新石器时代起,在东西长约5000公里,南北宽约1000

公里的欧亚大草原上,畜牧社会开始出现了经济差异;在青铜时代,经济上的差异明显起来,公元前1千纪初期,青铜时代的草原畜牧部落基本上已经完成了向各种形式的游牧生活的过渡,游牧经济最终确立起来。在游牧经济的基础上,游牧政权开始形成。在这片草原上建立过强大游牧政权的民族很多,其中留下了名字的有:公元1世纪的匈奴人;公元3世纪的鲜卑人;5世纪的柔然人;6世纪的突厥人;8世纪的回鹘人;9世纪的黠戛斯人;10世纪的契丹人;12世纪的克烈人(或乃蛮人);13世纪的蒙古人;15世纪后期至16世纪的乌兹别克人和哈萨克人。

在欧亚草原上,畜牧经济主要依靠马、牛、羊,它们既是主要的商品,也是国家财富。在马、牛、羊中,又以马为主要财富和强大的象征。可以说,游牧政权的力量是以能控制的坐骑数量确定的。"中部欧亚"马匹的品性优于其他地区。自从希罗多德以来,"中部欧亚"马的优良品质是有口皆碑的。它们在西方人眼中非常丑,但是它们的耐力、耐寒力及节省饲料的品质是无与伦比的,它们能够从大雪覆盖的地里掘出食物,它们还可以通过吃树枝、树皮或其他植物活下来。

草原地带以南是沙漠,其中有河中地区的克齐尔库姆沙漠和阿姆河以南的卡拉库姆沙漠;塔里木盆地的塔克拉玛干沙漠;从西南贯穿东北的大戈壁滩,它从罗布泊(戈壁滩在此与塔克拉玛干沙漠相接)起,到中国东北边境上的兴安岭止。在沙漠中,一块块绿洲星罗棋布。在中部欧亚的绿洲上,曾经建立过城邦国家,存在时间较长的有:6—7世纪以撒马尔罕城为中心的康国,8—9世纪附属于阿拔斯哈里发王朝的塔希尔王朝,10世纪波斯人的萨曼王朝,11—13世纪的喀喇王朝,15世纪的帖木儿帝国,16—19世纪的布哈拉、希瓦汗国和浩罕汗国。由于绿洲经济的限制,这些国家的规模都不大,尽管对外扩张战争不断,然而,始终未能以绿洲建立起庞大的帝国。

欧亚草原及沙漠绿洲的气候属典型的大陆性气候,突出特征是极其干燥。"中部欧亚"大陆块与任何一个海洋的距离几乎都达2000英里,大西洋暖湿气流,从波罗的海和黑海要经过几千英里才能进入欧亚草原。加之,"中部欧亚"大陆东南高西北低的地势,使来自印度洋的携带大量雨水的季风和来自太平洋的潮湿空气受阻。干燥的另一个原因是日光充足,蒸发量大。阿姆河三角洲水面的年蒸发量达 1798 毫米,比该地区的降水量大 21 倍。[1] 缺水现象在欧亚中部、东部比西部严重得多。欧亚大陆的年降水量在 300 毫米以下,而咸海(Aral Sea)附近和土库曼斯坦的荒漠年降水量仅为 75 ~ 100 毫米,帕米尔的年降水量仅为 60 毫米。在这种气候环境下,"中部欧亚"地区的经济受到极大影响。

原始人类的相互交往很早就开始了。从相关的考古资料可以了解到新石器时代、乃至旧石器时代远古人类的交往;从相关的文字资料可以考查到公元前 3 至前 2 千纪左右人类的交往,例如,对印度印章的研究可以了解两河流域与印度河流域在公元前 3 千纪的贸易关系。实际上,在丝绸之路开通以前(公元前 2 世纪以前),欧亚大陆之间就已经存在着一些固定的路线。

在"中部欧亚"大陆,大约在北纬 45 度左右,横亘着连绵不断的高山,从东到西有兴安岭(Qadirkhan)、阴山、祁连山、阿尔泰山(Altai. M)—天山、札格罗斯山(Zagros. M)、高加索、托罗斯山(Taurus. M)、喀尔巴阡山。这一连串的高山与其间的黑海、里海、咸海共同形成了一道屏障,将欧亚大陆分成南、北两个部分。北部是一片干旱草原和沙漠,在这条草原和沙漠地带上,大约在北纬 50 度附近形成了一条东、西向的交通大动脉,被称为草原之路。南部是沙漠和绿洲,其间也有一条由绿洲串起来的、弯弯曲曲的东西交通之路。

考古资料表明,欧亚草原是东西方沟通的最早通道,向东可以到达蒙古草原,向西可通往匈牙利草原,成为连接东西方的天然桥梁。这既是原始人类迁徙的通道,又是文化交流的场所。持续的迁徙和交流使中央欧亚有机会吸收到东、西方先进文化的成分,在石器时代、青铜时代和铁器时代,欧亚草原文化都受到了外界的影响。

---

〔1〕赵常庆:《中亚五国概论》,经济日报出版社,1999 年,第 7 - 8 页。

草原之路西起顿河入黑海的海口城市塔奈斯,然后溯顿河而上,经过希罗多德所记的一系列部落的住地,到达阿尔泰山支脉的石头平原。在马被驯化和役使之后,游牧民靠骑马驾车,在几个月的时间内就可跑上几千里。希罗多德对这条西起顿河河口、东达阿尔泰山的商路深信不疑,因为自他生活的公元前5世纪起,斯基泰人(Scyths)在这条路上就非常活跃。从公元前1千纪初期起,在这条草原之路上从东向西运输的主要商品是黄金,黄金从阿尔泰山源源不断地流往黑海沿岸,再流向西方,希腊迈锡尼文化就以黄金著称。为了寻求黄金,斯基泰人奔走在这些路上,黄金作为斯基泰文化的载体,已经成为斯基泰文化的一个特征。黄金被阿尔泰山的阿里马斯普人控制,由伊赛多涅斯人、秃头人转卖到给斯基泰人。

阿尔泰山并不是这条草原之路的终点,它与中国内地西去的道路相连,这一段可以看成草原之路的东段。在公元前1千纪上半叶,中国中原地区与西方的交往主要是依靠草原之路东段。它起源于洛阳,经过漠北草原,由鄂尔浑河地区向西沿着杭爱山之北,经科布多盆地至阿尔泰山南麓,然后,顺额尔齐斯河至斋桑湖。在阿尔泰山到中国内地的这条商道上,输往中国内地的主要商品并非黄金而是玉石。自殷周以来,中原贵族社会内建立起一套礼制,玉石成为行礼时所用礼器的重要材料之一,需求量很大。在这条商路上,中国运往西方的商品主要有丝绸、漆器、铜镜等,这些商品也受到西方商人的珍视。据美国《全国地理》杂志报道,[1]德国考古学家在原西德南部斯图加特的霍克杜夫村发掘了公元前5世纪的一座古墓,发现墓中人遗体上有中国丝绸的残片。

欧亚南部的东西交通在公元前3至前2千纪也已经形成。据相关考古和文献资料证实,这一时期,从今阿富汗境内的巴达克山(Badakshan)到地中海东岸和埃及的道路畅通,它途经伊朗、美索不达米亚

---

〔1〕〔美〕《全国地理》,1980年第3期,引自杜石然等:《中国科学技术史稿》(上册),科学出版社,1982年,第229页。

·欧·亚·历·史·文·化·文·库·

(Mesopotamia)、叙利亚,然后南至埃及、北至安纳托利亚高原(Anatolia Plateau)。在这条路上,从东至西运输着天青石,因此,又被称为"天青石之路"。天青石是一种在特殊地质条件下形成的矿石,只有亚洲少数地区有这种地质条件,古代就得到开采的天青石矿只有巴达克山一处,而且世界上质量最好的天青石矿至今仍在此地。

除了山北的草原之路和山南的天青石之路这两条东西交通大动脉外,南北之间还有许多通路,成为游牧民族与农耕定居民族交往的路线。在公元前 3 至前 2 千纪时,南北交通沿山隘、海岸也形成了一些固定的路线。

南北之间从西向东的固定路线有:从黑海西岸通往巴尔干(Balkan)半岛;从高加索山口通往安纳托利亚和两河流域;从里海东南通往伊朗高原和呼罗珊(Khurasan)地区;从咸海北岸南下到巴尔喀什湖(Balkash. L)以南的七河流域、锡尔河(Syr Darja)中下游地区;从蒙古草原到达中国北部地区。在黑海、里海和咸海以北的草原上生活的部民在进入铜器时代以后,分批地从他们的故乡向外迁徙,形成了一次次规模巨大的、世界性的民族迁徙浪潮。沿着以上的路线他们先后来到了南欧、西亚、南亚等地,建立了希腊、赫梯、米底、波斯、印度等国家。

1.2　历史概况

古人类由采集野生植物发展到种植谷物,由此开始了农耕生活;由狩猎发展到驯养动物,由此开始了畜牧业,马的驯化使人类从畜牧走向游牧。到公元前 4 千纪时,游牧与农耕在欧亚大陆上已经按地带形成。以大约北纬 40 度为分界线,以北是一片大草原,以南是古代农耕文明,于是,农耕文化与游牧文化几乎不分先后地在不同的地区形成。

然而,由于游牧民产生文字的时间较晚,[1]他们早期的活动没有被记录下来,因此,游牧地带长期被视为非文明地区。今天我们所说的

---

〔1〕按今天的考古发现,游牧民最早的文字是突厥人使用的鲁尼文,保留下来的最早遗迹是刻于公元 720 年左右的暾欲谷碑。

文明大多数是指定居文明。史书所记的古代文明中心都不在中部欧亚地区,而是在欧亚大陆的边缘。除欧亚大陆的北部边缘地区由于地理条件的限定而没有产生大的人类文明外,欧亚大陆的东南西三边缘地带都是人类文明中心,即中国文明、印度文明、两河流域文明、阿拉伯文明和欧洲文明。"中部欧亚"被文明的"外壳"包围着,因此,有学者界定"中部欧亚"地区是指在处于欧洲与亚洲几大定居文明边缘的非开化地区。[1]

然而,据见证人类最早存在的石器判断,欧亚中部的原始文化与世界其他地区基本保持着同步发展。在旧石器时代早期,欧亚中部采用了克拉克当文化(Clactonian Culture)的石器技术制造石器,这种石器技术同时分布于非洲、欧洲及西亚和东亚地区。此外,欧亚中部在此时期内还采用了非洲和欧洲普遍使用的阿舍利文化的(Acheulian Culture)技术,即石斧技术,在距今 70 万年前的西瓦利克地层中发现了中亚最早的石斧。[2] 在旧石器时代中期,欧亚中部地区采用了在非洲、欧洲和西亚等地区普遍采用的、在制备的石核上打制石片勒瓦娄哇文化(Levalloisian Culture)的技术。在旧石器时代晚期,欧亚中部与世界其他地区一样,开始了石叶石器的制作。[3]

在中石器时代,欧亚中部发明弓箭的时间几乎与西亚和欧洲同步。此外,考古已经提供了明确的材料,展示出欧亚中部绿洲地区从事食物生产的聚落大致与伊朗同步发展。中亚原始人类栽培了谷物,阿富汗斯坦的加里阿斯普岩洞遗址中发现了刈刀(可能是简单的镰刀)、石锄和石磨等工具,它们展示了原始农业的开始,该遗址大约处于公元前8000 年左右。在西亚,原始农业产生的时间大约也是在公元前 8000年左右,因此,"中部欧亚"大陆开始原始农业的时间与西亚基本一致。

在公元前 2 千纪,中亚北部草原的新石器时代的猎人、渔民和采集

〔1〕〔美〕Denis Sinor:*Inner Asia*,Pullished by Indiana University,Bloomington,1971, p.2.

〔2〕〔巴基斯坦〕A. H. 丹尼,〔俄〕V. M. 马松:《中亚文明史》,第 1 卷,芮传明译,中国对外翻译出版公司,2002 年,第 26 页。

〔3〕〔巴基斯坦〕A. H. 丹尼,〔俄〕V. M. 马松:《中亚文明史》,第 1 卷,芮传明译,中国对外翻译出版公司,2002 年,第 60 页图。

者已经逐渐转变为以畜养为生的牧人,完成了向畜牧部落的过渡,进入了青铜时代。欧亚草原上的青铜文化遗址有咸海以北草原的安德罗诺沃文化(Andronovo Culture)、哈萨克斯坦中部的卡拉苏克文化(Karasuk Culture)和阿姆河下游东岸的塔扎巴格雅布(Tazabagyab)遗址。

安德罗诺沃文化大约处于公元前 2000 至公元前 1000 年初期,文化遗址分布很广,在西起南乌拉尔、东至叶尼塞河沿岸、北起西伯利亚森林南界的广大地区都受到了安德罗诺沃文化的影响。在安德罗诺沃文化遗址上,发现了铜矿的矿坑和露天矿,器物有青铜锻造或铸造的武器和工具,从器物种类繁多可以推断,当时已出现了专门制作青铜器的手工业者。根据出土的骨镳判断,马在安德罗诺沃文化中期(公元前 15—12 世纪)已用于乘骑。在公元前 12 至公元前 8 世纪,半游牧经济开始形成。安德罗诺沃文化与东欧的木椁墓文化(Timber – chambered Tomb Culture)有着密切的联系,两种文化的遗迹在南乌拉尔山地区交错分布。这种融合现象在安德罗诺沃文化中期表现得尤其明显,据推测,木椁墓文化的居民参与了安德罗诺沃中期文化的形成过程。

卡拉苏克文化年代大约在公元前第 2 千纪末至前第 1 千纪初,主要分布在今哈萨克斯坦中部、南西伯利亚、鄂毕河(Ob. R)上游,在西起伏尔加河,东至中国的殷商统治地区的广大范围都发现了具有卡拉苏克文化特征的青铜器。对卡拉苏克遗址上的青铜制品分析可知,该文化的居民已掌握了青铜冶炼技术,即在铜中添加砷和锡的技术。卡拉苏克文化与外贝加尔、蒙古和中国北方草原地带及西方伏尔加河流域的相类似,表明该文化与这些地区的青铜文化有密切联系。

塔扎巴格雅布文化遗址位于阿姆河下游东岸今乌兹别克斯坦境内的科克查地区,其时间大致在公元前 1500 年至公元前 1000 年之间。该文化分布较广,有的学者认为是当地居民与俄罗斯草原南部的斯鲁伯—安德罗诺沃文化融合的结果。

世界上最早出现铁器的地区是小亚细亚,时间大约在公元前第 2 千纪末期,而到公元前 1 千纪中期,铁器普及于欧亚大陆各地。欧亚草原上早期铁器时代文化遗址主要有:阿姆河下游三角洲古花刺子模

(Khwarezmia)绿洲的阿米拉巴德文化(Amirabad Culture)遗址、哈萨克斯坦中部的丹迪贝—比加泽(Dandybay – Begazy)遗址。在此时期,青铜时代的畜牧部落已经演变成游牧或半游牧部落,真正意义上的"游牧人"出现,欧亚草原上出现了一种新型文化,即游牧文化。在"中部欧亚"的南部,公元前1千纪初期也出现了使用铁的遗迹。公元前4千纪,在"中部欧亚"草原上开始了马的驯养,公元前3千纪中叶,马拉轻便车辆出现,与此同时,欧亚中部绿洲也形成了有别于美索不达米亚和印度的哈拉帕文化(Harappan Culture)的城市文明,它自成一个中心,被法国学者皮埃尔·阿米埃称之为"外埃兰文明"。[1]

文明是人类历史在一定发展阶段上形成的,早期文明形成的过程实质上是阶级社会形成和国家建立的过程。恩格斯说:"古代文明作为社会发展中的一个质的界限,是与阶级关系的发展和国家的建立紧密联系的。"[2]当欧亚草原步入文明之时,草原民族的历史有的被周边定居文明记载下来。其中,较早对欧亚草原有记录的是西方的希腊人和东方的中国人。

古希腊诗人阿利斯铁阿斯(Aristeas)在公元前7世纪下半叶游历了欧亚草原,之后,他以亲身游历写了六韵体叙事诗集《独目人》(Arimaspea)。欧洲人对欧亚草原的最初知识就来自阿利斯铁阿斯的诗作。《独目人》一书大概在古典时代末期就散失了,如今,在希罗多德的《历史》一书中保留了叙事诗的片断。此外,还有一些希腊和亚述文献也记载了公元前1千纪初期在欧亚草原上形成的游牧政权的情况。

在公元前9世纪,从黑海北岸草原一直到阿尔泰山北麓,居住着具有血缘关系的、语言相近的游牧部族,他们绵延不绝,相继得势。他们是黑海北岸的辛梅里安人,中亚草原的斯基泰人,咸海北岸的玛撒该塔伊人,七河流域的伊赛多涅斯人(Issedone,又译为伊塞顿人),伊犁河流域至额尔齐斯河流域的阿里马斯普人(Arimaspea),以及阿尔泰山以

〔1〕〔巴基斯坦〕A. H. 丹尼、〔俄〕V. M. 马松:《中亚文明史》,第1卷,第5页。
〔2〕《马克思恩格斯全集》,第21卷,人民出版社,1964年,第165 – 169页。

东蒙古高原的荤粥人、鬼方人、猃狁人等等。

公元前 9 世纪,欧亚草原东端的荤粥人、鬼方人、猃狁人开始向西迁移,引发了中亚草原上斯基泰人的迁徙。公元前 750—前 700 年,斯基泰人途经图尔盖河(Turgay R)和乌拉尔河,最后来到了欧亚草原西部的黑海北岸草原,赶走了在此游牧的辛梅里安人。从公元前 7 世纪末到公元前 3 世纪,斯基泰人占据着东起顿河、西至多瑙河(Danube.R)之间的黑海以北的浩瀚草原。

希罗多德记载说:"原来他们(指斯基泰人)并不修建固定的城市或要塞,他们的家宅随人迁移,而他们又是精于骑射之术的。他们不以农耕为生,而是以畜牧为生的。他们的家就在车上⋯⋯"[1]"骑与射"的统一反映了人类能够骑在马上射击,由此推知,在斯基泰人中已经使用了马蹬、马嚼等工具。斯基泰人代表着游牧文化的精华,他们高度发展的艺术被称为"动物艺术"。斯基泰人的一些文化特征在欧亚草原得到了延续和传播。[2]

斯基泰人的迁徙促进了欧亚草原游牧民族之间经济的交流与融合,使欧亚草原地带的游牧民和半游牧民的生活方式趋于一致,最终形成了统一的斯基泰—西伯利亚文化,这在以后的匈奴和突厥人中也可以看到。尽管欧亚草原各地的文化模式存在着一些差异,然而,游牧文化的共同特征仍然十分明显,它们是武器、马、动物艺术三位一体的文化。

欧亚草原东端发生的一个轻微搏动,在这条巨大草原地带的每一个角落都将产生一连串意想不到的后果。斯基泰人的西迁引起了欧亚草原游牧民分布的变化。斯基泰人迁走之后,咸海西北草原先后被撒乌罗玛泰伊人、萨尔马特人占据;咸海北岸和东岸被玛撒该塔伊人占据;锡尔河以北一直到阿尔泰山的牧地属于伊赛多涅斯人和阿里马斯

---

〔1〕〔古希腊〕希罗多德:《历史》,第 4 卷,第 46 节。

〔2〕关于斯基泰文化的起源问题目前有几种说法:一说发端于黑海北岸伏尔加河下游的木椁文化;一说起源于中亚或西伯利亚;一说源自于古代伊朗为主的西亚地区;也有人笼统地认为东亚也是斯基泰文化的起源地之一。这里采用第二种观点。见《中国大百科全书·考古学》,中国大百科全书出版社,1986 年,第 482–483 页。

普人。

据希罗多德记载,撒乌罗玛泰伊人是斯基泰人的东部邻居。在公元前6—前4世纪,他们生活在西起顿河,东至中亚草原东部。现代人曾在乌拉尔山南部山前地带发现了他们的墓地。撒乌罗玛泰伊人的祖先与安德罗诺沃文化有密切关系。在公元前5世纪末期,一些撒乌罗玛泰伊人越过顿河右岸,来到并定居在亚速海附近,与斯基泰人和米底人为邻,他们与斯基泰人一起进行过反波斯国的战争。

"萨尔马特人"的分布范围很广,东起托博尔河(Tobol R)、西到多瑙河(Danube R),跨咸海、里海和黑海北岸诸草原。在公元前5世纪末生活在乌拉尔山前地带,在公元前4—前3世纪,他们从南乌拉尔山横穿乌拉尔山草原,征服了伏尔加河下游的撒乌罗玛泰伊人,形成了萨尔马特人的政权。在该政权中,强大的军事部落联盟有阿息部(Aorsi)、罗克索兰部(Roxolani)、阿兰部(Alan)和伊兹吉斯部(Iazyge)。公元前3世纪,萨尔马特人又开始迁徙,有的渡过顿河进入黑海北岸草原地区,有的向南进发进入北高加索。根据罗马史家斯特拉波(Strabo,公元前64—公元23年)的《地理志》(The Geography)记载,来到北高加索的萨尔马特人中有部分人已经成为以农耕为业的定居民了。考古学家对捷列克河(Terek R)谷,以及捷列克河与桑扎河(Sunzha R)之间地区属于公元前1世纪到公元1世纪的萨尔马特人遗址的发掘进一步证实了斯特拉波的记载。

玛撒该塔伊人是在公元前9—8世纪生活在里海与咸海之间的一个大部落联盟。玛撒该塔伊人的活动范围较广,从里海以东至锡尔河下游之间都是他们的牧地。阿尔吉派欧伊人生活在今天哈萨克斯坦的丘陵地带。据希罗多德记:阿尔吉派欧伊人"不分男女据说都是生下来便都是秃头的。他们是一个长着狮子鼻和巨大下颚的民族"。[1] 在汉籍《庄子·逍遥游》中曾提到中国极北部的一个国家,名为"穷发",史学界认为"穷发"即秃头之意。

---

〔1〕〔古希腊〕希罗多德:《历史》,第4卷,第23节。

·欧·亚·历·史·文·化·文·库·

在阿尔吉派欧伊人的东部是伊赛多涅斯人,他们的游牧地区在楚河与伊犁河之间,其东端可能一直延伸到中国新疆的伊犁河上游。在希罗多德之前刻于公元前6世纪的波斯铭文中,称该地区游牧者为塞克人。在波斯王朝统治晚期,塞克人与波斯人一起抵御了亚历山大率领的希腊军队的入侵。在战争中,塞克人采取的战术令希腊人畏惧。正是由于塞克人的坚决抵抗,亚历山大在锡尔河以北地区始终没有建立起希腊人的统治。

在公元前6世纪20年代前后,塞克人扩展了他们的活动范围,他们驱逐了原来居住在锡尔河下游流域的玛撒该塔伊人,一部分塞克人迁徙至更远的南西伯利亚地区。这些迁徙延绵了几个世纪,迁徙的塞克人与当地的部族相互杂居、渗透和融合,以后建立了一些新的政权。

公元初期,中部欧亚草原上的政权有奄蔡、康居、乌孙。奄蔡是萨尔马特人的一支。公元前2世纪,奄蔡人游牧于咸海至里海北岸草原。[1] 在公元前2世纪末至公元前1世纪上半叶,奄蔡国强大起来。"控弦者十余万",是中亚北部的一个大国。据斯特拉波的记载,奄蔡国的西拉锡王阿比喀斯(Abeacus)能够调动两万骑兵,阿奥西王斯巴迪努斯(Spadinus)能指挥20万人马。[2] 不过,与这一时期蒙古草原上的匈奴政权相比,奄蔡国可能还是小国,其必须向匈奴纳贡。

在公元1至3世纪期间,奄蔡国阿兰部人频繁地威胁着罗马帝国在多瑙河沿岸和小亚细亚的领地。公元3—4世纪,阿兰部的领地为从顿河至咸海、从高加索至乌拉尔山麓的大片草原。他们常常通过捷列克河谷与阿拉格瓦河(Alagwa R)谷之间的狭窄通道袭击和掠夺高加索地区,该通道原名萨尔马特门,在此时期改名为阿兰门。他们的军队以骑兵为主,古希腊罗马史书和亚美尼亚、格鲁吉亚(Georgia)的编年史都提到过阿兰人的骑兵,说他们作战的武器是与其他萨尔马特人相

---

〔1〕对于奄蔡的地理位置,史学界有不同的看法。有的认为在黑海东北,如丁谦的《西域传考证》;有的认为在里海北,魏源、徐继畬持此看法;有的认为在咸海周围,如苏北海先生;有的认为在咸海和里海北边草原地带,如日本学者松田寿男。

〔2〕〔古罗马〕Strabo, *The geography of strabo, with an English Transtation by H·L·Jones*, London,1916, Ⅺ,5.8。

似的长铁剑。

公元 4 世纪中叶（大约在 350—374 年之间），奄蔡人被西迁的北匈奴击败，奄蔡国灭亡。《魏书·西域传》说："匈奴杀其王而有其国。"亡国之后，一部分人迁到高加索，而一部分迁到欧洲，迁到高加索者与当地部落融合，形成了以阿兰人为主体的联盟，史称阿兰尼亚（亚美尼亚）；迁到欧洲者于 5 世纪初来到了伊比利亚半岛（Iberian Peninsula）西南部，与当地的西哥特人（Visigoth）融合。留在高加索者以后臣属于突厥，在 10—12 世纪期间，他们有了自己的文字。在 1238—1239 年间，他们受到西征蒙古人的沉重打击，残存者迁至中高加索山区和南奥赛提亚（South Ossetia）。有人认为，今高加索地区的奥塞特人（Ossete）就是阿兰人的后裔。

康居是玛撒该塔伊人建立的政权，康居人至迟在公元前 2 世纪后期建立了国家，都城卑阗城在今塔拉斯河（Talas. R）畔。[1] 在公元前 2 世纪至公元 2 世纪期间，他们在今哈萨克斯坦南部和锡尔河中、下游一带放牧。康居国强盛时的疆域包括了东边的楚河流域、东南的索格底亚那，以及西边里海和黑海以北的广大地区。张骞在第一次出使西域时（公元前 138 年—前 126 年）到过康居国。据中国史书记载，康居国实行双王制，最高统治者有"康居王"和"康居副王"。《史记·大宛列传》记，康居在公元前 2 世纪后期时人口不多，军队只有八九万人，与当时的匈奴政权相比，康居地小兵弱，只能算小国；与南边的月氏人政权相比，康居国力也赶不上。因此，当时康居"南羁事月氏，东羁事匈奴"。

公元前后，康居国达到了鼎盛，有军队 12 万。康居强大之后向外扩张，原大月氏人属地索格底亚那转而臣属于康居。然而，康居的强盛没有维持多久，可能在公元 2 世纪上半叶，康居不敌南面新兴的贵霜帝国，属地索格底亚那、花剌子模、奄蔡等成了贵霜帝国的领土。

---

〔1〕关于康居国都城卑阗城的所在地，日本学者藤田八丰认为在今塔什干；白鸟库吉认为在今奇姆肯特（Cimkend）至土尔克斯坦（Turkestan）一带；瓦斯特（Watters）认为在今撒马尔罕；丁谦认为在今塔拉斯（Taras）河畔，岑仲勉认为丁谦的看法是正确的。

公元前 177/176 年,欧亚草原东部的月氏人被匈奴打败,向西迁徙,引发了一系列迁徙运动,首当其冲受到挤压的是昆人,昆人的领地被匈奴占领以后,留在原地者仍取"昆邪王"或"浑邪王",意为昆人之王;离开河西走廊的昆人改名为乌孙。乌孙人西迁占据了原月氏人放牧的东部天山北麓、伊犁河上游、伊塞克湖畔及纳林河流域,并在此建立了乌孙国。张骞曾向汉武帝建议联合乌孙击败匈奴,公元前 119 年,汉武帝第二次派张骞出使西域。然而,乌孙没有与汉朝联盟。尽管如此,乌孙还是派使者向汉朝献马表示友好,同时向汉朝求婚,汉朝遂将细君公主远嫁乌孙王。公元前 60 年,汉在西域设立西域都护,乌孙成为汉朝的属国。在 4 世纪末至 5 世纪初,居住在天山北麓、伊犁河流域、楚河流域和纳林河流域的乌孙受西迁的嚈哒的挤压,从上述地区南迁徙到帕米尔高原。以后,局促于一隅的乌孙国日益衰落,乌孙人逐渐融入其他民族之中,史书上不再有乌孙一名。公元 5 世纪以后,伊犁河、楚河流域的悦般、高车等国取代了乌孙国。

公元 6 世纪以前,中亚居民主要是欧罗巴种的印欧语系人,从 6 世纪初期起,一些被称为铁勒的蒙古利亚种人从东方陆续西迁,来到中部欧亚草原。在公元 6 世纪中叶,居阿尔泰山西南的铁勒族突厥部人崛起,建立了东起蒙古草原,西至里海北岸的突厥汗国。突厥汗国以后分裂为东、西两个汗国。西突厥汗国统治了中部欧亚地区 100 年,到 7 世纪中叶,被中国唐朝灭亡。唐朝在欧亚中部的统治主要依靠突厥贵族,他们以唐朝地方官员的名义实施统治,一直到阿拉伯人入侵之时。

突厥人对中亚的统治开始了历时几个世纪的中亚突厥化过程,欧罗巴种土著居民开始与蒙古利亚种人通婚融合,突厥人将自己的语言、文字、生活方式带到中亚。几百年之后,在西方人眼中,中亚成了突厥地区,被称为突厥斯坦。在突厥人统治时期,中亚农耕居民粟特人活跃于东、西商路上,促进了中亚与东、西方政治、经济和文化的交流,使之达到了前所未有的水平。

10 世纪末期,突厥族游牧民已经占据了欧亚草原的大部分地区。基马克人(Kimäks)在额尔齐斯河中游沿岸放牧,古思人在托博尔河与乌拉尔河之间的中亚草原上,佩彻涅格人在里海以西至黑海北岸。10世纪末期至 11 世纪初期,游牧民自东向西的大迁徙运动再次在欧亚草原上发生了。这次迁徙改变了 10 世纪末期欧亚草原的布局,钦察—库蛮人最终成为欧亚草原西部的主人,他们把自己的名字给了这片草原,即钦察草原。在这次西迁中,佩彻涅格人和古思人在欧亚草原丧失了力量,他们逐渐融入其他民族之中,历史上不再有他们的记载。

9—10 世纪,基马克联盟是北方诸游牧部落中最大的联盟,游牧地的西界抵达托博尔河地区。11 世纪初期,基马克部落联盟瓦解,库蛮人一名开始出现在史籍上。他们脱离基马克部落联盟后向西迁,挤压着邻近的钦察人,以后,他们与钦察人结成联盟,他们的名字常常与钦察人联系在一起,被称为库蛮—钦察人,或钦察—库蛮人。

钦察人原臣属于突厥汗国,突厥汗国崩溃后,钦察人也加入了基马克部落联盟。在基马克联盟内,钦察人拥有一定的自治权。不过,根据 10 世纪末期写成的波斯佚名著作《世界境域志》(*Hudud al Alam*)一书分析,直到 10 世纪后期,钦察人的国王仍然由基马克人任命,并且为基马克人的利益服务。[1] 基马克部落联盟瓦解后,钦察人彻底摆脱了对基马克人的依附。

11 世纪初期,库蛮人的西迁挤压着钦察人,除一部分钦察人继续留在阿尔泰山西部外,大部分钦察人也开始向西迁徙。留下来的这些钦察人以后与蒙古人融合,成为"西伯利亚的鞑靼人",在今阿尔泰语系突厥语族的族名中仍有西伯利亚钦察人的遗迹。西迁的钦察人来到咸海沿岸。[2] 一些钦察人留在咸海和里海北岸,另一些钦察人则继续向西迁移。西迁者与库蛮人组成了一个庞大而松散的部落联盟,这一部落联盟分别以库蛮、钦察、波洛伏齐,或者库蛮—钦察,或者钦察—库蛮之名被西方史书记录下来。

钦察—库蛮联盟在向西迁移之时,先后占据了古思和佩彻涅格人

---

〔1〕〔英〕V. Minorsky Translation and Explained:*Hudud al-ᶜAlam*,Second Edition,London,1970,p. 101.

〔2〕*Encyclopedia of Islam*,Leiden 1983,p. 168.

欧·亚·历·史·文·化·文·库·

的游牧地,最终成为南俄草原上的主人。他们的游牧地从黑海北岸草原向东一直延伸到塔拉斯河流域。在波斯史籍中,这片草原被称为钦察草原(Dasht-i Qipchaq)或库蛮草原(Dasht-i Cuman)。以后,蒙古人来到了这片草原,他们将统治中心设在钦察草原上。因此,在南俄草原上的蒙古汗国被称为"钦察汗国"。

2 13 世纪中叶以后的中部欧亚

从世界史的角度看,蒙古人的扩张是游牧世界对农耕世界的一次大冲击。这次冲击虽然给农耕地区带来了严重破坏,但是,扩大了彼此的交流,对各民族的交往起到了巨大的推动作用。蒙古人征服东欧平原以后,在欧亚草原西部建立了钦察汗国(1243—1480 年)。钦察汗国在两个半世纪(13 世纪中叶至 15 世纪末期)中统治着欧亚草原西部的斡罗思小公国;13 世纪中叶,成吉思汗次子察合台后裔在欧亚草原东部建立了察合台汗国(Chaghatay khanate,1269—1370 年),察合台汗国统治中亚河中地区 100 年;14 世纪中叶以后,蒙古贵族(或者说突厥化蒙古人)帖木儿(Timur)取代西察合台汗国,[1]建立了帖木儿帝国(Timur khanate,1370—1506 年),帖木儿帝国在近一个半世纪中(14 世纪后期至 16 世纪初)统治着中部欧亚地区。

2.1 钦察汗国和帖木儿帝国

13 世纪初期,生活在蒙古草原的蒙古各部统一起来,形成了大蒙古国。大蒙古国形成之后开始向外扩张,欧亚大陆成了蒙古征服者驰骋的大舞台。在欧亚大陆的东部,中国的领土四分五裂:金朝和南宋隔淮河相峙,分别统治着中国北部和南部;中国西北部是西夏王国;再往西有西辽国、吐蕃、大理等政权。这些政权或彼此征战,或孤立自守。在欧亚大陆中部,不久前靠武功建立起来的花剌子模帝国还未来得及

---

〔1〕帖木儿帝国是非成吉思汗系的突厥化蒙古贵族在中亚建立的政权,建立者帖木儿为了维护成吉思汗系的正统性原则,一直以西察合台汗国继承者的面目出现。帖木儿建立大帝国之后,崇拜帖木儿的历史学家把其家族的历史追溯到成吉思汗系,追述帖木儿先世有数代与成吉思汗家族联姻。

巩固;再往西是刚摆脱塞尔柱人控制又受到花剌子模帝国威胁的阿拉伯帝国。在欧亚大陆的西部,东欧平原由众多的斡罗思小公国统治着;地中海沿岸狂热的信徒们在"十字"与"新月"的旗帜下进行着旷日持久的厮杀;拜占庭帝国都城君士坦丁堡于1204年被十字军攻陷。大蒙古国在历经两代蒙古汗的扩张战争之后,迅速膨胀为一个地域广大的蒙古帝国,它的疆域西起东欧平原,东到中国海岸,北起西伯利亚北极圈,南到波斯湾。蒙古帝国的疆域由成吉思汗的子孙们统治着。

成吉思汗在1225年分封领地时,将额尔齐斯河以西(包括额尔齐斯河流域和阿尔泰山区)、花剌子模绿洲以北地区为长子术赤的封地,术赤的斡儿朵(行宫)设在额尔齐斯河流域。术赤在其父之前6个月去世(约1227年2月),其封地由术赤次子拔都(Batou)继承。1236年至1240年间,拔都西征,夺取了伏尔加河和奥卡河(Oka R)流域、高加索、钦察草原(Kipchak steppe),被征服的这一广大地区成为拔都的领地(Urus)。1242年,拔都将统治中心从额尔齐斯河流域移到伏尔加河下游的钦察草原,以新建的拔都萨莱城(遗址在今阿斯特拉罕附近)为都建立了钦察汗国(又名金帐汗国,The Khanate of Kipchak,1243—1480年)。

统治中心西移之后,钦察汗国把注意力集中于对东欧平原的统治。东欧平原是斯拉夫人的故乡,今天波兰境内的维斯瓦河河谷,被认为是斯拉夫人的起源地,该地的乌日茨文化是斯拉夫人的青铜文化。关于斯拉夫人的起源,最早的文字记载见于公元1世纪末至2世纪初的古罗马文献。在罗马史家普林尼的《自然史》和塔西佗的《日耳曼尼亚志》两书中都提到了居住在维斯瓦河一带的维内德人。据考证,维内德人就是古代斯拉夫人,他们于公元1—2世纪分布在西起奥得河、东抵第聂伯河、南至喀尔巴阡山、北濒波罗的海的广袤地区。4—6世纪,在斯拉夫人中形成了部落联盟。由于民族大迁徙的冲击,大批的斯拉夫人进入了多瑙河流域、巴尔干半岛等地,并逐渐形成了三大支系:西斯拉夫人称为维内德人,他们是今波兰人、捷克人、斯洛伐克人的祖先;东斯拉夫人称为安特人,他们是今俄罗斯人、乌克兰人和白俄罗斯人的祖先;南支称为南斯拉夫人,他们是今保加利亚人、塞尔维亚人、克罗地亚人、斯洛文尼亚人、马其顿人的祖先。后来,"斯拉夫"一名成了各支斯拉夫人的总称。

9 世纪时,东斯拉夫人各部之间战乱频仍,于是,他们派代表越海去北欧邀请瓦兰吉亚人的王公来维持秩序。使者这样对瓦兰吉亚王公说:"我邦地大物博,物产丰盈,却漫无秩序。请到我们那里去称王,去管理我们吧!"[1]于是,北欧的瓦兰吉亚人经波罗的海的芬兰湾,向东欧迁徙。这时芬兰人称他们为"斡罗思",意为"北方人";斯拉夫人称他们为"瓦兰吉亚人",意即"商人"。斡罗思人留里克兄弟 3 人于 862 年率亲兵来到诺夫哥罗德,夺取了诺夫哥罗德大公之位,建立了第一个斡罗思国家,开创了俄国历史上的留里克王朝(862—1598 年)。王朝的第二任王公奥列格于 882 年攻占基辅,建立基辅罗思国。在 882—911 年间,奥列格又征服了周围的斯拉夫人各部落和非斯拉夫人部落,形成了以东斯拉夫人为主体的基辅罗思国。

12 世纪 20 至 40 年代,基辅罗思国解体,分裂成许多独立的封建公国,其中大的公国有诺夫哥罗德、苏兹达尔、雅罗斯拉夫、特维尔、加里西亚、斯摩棱斯克、佩列亚斯拉夫利、弗拉基米尔等 13 个公国,并逐渐形成以弗拉基米尔—苏兹达尔公国为中心的东北罗思;以诺夫哥罗德共和国为首的西北罗思,和以加利奇—沃伦公国为主的西南罗思 3 个地域中心。

蒙古人的征服给诸罗思公国造成了巨大的灾难,却给莫斯科(Moscow)的发展带来了契机。在东北罗思的弗拉基米尔—苏兹达尔公国内有一个名叫库库奇科沃的小村子,它是大贵族斯捷潘·伊万诺维奇·库奇科的城堡。1147 年,苏兹达尔公国大公尤里杀死斯捷潘,把他的领地据为己有,库库奇科沃村改名为"莫斯科"。在蒙古征服之时(1238 年),莫斯科城还处于森林深处,占地面积仅数百平方公里。为了躲避战乱,很多罗思人纷纷逃到莫斯科。据成书于 13 世纪中叶的

---

〔1〕王铖:《往年纪事译注》,甘肃民族出版社,1994 年,第 44 页。

《世界征服者史》记载,1238年初,蒙古军打到莫斯科时,它的居民多如蚂蚁和蝗虫,而它的四周,树木和茂林密布,以致连一条蛇都不能穿过。蒙古军到达后,首先从四面八方修筑了足够三、四辆大车并排而行的道路,然后架起射石机,仅用5天时间就攻陷了莫斯科城,并杀死了该城的王公弗拉基米尔。[1] 在势力强大的罗思国家被蒙古人打败之后,弱小的莫斯科趁机摆脱弗拉基米尔—苏兹达尔公国独立出来。1294年,弗拉基米尔公国大公亚历山大涅夫斯基之子丹尼尔成了莫斯科王公,于是,莫斯科成为国家,史称莫斯科公国,其统治者被称为莫斯科大公。

钦察汗国的蒙古大汗采取收取贡赋的间接统治方式统治诸罗思公国。钦察汗国的统治者是游牧民族,他们拿不出可以用来控制农耕或城市居民的办法,仅热衷于向被征服者收税、收粮食和珠宝,自己则住在南方的帐篷里。他们任命一些小公国的王子为地方官员,替他们管理地方,为他们定期征收贡物和税。以后,钦察汗将代其向诸罗思公国收取贡税者冠以"弗拉基米尔大公"的头衔。于是,诸罗思公国统治者争当"弗拉基米尔大公",而强大的特维尔(Tver)公国王公米哈伊也成了弗拉基米尔大公。

在尤里·丹尼洛维奇任大公时(1303—1325年),莫斯科公国兴盛起来。尤里向当时的钦察汗乌兹别克(Özbeg Khān)献上了大量财宝,作为回报,乌兹别克将自己的妹妹嫁给尤里,并将尤里任命为"弗拉基米尔大公",从此,替钦察汗征税的权利从特维尔公国转到了莫斯科公国。为夺回"弗拉基米尔大公"的头衔,特维尔王公米哈伊与尤里向莫斯科开战,莫斯科公国战败,蒙古公主也死于非命。于是,乌兹别克汗处死了米哈伊,尤里又一次成为"弗拉基米尔大公",他更加尽心尽力地为钦察汗服务。

尤里死后,其弟伊凡(伊凡一世)继位为莫斯科大公(1325—1340年),他一辈子忠心耿耿地为钦察汗收税。然而,在此过程中,他也为自己积累了很大一笔财富,因此,史称"钱袋子伊凡"。他用这些钱买

---

〔1〕〔伊朗〕志费尼:《世界征服者史》(上册),何高济译,商务印书馆,2004年,第297页。

下了加利奇等公国,莫斯科公国的疆土扩大了,人口也不断增加。伊凡去世之后的历任莫斯科大公都小心翼翼地侍奉钦察汗,为莫斯科公国保住了替钦察汗征税的权力及弗拉基米尔大公的职位。钦察汗别儿迪别在位期间(1357—1359 年),钦察汗国内乱开始,诸侯割据,争战四起。1359 年,忽里纳杀兄取而代之,自立为钦察汗,但是,不久自己也被杀身亡。诸罗思公国企图趁混乱不向钦察汗国缴纳贡税。然而,成吉思汗后裔、白帐汗脱脱迷失(Toktamich)夺取了钦察汗位,他的统治使钦察汗国在东欧平原又延续了 100 年。

拔都在伏尔加河建立钦察汗国之后,把术赤封地的东部领土,即东起额尔齐斯河,西至乌拉尔河,北至乌拉尔山的中亚草原分封给长兄斡儿答(Orda)和五弟昔班(Shaybān)。斡儿答占有这片草原的东南部,包括了南起卡拉套山(Karatau),北至萨雷河流域;同时,锡尔河三角洲向西延伸到阿姆河三角洲的这一狭长地带也包括在他的封地内。在斡儿答的封地上逐渐形成了独立的汗国,即白帐汗国(1225—1456 年)。斡儿答时期,汗廷建在阿尔泰额尔齐斯河畔,即其父术赤的牙帐旧址。[1] 以后,汗国统治中心向西南移,塞格纳克(Sighnaq)城成为白帐汗国的统治中心。除了塞格纳克和锡尔河下游的一些小的商业城市外,当时这片地区内大的居民区不多。

斡儿答"在父亲生前和死后,他都极受尊重。虽然术赤的继位者为第二个儿子拔都,但蒙古哥合罕在他作决定和决议时写上名字的诏书中,把斡儿答的名字放在前面。"[2]白帐汗国在名义上从属于钦察汗国,然而,因为与拔都在伏尔加河的统治中心相隔甚远,互不相统。14世纪的波斯史家拉施特在《史集》一书中谈到,最初,斡儿答家族中的继位者,谁也没有去见拔都家族的汗的习惯,因为他们彼此相隔很远,并且都是自己兀鲁思的独立的君主。但是,他们有把拔都的继承者看做自己的君主和统治者的习惯,并将他们的名字写在自己的诏书的上

---

[1]哈萨克族简史修订本编写组:《哈萨克族简史》,民族出版社,2008 年,第124 页。
[2]〔波斯〕拉施特:《史集》(第 2 卷),余大钧,周建奇译,商务印书馆,1995 年,第115 页。

方。钦察汗国的最高统治者虽然是拔都汗(1251—1259年在位),但以蒙古汗国的名义做出的决议书和敕书上所签署的名字,斡儿答的名字排在拔都的名字之前。[1] 可见,作为术赤家族长支的斡儿答从未服从过拔都家族的钦察汗,并且一有机会就企图夺取钦察汗的位置。

五弟昔班占有这片草原的西北部,被称为蓝帐汗国(1243—1468年)。夏季,昔班诸部落在乌拉尔山区、伊列克河(奥伦堡以南的乌拉尔河的一条支流,今契卡洛夫)和伊尔吉兹河之间扎营;冬季,他们的营帐南移到斡儿答封地边界上。

成吉思汗的次子察合台在随父西征的战争中屡立战功,成吉思汗西征以后将锡尔河与阿姆河之间的河中地区封给了察合台。据《世界征服者史》记载,察合台的封地"从畏吾儿地起,至撒麻耳干和不花剌止,他的居住地在阿力麻境内的忽牙思"。[2] 此书在"察合台"一节又记载道:"河中和突厥斯坦诸地被征服后,他的驻地,以及他的子女和军队的驻地,从别失八里扩展到撒麻耳干,适合帝王居住的美丽富饶的地方。春夏两季,他在阿力麻里和忽牙思驻跸。……秋冬两季他在亦剌(伊犁)河岸的[篯鲁疾克?]度过。"[3]具体来说,察合台受封的领土是:东起畏兀儿地,西至撒麻耳干和不花剌。[4] 以后,在察合台封地的基础上形成了察合台汗国。

察合台汗国初期都城在阿力麻里(今新疆霍城县水定镇西北),1314年,察合台汗怯伯(Kebek)迁都撒马尔罕城,西迁后的察合台人逐渐转为以农业为主要经济的定居生活;而留在锡尔河以北的东察合台汗国的蒙古人仍然以游牧为生。于是,察合台汗国逐渐分裂为东、西两个汗国。东察合台汗国以阿力麻里为中心,包括今新疆绝大部分地区;西察合台汗国以撒马尔罕为中心,统治着河中、呼罗珊东部和阿富汗北部。在怯伯汗统治时期(1318—1327年),西察合台汗国处于极盛,他

---

〔1〕〔波斯〕拉施特主编:《史集》,第2卷,第115页。

〔2〕〔伊朗〕志费尼:《世界征服者史》,第42页。

〔3〕〔伊朗〕志费尼:《世界征服者史》,第301页。

〔4〕*Encyclopedia of Islam*,Leiden 1983,p. 812.

死后,汗国开始走向衰落。河中各地突厥埃米尔(又译异密,即诸侯)纷纷割据为王,随意废立察合台汗。在这种历史背景下,西察合台蒙古政权落入到非成吉思汗系突厥化蒙古贵族帖木儿手中,帖木儿经过10年(1360—1370年)的战争,击败了东察合台汗及河中地区的其他埃米尔,在中亚建立了自己的统治。此后,帖木儿大举向外扩张,兼并了波斯和阿富汗地区,征服了印度。帖木儿国家发展成为一个西起幼发拉底河,东至锡尔河和印度德里,北抵高加索,南临波斯湾的军事大帝国,史称帖木儿帝国(1370—1506年)。帖木儿帝国以中亚撒马尔罕城为都,在《明史》中,帖木儿帝国被称为"撒马尔罕"。

1405年2月18日,帖木儿在前往征服中国明王朝的途中病逝,帖木儿帝国分裂为一系列独立或半独立的埃米尔国(地区诸侯国),帖木儿家族成员哈里勒、沙哈鲁(Shāhrukh ,1409—1447年)、兀鲁伯(1447—1449年)、阿不都剌(ʿAbdullāh)、卜赛因(Abū Saʿīd)等人先后统治了帖木儿帝国。在15世纪上半叶,帝国在表面上维持着统一。

帖木儿死后,在河中地区实施统治的是帖木儿幼子沙哈鲁的后裔,沙哈鲁维系着帝国的统一。然而,到沙哈鲁之子兀鲁伯统治河中时,他表现出独立倾向,不过,他仍然以其父沙哈鲁之名铸币。兀鲁伯之后是兀鲁伯的侄儿阿不都剌在河中实施统治(1450—1451年),他的统治受到布哈拉宗教集团的反对,他们支持帖木儿三子米兰沙的孙子卜赛因。

卜赛因在前往继位途中遭到阿不都剌的抵抗,在兵败后,卜赛因逃至咸海北岸的乌兹别克汗国阿布海尔处避难。在阿布海尔的帮助下,卜赛因登上了帖木儿帝国的王位(1451—1469年),先后在撒马尔罕(1452年)和赫拉特(1459年)建立了自己的统治。他是统一的帖木儿帝国末代统治者。

卜赛因去世之后,帖木儿帝国分裂为二:帖木儿次子乌马儿·沙黑的后裔占有呼罗珊地区;[1]卜赛因长子统治了河中地区,二者互不统属,完全独立。帖木儿次子乌马儿·沙黑的后裔速檀·忽辛·拜哈拉

---

[1]另一种说法是帖木儿长子的后裔统治呼罗珊。

(Sultān Husayn Bāyqarā)于1469年3月25日在赫拉特城民的拥护下登上王位,统治着呼罗珊,以后,他的儿子巴迪·匝曼(1506—1507年)继承了呼罗珊的王位。巴迪·匝曼在统治之初就面临着乌兹别克人的入侵,1507年,呼罗珊被布哈拉汗国占领,帖木儿帝国灭亡。

卜赛因的长子速檀·阿合马继承父位成为在河中地区的君主(1469—1494年)。他的统治受到其兄弟们的威胁。1494年,速檀·阿合马去世,他的三弟速檀·马合谋从希萨尔赶往撒马尔罕继位。速檀·马合谋是一位挥霍无度的暴君,他在撒马尔罕的统治非常短暂,只有6个月,他于1495年1月去世。此后,速檀·阿合马的三个儿子麻素提、拜孙哈尔和阿里相继成为河中地区的统治者。

麻素提的统治十分短暂,并且也是在与兄弟们的战争中度过的,他是被一个叛臣弄瞎眼睛后退位的。拜孙哈尔在混乱中继位(1495—1496年),拜孙哈儿文雅好学,擅长作诗,然而,缺乏统治才干。在帖木儿王朝危机四伏的局面下,他显得非常无能。1496年,撒马尔罕人发动叛乱,拥立拜孙哈尔之弟阿里为王。与此同时,蒙兀儿斯坦的马哈木汗、费尔干纳领主巴布尔都觊觎撒马尔罕王位。拜孙哈儿虽然打败了其弟阿里,但是,他无力抵挡巴布尔发起的进攻。1496年秋天,巴布尔攻入撒马尔罕,拜孙哈尔逃往昆都士投奔父王的宰相豁思罗沙,结果被害。

1497年11月底,巴布尔进入撒马尔罕城,成了撒马尔罕的君主(1497—1498年)。然而,不久,费尔干纳的安集延城发生叛乱,他回师镇压。速檀·阿里于1498年登上了撒马尔罕王位,统治着河中地区。

帖木儿后裔的这些纷争鼓励了外来的入侵者。在咸海北岸游牧的乌兹别克人把目标对准了河中地区。他们的首领昔班尼已经开始在锡尔河北岸活动,正等待有利时机过河。1500年,他进入布哈拉城,接着率军攻取撒马尔罕城。帖木儿帝国的末代君主速檀·阿里仓皇出城与之谈判,昔班尼处死了这位无知的年轻人,在河中地区建立了自己的王朝,即昔班尼王朝。1507年,昔班尼占领哈烈城,帖木儿王朝在呼罗珊的统治结束,帖木儿帝国灭亡。乌兹别克人在帖木儿帝国的领土上建立了布哈拉汗国和希瓦汗国。

2.2　战争与和平

在 14—15 世纪,统治东欧平原的钦察汗国与统治中亚北部的白帐汗国和统治中亚南部的帖木儿帝国发生了战争。战争的焦点是争夺花剌子模绿洲。

在成吉思汗分封之时,花剌子模绿洲分给了长子术赤,以后成为钦察汗国的领地。拔都西迁后,花剌子模绿洲是昔班家族的领地。1260到 1264 年间,河中地区统治者察合台汗阿鲁忽从钦察汗国手中夺取了该地区。于是,花剌子模绿洲成了察合台汗国的领地。这种状况维持时间不长,据俄国学者巴托尔德的研究,钦察汗国和察合台汗国瓜分了花剌子模绿洲。钦察汗国控制了包括锡尔河三角洲在内的花剌子模绿洲北部;察合台汗国统治着包括柯提城和希瓦城在内的花剌子模绿洲南部。

钦察汗忙哥帖木儿时期(Mongka – Temur,1266—1280 年),在中国中原地区实施统治的忽必烈曾数次派使者铁连经中亚北部草原出使钦察汗国,希望与忙哥帖木儿结盟共同打击中亚东部的海都势力。[1] 忙哥帖木儿表示:"祖宗有训,叛者人得诛之。如通好不从,举师以行天罚,我即外应掩袭,剿绝不难矣。"[2]1268 年,忙哥帖木儿曾出兵中亚,在获悉海都在锡尔河畔被察合台汗八剌打败的消息之后,他派其叔别儿哥彻儿(术赤四子)率五万骑兵增援海都,打败了八剌。于是,三方在中亚的塔剌思召开结盟会议。察合台汗国与钦察汗国在短时期内建立了友好关系。

在 14 世纪 70 年代,帖木儿取代西察合台汗国成为河中统治者,他于 1371 至 1379 年间,4 次征伐花剌子模绿洲,希望将整个绿洲纳入帖木儿帝国。1379 年,帖木儿围攻乌尔根奇(Urgench)城 3 个月之久,最

---

〔1〕海都是在今新疆地区建立政权的窝阔台后裔。
〔2〕《元史》,中华书局标点本, 第3248 页。

后帖木儿军队攻陷了该城。进城以后,帖木儿军对该城居民进行了残酷的大屠杀,把该地区的知识分子、学者、艺术家与手工业者送往帖木儿家乡渴石城。大批工匠被迫在渴石城建筑宫殿,其中阿克·萨莱宫就是花剌子模工匠们建筑的。

15世纪上半叶,在帖木儿帝国与钦察汗国的关系中,钦察王公也迪该起到了重要作用。也迪该早年曾为帖木儿效力,帮助帖木儿对付钦察汗脱脱迷失。以后,他回到钦察草原,操纵了钦察汗位的继承,据《罗戈日编年史》的记载,也迪该在钦察汗国中"位居汗国所有王公之上,独揽大权,想让谁当君王,就让谁当君王"。[1] 他先后扶持帖木儿·忽特鲁格、沙迪别(1401—1407年)、不剌·锁鲁檀(1407—1410年)即位。在此期间,他还发动了对花剌子模的战争。

帖木儿去世当年(1405—1406年间),帖木儿子孙们在争夺王位之时,钦察汗国军队袭击并蹂躏了花剌子模绿洲;1406年,也迪该占领花剌子模绿洲。

在帖木儿之子沙哈鲁统治时期,1409年,钦察汗不剌·锁鲁檀与大臣也迪该的使者来到赫拉特城,恭贺新帝沙哈鲁即位。沙哈鲁按照东方的外交礼仪接见了钦察汗国的使节团,双方互赠礼物。钦察汗国使者向沙哈鲁献上了珍贵的猎禽,沙哈鲁则将"王冠与带"赐给使者,还让他们将丰厚的礼物带给不剌汗与也迪该异密(异密是埃米尔的另一种译法,即地区统治者)。[2] 当时,沙哈鲁还为其子马哈麻·术乞·拔都儿向钦察汗国公主求婚。但是,在钦察汗国内讧之时,沙哈鲁却发动了夺取花剌子模的战争,双方关系破裂。

1410年,不剌汗去世,也迪该在新即位的钦察汗政权中失势,逃到花剌子模绿洲,以此为基地与钦察汗对抗。1412年,钦察汗国军队出兵花剌子模,被也迪该击败。沙哈鲁认为收复花剌子模绿洲的时机到了,于是,出兵花剌子模。在经过几次军事失败之后,统帅沙·灭里施

---

〔1〕〔前苏联〕格列拉夫,雅库博夫斯基:《金帐汗国兴衰史》,余大钧译,张沪华校,商务印书馆,1985年,第328页。

〔2〕〔前苏联〕格列拉夫,雅库博夫斯基:《金帐汗国兴衰史》,第337页。

展政策手段,赢得了花剌子模宗教界人士和世俗贵族的拥护。1413年,花剌子模贵族带着礼物来到沙·灭里军营,献上花剌子模首府乌尔根齐城,也迪该被赶走。

此后,钦察汗国内讧再起,无力顾及花剌子模绿洲。在兀鲁伯统治初期,花剌子模一直是帖木儿帝国的属地。以后,在咸海北岸游牧的术赤系宗王阿布海尔于1430—1431年冬占领了包括乌尔根奇城在内的花剌子模北部地区,在短时期内统治了这一地区。1451年,阿布海尔扫荡了撒马尔罕城郊,扶持帖木儿后裔卜赛因在河中地区建立了统治。到15世纪末期,花剌子模在名义上仍然是帖木儿帝国的属地。

15世纪后期,钦察汗国出现衰落迹象,中亚草原的白帐汗国发起争夺钦察汗位的战争。14世纪中期,白帐汗国势力强大起来。白帐汗兀鲁思在军事贵族的支持下开始进攻钦察汗国,回历776年(1374—1375年),兀鲁思夺取钦察汗国都城别儿哥萨莱。兀鲁思还未巩固他在钦察汗国的地位,就因白帐汗国宗王起事而退出了别儿哥萨莱。此后,白帐汗国宗王脱脱迷失在帖木儿的支持下夺取白帐汗位,1377—1378年冬,脱脱迷失登上了白帐汗位,继续了兀鲁思西征钦察汗国的事业。1378年春天,他占领了别儿哥萨莱城。1380年,他在迦勒迦(或卡尔米乌斯)河附近,即离亚速海岸不远的马里乌波尔地区打败了钦察汗马麦,登上了钦察汗国的汗位。1382年,脱脱迷失攻占并洗劫了莫斯科城,诸罗思公国重新向钦察汗国交纳贡赋。登上钦察汗位以后,脱脱迷失与他的支持者帖木儿反目,引发了帖木儿对南俄草原的战争。

东欧平原与中亚草原之间的征战不断,然而,两地之间的经济交流从未中断。在13世纪,察合台汗答儿麻失里(Dharmacri,1331—1334年)推行重商政策,使河中成为商业中心和贸易枢纽,"他以沙里法规约(伊斯兰教法规)为行动准则,以体面的、明智的方式接见了从各地而来的商人和旅行者。过去,埃及和叙利亚商人到汗国的行商之路被堵塞了,甚至旅行者穿越察合台汗国的愿望都不能实现。答儿麻失里登上汗位后,大量商人涌到他的汗国,满载着对他的赞誉而归,以至于他的领地成了这些商人行商的通道和经常性的交易场所。"[1]从四面八方涌来的商人和旅行者云集在中亚各城镇。为了方便商旅,答儿麻失里在每个城镇的道路两旁及村落里设置驿馆,仅河中地区就有一万多家客店,为行人提供食物和马料。[2]

14世纪中叶,古代丝绸之路的北道和中道繁忙起来。北道经中亚花剌子模绿洲,从伏尔加河流域、黑海沿岸至君士坦丁堡。在钦察汗乌兹别克统治期间(1313—1340年),"商队从花剌子模出发,乘坐大车,一路平安无事,毫无惊险、风波,三月可达克里木。不需为马匹携带饲料,也不需为跟随商队同行的人们携带粮食。此外,商队不带向导,因为草原与农业地区有着人烟稠密的畜牧业和农业居民点,只需付出若干报酬即可获得一切必需物资。"[3]贩马贸易在两地贸易中占有重要地位,钦察草原的马运往北印度的最多,有时一个商队经中亚贩运的马匹可达到6000匹。[4]

花剌子模绿洲的乌尔根赤城成为东西贸易的集散地和中转站,伏尔加河流域各城市都通过它与东方联系,因此,花剌子模绿洲成为中亚商业经济的重要地区。当时,乌尔根赤城是钦察汗国"最广阔、最雄伟、最美丽、最庞大的城市。市场建筑雅致,街道宽敞,房舍鳞次,真是美不胜收。该城人口之多宛如潮涌"[5]中国、中亚以及欧洲的商品都运到这些城市,通过这里再运往东西方各国。据乌马里记载,乌尔根奇城"有自己固定的谷物价格,通常谷价很高,偶尔降价,也仅是个中等水平"。[6]

13世纪上半叶,经欧亚草原的旅行者很多,其中,留下了游记的有:柏朗嘉宾(《柏朗嘉宾蒙古行纪》)、威廉·鲁布鲁克(《鲁布鲁克东行纪》)、海屯(《海屯行记》)等人。柏朗嘉宾(Jean de Plan Carpin,

---

〔1〕李一新:《察合台汗国的伊斯兰化》,载《西北民族研究》,1998年第2期,第71页。

〔2〕李一新:《察合台汗国的伊斯兰化》,载《西北民族研究》,1998年第2期,第71页。

〔3〕〔前苏联〕格列拉夫,雅库博夫斯基:《金帐汗国兴衰史》,第221页。

〔4〕〔前苏联〕格列拉夫,雅库博夫斯基:《金帐汗国兴衰史》,第126页

〔5〕伊本·白图泰:《伊本·白图泰游记》,宁夏人民出版社,1985年,第292页。

〔6〕中国科学院民族研究所编译:《民族史译文集》,第1集,科学出版社,1987年。

1182—1252年)是意大利人,方济各教派创始人之一,曾任西班牙、萨克森大主教。1245年,他受教皇英诺森四世派遣出使蒙古帝国。经过一年多的旅行,于1246年7月,抵达蒙古帝国都城哈剌和林,参加了贵由大汗的登基大典。贵由大汗两次召见他们,询问西方的事情。1247年秋,柏朗嘉宾带着蒙古人给教皇的信回到里昂。以后,柏朗嘉宾用拉丁文写了一本出使报告《蒙古史》,此书汉译名为《柏朗嘉宾蒙古行纪》。

《柏朗嘉宾蒙古行纪》一书记载了西欧沿欧亚草原旅行的路线,以及沿途情景和道路情况。柏朗嘉宾于1245年4月16日从法国里昂启程,经波希米亚、西里西亚(今波兰西南部希隆斯克地区)、沃里尼亚(今乌克兰西部地区)、乞瓦(今基辅),然后来到伏尔加河拔都驻地萨莱城。此后,柏朗嘉宾沿蒙古帝国在漠北线设置的驿站向哈剌和林进发,他们穿越里海和咸海北部的康里人居住区,在锡尔河流域,他们"看到无数残破了的城市、毁坏了的堡垒和许多荒废了的市镇"[1] 以后,他们经锡尔河下游的养吉干城,向南至讹答剌城,再向东北沿巴尔喀什湖到达叶密立,经额尔齐斯河上游越过阿尔泰山、杭爱山,于1246年7月到达了哈剌和林。"我们以极快的速度骑马前进,每天要换五次或七次马。在穿越沙漠时,则供给我们以能够支持长期奔跑的较好和较强壮的马。"[2]

威廉·鲁布鲁克(Guillaume de Rubrouck)是法国佛兰德斯人,方济各会教士。1253年春,他受法国国王路易九世的派遣出使钦察草原,目的是请求蒙古人同意他们在鞑靼人统治的地域内传教。鲁布鲁克于1255年8月回到北非的黎波里,写了一部《东方行记》,汉译书名为《鲁布鲁克东行纪》。书中记载,鲁布鲁克一行携带路易九世写给拔都之子撒里答的信从地中海东岸的阿卡(Acre)城出发,抵达君士坦丁堡(今伊斯坦布尔),然后,从君士坦丁堡向东北穿越黑海,抵达克里米

---

〔1〕〔英〕道森:《出使蒙古记》,吕浦译,中国社会科学出版社,1983年,第58页。

〔2〕〔英〕道森:《出使蒙古记》,第57页。

亚半岛上的速答黑城（今乌克兰苏达克）。鲁布鲁克在游记中写道："在离开索勒达牙（即速答黑）以后的第三天，我们遇见了鞑靼人。当我来到他们中间的时候，确实的，我好像正在进入另一个世界。"[1]

拔都之子撒里答的营地在顿河下游，当鲁布鲁克对撒里答提出传教请求之时，撒里答不能做主，派人将鲁布鲁克一行送到拔都驻地萨莱城（今阿斯特拉罕）。拔都对鲁布鲁克的请求也不敢擅做主张，又派一位千户送他们去哈剌和林觐见蒙哥大汗。从萨莱城出发后，鲁布鲁克一行向东穿过了里海和咸海北部，据鲁布鲁克估计："每天走的路程，几乎相当于从巴黎到奥尔良之间的距离（75英里以上）。……有的时候我们一天换二三次马。……在二三十匹马中，我们总是骑最坏的马，因为他们（拔都使者）总是在我们之前把较好的马挑选去。"[2]过咸海以北草原以后，他们沿锡尔河东南行至金察（位于塔剌思流域），金察守城长官出城来迎，这是他们的风俗："所有降服于他们的城市，都须以食物和饮料来迎接拔都和蒙哥汗的使者。"[3]在锡尔河流域，鲁布鲁克在游记中写道："我们进入了一片灌溉得像一个花园的平原，我们看到了耕种的土地。"[4]当他们抵达塔剌思河的时候，他们看到："他们（当地人）引水灌溉了整个地区。这条河（塔剌思河）不流入任何海，而是被土地所吸收，并形成若干沼泽。"[5]此后，他们渡过伊犁河，穿越巴尔喀什湖东南的平原。鲁布鲁克记载说："在这片平原之上，过去原来有许多大的市镇，但是它们绝大部分都已被鞑靼人所破坏，以便他们可以在那里放牧羊群，因为这片平原是很好的牧场。"[6]他们抵达海押立，休整了12天。"这个地区向来被称为兀鲁忽隆（应为兀鲁忽乃）统治，并且向来有它自己的语言和文字"[7]1253年11月30日，他们从

---

〔1〕〔英〕道森：《出使蒙古记》，第111页。

〔2〕〔英〕道森：《出使蒙古记》，第150页。

〔3〕〔英〕道森：《出使蒙古记》，第152页。

〔4〕〔英〕道森：《出使蒙古记》，第152页。

〔5〕〔英〕道森：《出使蒙古记》，第152页。

〔6〕〔英〕道森：《出使蒙古记》，第154页。

〔7〕〔英〕道森：《出使蒙古记》，第154页。

海押立出发继续向东北进发,途经阿拉湖,穿越海铁山谷地,再向东北的塔尔巴哈台山脉进发。鲁布鲁克在游记中写道:"我们在路上除了驿站上的人员外,再也遇不到一个人。这些驿站是设置在沿途每隔一天行程的地点,以接待使者的。"[1]

鲁布鲁克一行穿越塔尔巴哈台山脉后,进入了贵由大汗以前的封地叶密立和霍博地区,后越过阿尔泰山,向东进入哈剌和林。他们于1253年12月26日抵达哈剌和林南汪吉河(今翁金河)蒙哥大汗的冬营地。由萨莱至蒙哥大汗的冬营地途中,鲁布鲁克的旅行都是依靠蒙古帝国驿站,食宿和换乘车马都由驿站提供,不须付价。拔都使者所到之处都受到礼遇,人们出城迎接,献上美食。

海屯是小亚美尼亚(西里西亚)国王,他于1244年向蒙古驻波斯统帅拜住遣使贡献,小亚美尼亚成为蒙古帝国的属国。1254年,海屯动身前往蒙古觐见蒙哥大汗。他先抵达卡尔斯(今土耳其卡尔斯),拜见了拜住将军。然后北上经过打耳班去觐见在萨莱城的拔都。5月13日,海屯一世一行从萨莱城出发,渡过乌拉尔河一路向东,经楚河流域、渡额尔齐斯河、越过阿尔泰山,于9月13日抵达哈剌和林,受到蒙哥大汗欢迎。蒙哥大汗正式册封海屯为小亚美尼亚王,减轻该国的贡赋,豁免了教会的赋税。蒙哥大汗给海屯一世下了"不许人欺凌他及他的国家"的诏书,又颁发赦令,允许小亚美尼亚的各地教堂拥有自治权。[2]海屯一行于10月1日启程回国,于1255年回到小亚美尼亚。以后,随员乞剌可斯(Kirakos)执笔,将经中亚到蒙古草原的旅行记录下来,名为《海屯王中亚记行》,并收入《亚美尼亚历史》中。中国学者何高济根据博伊尔1964年的英译本将此书译成汉文,汉译书名《海屯行记》。

14世纪经中亚旅行的著名人物是马可·波罗(《马可·波罗游记》)和伊本·白图泰(《伊本·白图泰游记》)。1271年,意大利人马可·波罗(Marco Polo)随父亲与叔叔从威尼斯出发,前往蒙古人统治

---

〔1〕〔英〕道森:《出使蒙古记》,第164页。

〔2〕何高济译:《海屯行纪、鄂多立克东游录、沙哈鲁遣使中国记》,中华书局,1981年,第14页。

的中国。马可波罗一行在旅行中,经过了西亚、中亚,翻越帕米尔高原,经丝绸之路到达中国。24年以后,也就是1295年年底,马可·波罗回到故乡威尼斯。1298年,马可·波罗在威尼斯与意大利西部城市热那亚的战争中被俘入狱。在狱中口述他在东方的见闻,由狱友鲁斯梯谦笔录并整理为《马可·波罗游记》。

继马可·波罗之后游历中亚的旅行家是北非摩洛哥人伊本·白图泰(ibn Battuta,1304—1377年)。伊本·白图泰于1304年2月24日出生在摩洛哥的丹吉尔城。在20岁左右时,他前往麦加朝圣。在1332年以后,他渡过里海,穿越中亚草原,经过咸海,抵达撒马尔罕和布哈拉城,在此,他见到了察合台统治者怯伯。以后,他经中亚南部的阿富汗,进入北印度。回到丹吉尔之后,摩洛哥苏丹派一位学者调查白图泰,这位学者记录了白图泰的叙述,将其命名为《伊本·白图泰游记》。19世纪,西欧的学术界发现此书,引起了极大轰动,以后,它被翻译成多种文字。此书的大部分记述是可信的,为研究14世纪的世界各国提供了素材。1985年,该书由马金鹏教授译成中文出版。15世纪以前旅行者的游记反映了欧亚草原当时的交通情况。

3　国家的建立

　　15 世纪后期,钦察汗国和帖木儿帝国都衰落了。钦察汗国衰落以后,哈萨克人在欧亚草原东部建立了自己的汗国;俄罗斯人在其西部建立了沙皇俄国。帖木儿帝国衰亡之际,乌兹别克人在中亚南部地区建立了布哈拉和希瓦汗国。

3.1　哈萨克汗国

　　钦察汗国灭亡以后,在欧亚草原的东部哈萨克汗国兴起。15 世纪上半叶,成吉思汗后裔在西起伏尔加河,东至额尔齐斯河,南起里海、咸海北岸,北至乌拉尔山之间的欧亚草原东部形成了 3 个新的政治联盟,它们是乌兹别克汗国(1428—1468 年)、诺盖汗国和西伯利亚汗国。在 1456 年,从乌兹别克汗国中分裂出哈萨克汗国(Kazakh Khanate,1456—1730 年)。这些汗国互相征战,最后,乌兹别克汗国被东部的察合台汗国灭亡,诺盖汗国被哈萨克汗国灭亡,西伯利亚汗国被俄国灭亡,在北方新兴汗国中,只有哈萨克汗国幸存下来。16 世纪,哈萨克汗国统治了南至锡尔河流域,东南至楚河、塔拉斯河流域,东北至巴尔喀什湖东南岸,西至伏尔加河东岸地区。

　　乌兹别克汗国是成吉思汗长支术赤后裔阿布海尔(Abū'l Khayr Khan,1428—1468 年)建立的国家。1428 年,阿布海尔将西起乌拉尔河、东至托博尔河之间的游牧部落联合起来,建立了这一游牧政权,因此,乌兹别克汗国又名阿布海尔汗国。乌兹别克汗国建立之后,开始发动扩张战争。1430 年,阿布海尔攻占花剌子模的部分地区,掠夺了乌尔根奇城;1447 年,阿布海尔掠夺锡尔河流域沿岸地区,夺取锡尔河畔的塞格纳克城,并以此为都城。

随着势力的强大,阿布海尔在汗国内加强管理,企图建立以他为中心的中央集权统治。但是,这与分散的游牧经济和游牧民的意识相违背,这一举措危及了诸王公的半独立地位,引起了术赤长支白帐汗王子斡儿答后裔克烈(Qarāy 或 Gerāy)和札尼别(Jānī Beg)速檀[1]的不满。他们与阿布海尔的矛盾越来越尖锐,最后达到了公开对抗的程度。1456 年,克烈和札尼别率乃蛮、克烈、篾儿乞等部出走,来到东察合台汗国也先不花汗(Esān Buqā Khan)的领地,寻求保护。史学家米儿咱·马黑麻·海答儿(Mirza Muhammad Haidar 1499—1551 年)在他写于 1545 年的《中亚蒙兀儿史——拉失德史》(Tārīkh-i Rashīdī)一书中对此有记载:"当时,阿布海尔汗在钦察草原上行使着全部权力。他与术赤系速檀札尼别汗和克烈汗作战,札尼别和克烈汗逃到蒙兀儿斯坦(Moghlistan)。蒙兀儿斯坦的也先不花汗接纳了他们,把蒙兀儿斯坦西部边界上、楚河附近的库齐巴什(Kuzi Bashi)转让给他们,他们在此安居乐业。"[2]

迁徙到楚河流域的这些乌兹别克人自称"哈萨克人",意为"冒险者"或"叛逆者";他们在楚河流域建立的政权被称为"哈萨克汗国"(1456—1730 年),[3]汗国统治之地被称为"哈萨克斯坦"。

哈萨克人的出走,削弱了阿布海尔的势力。正值此时,阿布海尔又受到来自东部的西蒙古人的威胁。[4] 这支西蒙古人自称卫拉特(Oirat),17 世纪的汉籍记为瓦剌。15 世纪中叶,瓦剌人在首领脱欢(Toghon)的率领下夺取了蒙古草原的统治权,形成了瓦剌帝国。在脱欢之子也先台吉(Isan Taishi,1439—1455 年)统治时期,瓦剌帝国达到

---

〔1〕速檀是阿拉伯文 Sultan 的音译,意为"王公"、"统治者"。

〔2〕米儿咱·马黑麻·海答儿:《中亚蒙兀儿史——拉失德史》第一编,新疆人民出版社,1983 年,第 273 - 274 页。

〔3〕关于哈萨克汗国建立的时间有几种说法,米儿咱·马黑麻·海答儿在《中亚蒙兀儿史——拉失德史》(第 82 页)把哈萨克速檀开始统治的年代定在 1465—1466 年。《中亚文明史》(第 5 卷第 91 页)说:"札尼别和克烈为实现哈萨克人居住区内的完全统一进行了一次成功的斗争。从记录这些年事件的一份书面材料分析,哈萨克汗国的形成可以确定在 1470 年左右。"另有一种认为是哈萨克哈斯木汗完全统一哈萨克各部的时间应为 1523 年。

〔4〕有人认为,正是在卫拉特人打败阿布海尔之后,克烈汗和札尼别离开阿布海尔出走的。

鼎盛,开始向西扩张。在 1456 至 1468 年间,瓦剌人频繁地向阿布海尔发起攻击,阿布海尔遭到了毁灭性的打击,一度曾逃到塞格纳克城,任凭锡尔河中游以北地区被瓦剌人洗劫。克烈汗和札尼别充分地利用了瓦剌人对乌兹别克汗国的袭击,在瓦剌人离开之后,他们率大批部民返回原来的游牧地。从阿布海尔的游牧汗国中不断有游牧民迁往哈萨克人中,这一过程历时十多年(从 15 世纪 50 年代后期到 60 年代末),哈萨克强大起来。[1]

除了乌兹别克人不断迁入楚河流域与哈萨克人汇合外,在七河流域和伊犁河流域的乌孙、杜拉特(朵豁剌惕)、札剌亦儿(Jalāyersf)等部也脱离东察合台汗国西迁到哈萨克人之中,这些部落的迁入巩固和壮大了哈萨克汗国。

1468 年,阿布海尔被东察合台汗羽奴思打败,他建立的游牧汗国随之瓦解。于是,克烈汗和札尼别率领的哈萨克人迅速向西扩张,统治了原乌兹别克汗国的领土。哈萨克汗国以原乌兹别克汗国的首府塞格纳克城为统治中心,开始对锡尔河以北的城市发起攻击。1470 年,克烈汗率军攻打突厥斯坦城,札尼别之子夺取了苏扎克(Suzaq)和扫兰(Sauran)城。随着军事的胜利,哈萨克汗国南部领地直抵塔什干、安集延。

在克烈之子布鲁杜克汗(Burunduq Khan)统治时期(1488—1509年),咸海和里海北岸的乌兹别克人在昔班尼的率领之下,南下河中地区建立了布哈拉汗国。于是,哈萨克人趁机占领了咸海和里海以北草原,哈萨克人生活在东起额尔齐斯河,西至里海的广阔草原上。从此,“哈萨克”与“乌兹别克”具有了新的内涵,前者指那些仍留在咸海以北草原上的部落,咸海北岸草原因此被称为“哈萨克草原”;后者指那些随昔班尼南迁的部落,他们在推翻了帖木儿王朝占领中亚南部地区以后,与当地使用突厥语、从事农业的居民融合,形成了中亚乌兹别克人。

16 世纪,哈萨克汗国几经分裂和重建。在布鲁杜克汗统治后期,

---

〔1〕米儿咱·马黑麻·海答儿:《中亚蒙兀儿史——拉失德史》第二编,第 172 页。

哈萨克汗国与河中地区的统治者为夺取锡尔河北岸城市进行了激烈的战争。最终,哈萨克汗国保住了对这些城市的领导权。布鲁杜克汗去世以后,札尼别之子哈斯木继位(Qāsim,1509—1523 年)。[1]

正是在哈斯木汗统治期间,新形成的哈萨克汗国才得以巩固下来。哈斯木是哈萨克汗国初期一位强大的汗,在他统治期间,哈萨克汗国的领土南部延伸到锡尔河中游北岸,囊括了锡尔河北岸的许多城镇;东北部伸入兀鲁套山区和巴尔喀什湖地区,抵达卡尔卡拉林斯克山(Karkaralinsk)的支脉;西北部抵达乌拉尔河流域,哈斯木逐渐确立了对钦察草原的统治。

哈斯木把汗国治理得很好,帖木儿后裔巴布尔称赞哈斯木说,他拥有"如此井井有条的部落",他统治下的哈萨克汗国军队达 30 万。[2] 据海答儿估计,哈斯木统治下的人民有 100 万之多。[3] 莫斯科大公瓦西里三世(1503—1533 年)曾派使者到哈萨克汗国,表示承认哈斯木对哈萨克人的统治。

哈斯木统治期间,召开了著名的部落头目(比伊)会议,会上制定并通过了哈萨克汗国第一部法典,即《哈斯木汗国名鉴》,世称《哈斯木汗法典》或《明显法律》。《哈斯木法典》的主要内容有:关于解决牧畜、牧场、土地诉讼规定的财产法;关于杀人、抢掠人和牲畜,以及盗窃等刑事犯罪的刑事法;关于组建军队的兵役法;关于挑选使臣的使臣法;关于婚丧嫁娶等礼俗和节日、庆典的民事法。这部法典深受汗国居民的欢迎,实行了 100 年后,到额什木汗(Esim Khan,1598—1628 年)统治时期才对它做了补充。[4]

然而,哈萨克汗国的中央政权极其脆弱和不稳定。在哈斯木汗于

---

〔1〕哈萨克族简史编写组:《哈萨克族简史》(第 140 页)说,哈斯木汗继位年代为 1511 年。

〔2〕〔印度〕巴布尔:《巴布尔回忆录》,第 21 页。

〔3〕米儿咱·马黑麻·海答儿:《中亚蒙兀儿史——拉失德史》,第一编,第 274 页。据 V. Barthold, *Four Studies on the History of Central Asia*, translated by Minorsky, Leiden, 1956. p. 153:海答儿在此是指哈斯木统治下的全体哈萨克人数。

〔4〕贾合甫·米尔扎汗:《哈萨克族》,纳比坚穆哈穆德罕、何星亮译,民族出版社,2004 年,第 52 页。

1523 年去世之后,哈萨克新汗与速檀之间的斗争激烈起来,随后,哈萨克草原经历了二十余年的战争。在此期间,哈萨克汗国经历了 4 位汗的统治,他们是哈斯木汗之子谟麻什(Mamash, Muhammad Husayn)、哈斯木的堂弟塔赫尔(Tāhir)、不答什(Birilash 或 Buydash)、吐格呼木(Tughum)。谟麻什的统治只存续了几个月就被杀身亡。塔赫尔统治哈萨克汗国 10 年(1523—1533 年),他的统治暴虐无道,史籍记载他"为人粗鲁,十分残暴"。[1] 他对外穷兵黩武,不分敌友,四处出击。他的暴政使 40 万哈萨克人离开了他,[2]他本人在本国无法立足,于 1533年逃到了吉尔吉斯人当中。

塔赫尔的兄弟不答什统治哈萨克汗国只有 1 年。在他统治期间(1533—1534 年),汗国处于分裂状态,诸部落各据一方,自立其汗,哈萨克草原西部被一位名叫阿赫默德的人统治,七河流域被托格木汗占据。因此,不答什的统治也是在内乱和战争中度过的。据说,当时处于不答什汗统治下的哈萨克人只有两万[3] 以后继位的汗是塔赫尔的另一个弟弟吐格呼木。在他统治时期(1534—1538 年),东察合台人对哈萨克人发起进攻,严重挫败了吐格呼木。在这次战争中,他本人连同37 位哈萨克速檀一起被杀。传播很远的谣言说:"最近四年这些(哈萨克)人已无踪无影了。930 年(即公元 1523 年)哈萨克人共有 100 万人;944 年(公元 1537 年)世界上已没有这一大帮人的踪迹了。"[4]

经历二十余年的动乱之后,哈萨克汗国再次稳定下来,使哈萨克人重振国势的是哈斯木汗之子哈克·纳咱尔汗(Haqq Nazar Khan)。他的长期统治(1538—1580 年)使哈萨克人重新团结起来,国家也逐渐强盛。在西方,诺盖贵族陆续投奔他,哈克·纳咱尔汗趁机兼并了诺盖汗国的部分领地,其中诺盖汗国的首府小萨莱城也归属于哈萨克汗国;在东方,哈克·纳咱尔对蒙兀儿斯坦发起攻击,蒙兀儿汗阿不都·拉失德

〔1〕米儿咱·马黑麻·海答儿:《中亚蒙兀儿史——拉失德史》,第 2 编,第 173 页。
〔2〕C. Adle, Irfan Habib: *History of Civilizations of Central Asia*, Vol. 5, p. 94.
〔3〕C. Adle, Irfan Habib: *History of Civilizations of Central Asia*, Vol. 5, p. 95.
〔4〕米儿咱·马黑麻·海答儿:《中亚蒙兀儿史——拉失德史》,第 2 编,第 173 页。

汗的长子阿不都·拉迪甫被哈萨克人杀死,这事大约发生在1558年或1559年,当时英国旅行家安东尼·詹金森在布哈拉听说吉尔吉斯人在攻喀什噶尔;在南方,哈克·纳咱尔利用和勾结河中分裂势力发动对河中撒马尔罕和布哈拉城的攻击,并于1579年占领了塔什干城。

哈克·纳咱尔的扩张战争虽然获得了一些胜利,但是,他与河中分裂势力的联盟破裂以后,遭到了杀身之祸。1580年,他的汗位由札尼别的孙子、年迈的昔格海汗(Shighay Khan)继承(1580—1582年)。

继位第二年(1581年),昔格海汗与河中统治者建立了友好关系。他的儿子特夫克勒(Tevekkel)在布哈拉汗国做人质。1582年,昔格海汗去世,特夫克勒回国继位,由于他在哈萨克人中没有稳定的基础,直到1586年才被推举为汗(1586—1598年)。

特夫克勒汗在巩固了权威之后,也开始向外扩张。但是,不断向东扩张的俄国人阻止了哈萨克人向北部发展;东方的西蒙古准噶尔部强大起来,并对哈萨克人构成了威胁;南方的昔班尼王朝正在与呼罗珊作战。因此,特夫克勒汗向南发起进攻。1586年,他与其弟额什木率领着哈萨克人南下攻打撒马尔罕和布哈拉城,被留守撒马尔罕的军队打退,特夫克勒只好退回草原。

哈萨克人对布哈拉汗国和西伯利亚汗国的进攻深得俄国人的赞赏,因此,这一时期俄国与哈萨克汗国开始了使节往来。1588年,俄国督军丘尔科夫抓住了特夫克勒的侄儿乌拉兹·穆罕默德,将其送往莫斯科关押。为了救侄儿,特夫克勒表示愿意臣服于俄国,要求俄国给自己提供武器。1595年,在俄国沙皇写给特夫克勒的信中,要求他送儿子到俄国为人质,然后才能释放他的侄儿乌拉兹。该信由俄使维里雅米尼斯切班诺夫随同哈萨克使者送来,同时还送给特夫克勒一些火枪。特夫克勒在收到这些武器之后,并没有满足沙皇提出的任何要求。

1598年,在阿布杜拉汗去世之时,特夫克勒趁机发起了对布哈拉的进攻。在此期间,特夫克勒病故,其弟额什木汗(Esim Khan,1598—1628年)继承了汗位。额什木曾参与过特夫克勒汗对布哈拉汗国的战争。在额什木汗长达30年的统治期间,哈萨克人的内部斗争加剧,一些强大的速檀实际上已经独立于哈萨克汗的统治,他们中最突出的代表是土尔逊·穆罕默德(Tursūn Muhammad),他在布哈拉汗国札尼王朝伊玛姆·库利汗的扶持下,在塔什干称汗(1614—1627年)。[1] 额什木即位以后,用武力平定了吐尔逊·穆罕默德的叛离,使哈萨克汗国重归统一。

为了维护社会秩序,处理汗国内各种事务和刑事犯罪案件,额什木对《哈斯木汗法典》进行了补充,形成《额什木汗习惯法》,也称《古用法律》。补充的内容是:汗有权制定适合他自己汗国的法律;并应当有专门的办事机构;巴图尔(勇士)应师出有名并战无不胜,等等。

额什木汗于1628年去世,其子杨吉尔(又译江格尔)在1630年继位。在杨吉尔汗统治时期(1630—1652年),哈萨克汗国的外部局势进一步恶化。从17世纪中叶起,中亚东北部的哈萨克和准噶尔这两大游牧势力在哈萨克草原上进行了长期的战争。卫拉特人势力不断侵入,夺取了部分七河地区,征服了在此游牧的哈萨克人。在1635年、1652年,哈萨克人分别与卫拉特人发生了两次大规模的冲突。卫拉特人的首领巴图尔洪台吉率军攻入哈萨克草原,杨吉尔在第一次抵抗战争中被俘,哈萨克人战败。后来杨吉尔逃回了哈萨克草原,继续领导哈萨克人进行反卫拉特人的斗争。1652年,杨吉尔汗在战争中阵亡。此后,哈萨克汗国陷入内乱,统治集团内部开始了争权夺利。势力强大的速檀自立为汗,割据一方,哈萨克汗国在建立100年后分裂成3个玉兹。

大玉兹(即乌拉玉兹),主要占地是巴尔喀什湖以南的七河流域,以及楚河和塔拉斯河流域的大片草原,其中有少数农耕绿洲。大玉兹中的一些部落和氏族构成了哈萨克汗国的核心,他们以后的历史更多的与中亚诸汗国联系在一起。

中玉兹(即鄂尔图玉兹),位于大玉兹之北。其具体放牧地冬牧场在锡尔河中下游北岸,夏牧场在托博尔阿、伊施姆河、努腊河、萨雷苏河

---

〔1〕Howorth,H. H., *History of the Mongols from the 9th to the 19th Century.* London 2nd ed., pp. 639–640;Ishim Khan.

流域。在 3 个玉兹中,中玉兹人数最多,力量最强,他们以后的历史更多的与中国的清朝联系在一起。

小玉兹(即奇齐克玉兹),主要占地在咸海北岸和里海低地的北部。小玉兹的冬季牧场在伊列克河与乌拉尔河一带;夏季则迁往阿克提尤别地区的草原。在哈萨克斯坦西部的小玉兹人的历史更多的是与伏尔加河流域诸汗国及以后俄国的历史联系在一起的。

这种状况一直持续到杨吉尔汗之子头克汗继位(Tauke Khan),头克汗在位时期(1680—1718 年),重新统一了哈萨克汗国。头克汗是哈萨克汗国著名的汗,在他继位的前两年,蒙古准噶尔部首领噶尔丹统一了卫拉特各部,建立了准噶尔汗国。头克汗继位的第二年,准噶尔人就向哈萨克人发起了进攻。在头克汗统治的最初 8 年里,准噶尔人频繁地入侵哈萨克草原。因此,头克汗统治初期的任务主要是领导哈萨克人抵抗准噶尔人的入侵。为此,他一方面派遣使者到准噶尔牙帐,劝说噶尔丹停止战争,和睦相处;另一方面积极与南部的吉尔吉斯人和西南部的卡拉卡尔帕克人联盟,共同抵抗准噶尔人的侵袭。

然而,噶尔丹没有接受头可汗的和解建议,1682 年,他对哈萨克草原再次发起进攻。他一路攻城略地,直入锡尔河北岸。这一次,头克汗用计打败了准噶尔人。1683 年,准噶尔人攻陷塔什干城,俘获了头克汗之子,并把他押往西藏。1684 年,准噶尔人攻陷赛兰城。至此,七河流域的大部分及锡尔河中上游一带都被准噶尔人占据。1688 年以后,噶尔丹将注意力转向东部的战争,减少了对哈萨克草原的袭击。头克汗利用这段时间开始整顿哈萨克汗国的内务。

他首先着手消除汗国内的分裂状态,为了加强汗的权威和实施中央集权统治,采取各种措施控制 3 个玉兹的独立活动。他排挤旧贵族,任用新贵族伯克(bīs 或 begs),让他们在汗的议会中担任重要职务,扶持和依靠已逐步掌握部落实权的比伊(部落头目)和军事首领。他借助法律限制旧贵族的权力,扩大了比伊的权力。头克汗规定,只有汗和比伊才有资格掌管司法大权。比伊在头克汗的政权中开始发挥重要作用,他们被吸收参加贵族代表会议,参与处理汗国内外政治生活中若干重大问题,参与处理大封建主之间发生的大纠纷,在这些纠纷涉及一些人的切身利益时,只有在比伊的直接参与下才能解决。比伊逐渐成为地方全部权力的掌管者。在头克汗统治时期,比伊和军事首领形成了具有代表性的新封建势力阶层,他们的汗权在新的基础上得到加强。以比伊和军事首领为代表的新的封建阶层在与旧的封建贵族的斗争中寻求汗王政权的同情和支持,渴望汗王政权的巩固和集中。这样,与16世纪哈斯木、哈克·纳咱尔和特夫克勒汗时代不同,头克汗时期哈萨克汗国的统一是在新的社会基础上实现的。

到18世纪初期,哈萨克汗国内部基本上实现了统一。史书说:"只是在头克汗朝代的后期,他才统一了3个玉兹。外部威胁促使哈萨克国家政治统一恢复,外部威胁迫使苏丹们拥护汗。"〔1〕哈萨克汗国3个玉兹的独立倾向和各兀鲁思(部落领地)的分裂活动在一定程度上受到抑制。头克汗对3个玉兹任命了行政官员:图列比、卡兹别克和艾佳克分别管理着大玉兹、中玉兹和小玉兹。头克汗本人驻在突厥斯坦城,他经常召集大、中、小玉兹汗和比伊在塔什干开会,商讨国内外重大事务,哈萨克汗国出现了安定统一的局面。

头克汗在位期间曾召集部落首领们讨论磋商本国法律,对哈萨克人原有的《哈斯木汗法典》和《额什木汗习惯法》作了较大的修改和补充,把《哈斯木汗法典》的5项条款修改增补为7项条款,称为《七项法典》,后来又称为《头克法典》。新补充的内容是土地法和偿命法。头克汗修改补充法律的原因与当时哈萨克人面临的社会动荡有关。由于准噶尔贵族侵占了哈萨克草原东部牧地,哈萨克牧民争夺牧场的纠纷不断发生,人命案件日益增多。鉴于这种情况,为了维护社会秩序,并加强对牧场的管理和分配,新法规定从原来的财产法中分出土地法,从原来的刑事法中分出偿命法,分列为两项单独的法律,以适应当时的新形势。〔2〕

---

〔1〕《哈萨克共和国史》俄文版,第111页;引自厉声:《哈萨克斯坦及其与中国新疆的关系(15—20世纪中期)》,黑龙江教育出版社,2004年,第58页。

〔2〕贾合甫·米尔扎汗:《哈萨克族》,纳比坚穆哈穆德罕、何星亮译,第52-53页。

头克汗在哈萨克人中有着很高的威望。史书对他评价说:"这位君主被誉为整个吉尔吉斯(即哈萨克)民族的心脏,他以才智使自己在他骚动的同胞中出类拔萃,他的名字赢得了声誉和尊敬。他是哈萨克各帐的伟大演说家和严峻的法学家;他在血腥的纷争之后,重建了和平,他制止了多少年来一些部落之间由于争执而引起的流血;他以智慧和公正促使所有的人听从他的号令;他联合弱小的部落抗击剽悍的部落,迫使后者安分守己;他为各部落制定了依以裁判的法律,这些法律直至今日仍为吉尔吉斯(哈萨克)的智者所眷恋。"[1]

头克汗去世以后,哈萨克人分裂为大中小3个"玉兹",哈萨克人18世纪的历史由这3个玉兹的历史构成,虽然3个玉兹在面临强大外敌之时也曾有过联合,但是总的来说,18世纪的哈萨克汗国在政治上是一个四分五裂的国家。

3.2　俄国

钦察汗国灭亡以后,在欧亚草原西部兴起了统一的俄国,史称沙皇俄国。成吉思汗长子术赤兄弟们对东欧的征服给东欧平原上的诸罗思公国造成了巨大的灾难,然而,莫斯科城却获得了发展的契机。强大的罗思公国纷纷被消灭,而弱小者却逐渐发展起来,莫斯科公国便是其中之一。

钦察汗国统治者对罗思诸国采取间接统治的方式,任命"弗拉基米尔大公"为他们征收赋税。14世纪初,莫斯科大公获取了这一权力,并利用这一权力积累了大量财富,兼并了一些弱小公国而壮大起来。莫斯科公国借蒙古人的势力扩充本国,削弱了竞争对手,弗拉基米尔大公职位一直留在莫斯科公国。在底米特里任莫斯科大公期间,特维尔公国与莫斯科公国的战争再起,特维尔公国战败,莫斯科公国成为诸罗思公国中最强大的国家。

---

〔1〕〔俄〕A.D.列夫申:《吉尔吉斯—哈萨克各帐及各草原的叙述》,新疆维吾尔自治区民族研究所打印本,1975年,第35页。

在莫斯科公国势力蒸蒸日上之时,钦察汗国却在走向衰弱。当钦察汗国再次发生内乱的时候,底米特里大公不再给钦察汗马麦缴纳贡税。1380 年 9 月,马麦率 20 万大军直逼莫斯科公国,双方会战于顿河之滨的库利科沃原野。经过激烈的战斗,马麦汗被罗思人打败。这是罗思人第一次打败蒙古人,底米特里也因此被称为"顿斯科伊"(顿河英雄),威震罗思诸公国。

莫斯科公国日益强大,逐渐形成了东欧平原上的强国。在底米特里之后,莫斯科公国经历了瓦西里一世、瓦西里二世、伊凡三世和伊凡四世的统治。在瓦西里二世时期,莫斯科公国对外扩张,瓦西里二世去世之后(1462—1533 年),莫斯科公国的国土面积达到 43 万平方公里。[1]

1462 年,瓦西里二世去世,其子伊凡三世即位(1462—1505 年在位)。伊凡三世即位伊始就吞并了雅罗斯拉夫公国,以后,莫斯科公国将一些松散的小罗思国家并入莫斯科公国,加强了莫斯科公国与各地封建割据势力斗争的力量。1474—1477 年间,伊凡三世吞并了罗斯托夫公国,以及版图比莫斯科公国大得多的诺夫哥罗德。

就在莫斯科公国进行兼并战争之时,钦察汗国内部争权夺利的斗争再次发生,汗国无可挽回地走向衰落和瓦解。在其境内,许多独立的小汗国纷纷建立起来,到 15 世纪 20 年代初,钦察汗国所剩下的有限疆土被称为大帐汗国,以宗主国的形式维持着对莫斯科公国的统治,莫斯科公国还在向大帐汗缴纳贡税。

为了动摇大帐汗国的宗主地位,伊凡三世与在原钦察汗国领土上建立的克里米亚汗国联盟,甚至与在西波斯地区的土库曼人联盟。1476 年,伊凡三世委托威尼斯商人马可·拉菲与土库曼人乌宗·哈桑签订反大帐汗国的盟约。在孤立了大帐汗国之后,1478 年,伊凡三世停止向大帐汗缴纳贡赋。大帐汗阿合马率军征讨莫斯科公国,双方军队在乌格拉河两岸对峙。由于天寒地冻,士兵们难以支撑下去,阿合马

---

〔1〕孙成木、刘祖熙、李建:《俄国通史简编》(上册),人民出版社,1986,第 73 页。

·欧·亚·历·史·文·化·文·库·

又担心后方遭莫斯科公国盟友克里米亚汗国的袭击,于是不战而退。此战之后,莫斯科公国彻底摆脱了蒙古人长达两个多世纪的统治。

此后,伊凡三世继续进行已开始的、统一罗思公国的战争。1485年,莫斯科公国吞并特维尔公国,统一了整个东北罗斯,成为全罗斯国家的君主,统一国家俄国诞生了。

1505年,在位43年的伊凡三世去世,其子瓦西里即位。他继续其父的统一战争。先后吞并了梁赞公国和普斯科夫公国,夺取了斯摩棱斯克。到瓦西里去世之时(1533年),俄国已成为欧洲最大的国家。

瓦西里去世之后,王位由他年仅3岁的儿子伊凡四世继承,由于年幼,伊凡四世的统治先后由其母和母舅摄政。伊凡四世的生母叶莲娜·格林斯卡亚摄政5年。她在位期间,重用宠臣奥鲍连斯基,国家由格林斯基、别林斯基等一批拥护中央集权的王公贵族治理,瓦西里的内外政策得以继续实施:限制教会和大贵族的特权,巩固中央集权,剪除封建割据。

1547年,17岁的伊凡四世亲政。1月,他在克里姆林宫的升天大教堂举行了隆重的加冕典礼。他不满意莫斯科公国大公的称号,自比古罗马大独裁者恺撒,正式加冕为沙皇("沙"即恺撒的译音)。从此,"沙皇俄国"(简称"沙俄")取代了莫斯科公国。

伊凡四世亲政以后,对内,以严酷的手段加强中央集权,大贵族的势力遭到彻底消灭;对外,沙俄进行了扩张战争,吞并了喀山汗国和阿斯特拉罕汗国。1584年,伊凡四世之子费多尔即位。费多尔于1598年病逝,因他无子,他的大舅子、实际上掌握大权的戈东诺夫被推举为沙皇,统治700年的留里克王朝(862—1598年)结束。1605年,沙皇戈东诺夫突然死去,经过一番争夺皇位的斗争,1613年,与留里克王室有亲戚关系的俄国贵族米哈依·费多洛维奇·罗曼诺夫被推举为沙皇(1613—1645年),拉开了罗曼诺夫王朝(1613—1917年)统治俄国的历史序幕。

米哈依之后,他的儿子阿列克塞即位为沙皇(1645—1676年)。1676年,阿列克塞病死,其长子费多尔即位。但6年后他也病死了。

又经过一番腥风血雨的争斗,1682年,费多尔的两个弟弟同时被立为第一沙皇和第二沙皇,分别称为伊凡五世和彼得一世。在彼得一世统治时期,沙皇俄国开始步入帝国时代。

3.3　布哈拉汗国

15世纪后期,帖木儿帝国衰落之际,在咸海和里海北岸的乌兹别克游牧民纷纷南下,或者掠夺财富,或者参与帖木儿后王们的斗争,乌兹别克汗国的统治者阿布海尔就频繁地参与其间。15世纪末至16世纪初,帖木儿后王们的政权一个个被乌兹别克人灭亡,在中亚最终建立了布哈拉汗国和希瓦汗国。

当阿布海尔在咸海北岸草原统一各游牧部落、建立乌兹别克汗国之时,统治着咸海以南,锡尔河与阿姆河之间和呼罗珊地区的帖木儿诸公国却在发生分裂运动。1430年以后,帖木儿帝国的封建埃米尔国为争夺地盘而不断交战。在这种形势下,帖木儿系王公们纷纷向北方草原游牧骑兵求援。乌兹别克汗国的建立者阿布海尔手下就有一支机动性极高的强大骑兵,在这支骑兵的帮助下,帖木儿曾孙卜赛因于1451年取得了撒马尔罕王位。阿布海尔正是利用帮助帖木儿王公之机不断南下,或掠夺财物,或占领地盘。在此过程中,阿布海尔甚至占领过河中地区的一些城市。1430年,阿布海尔曾攻占花剌子模绿洲,掠夺了乌尔根奇城。以后,塞格纳克、苏扎克、阿尔库克(Arquq)、乌兹根和突厥斯坦城(又名雅西城)等锡尔河沿岸城市都囊括在阿布海尔的游牧国家之中,由他派代理人管理。1447年,阿布海尔将锡尔河畔的塞格纳克城作为自己的都城。阿布海尔在河中地区的这些活动,以及他对锡尔河沿岸城市的统治,促进了乌兹别克游牧民与河中地区的农耕居民之间经济和文化的交流,为他的孙子昔班尼以后在河中地区建立王朝奠定了基础。

哈萨克人于1456年分裂出去以后,乌兹别克汗国的势力遭到削弱。正值此时,乌兹别克汗国在东方又受到卫拉特蒙古人的威胁,哈萨

·欧·亚·历·史·文·化·文·库·

克人趁机联合东察合台汗国对阿布海尔发起进攻。1468年,阿布海尔及其子沙布达克被东察合台汗羽奴思打败并杀死,乌兹别克汗国灭亡。该家族的大多数成员被杀,阿布海尔的孙子昔班尼王子幸存下来,他先后逃往突厥斯坦城、布哈拉城、阿斯特拉罕城避难。以后,他在河中地区建立了布哈拉汗国。

帖木儿王朝的分裂实际上使中亚南部地区处于政治真空状态,而中亚北部的游牧部落都想填补这一权力的真空地带。在北方和西北方是乌兹别克人;在东北方是哈萨克人、吉尔吉斯人,在东方是统治蒙兀儿斯坦的东察合台后裔。16世纪初期,争夺中亚南部统治权的斗争主要在以下3者之间展开,即东察合台汗国的统治者、钦察草原上乌兹别克人和捍卫河中政权的帖木儿王朝人。在这场争夺中,昔班尼率领的乌兹别克人打败了帖木儿王朝人,使他们彻底放弃了阿姆河以北地区;接着,他们又遏制了东察合台汗建立大汗国的野心,把他们驱逐出河中事务;最后乌兹别克人在河中地区建立了布哈拉汗国。

昔班尼(Shaybānī)生于1451年,全名穆罕默德·昔班尼,又被称为沙伊伯(旧译沙亦汗),他是术赤第五子昔班的后裔,乌兹别克汗国建立者阿布海尔是他的祖父。在祖父阿布海尔和父亲沙布达克于1468年被东察合台汗羽奴思杀死之后,昔班家族诸王子开始了争夺权力的斗争。当时,昔班尼才17岁,在各部落和部落联盟酋长之间的残杀战争中,他最终逃亡到阿斯特拉罕汗国避难。后来,由于钦察汗国攻打阿斯特拉罕城,他又重返故地咸海北岸草原。在此,他征集到一支由草原部落民组成的军队,利用这支军队,他与哈萨克汗争夺锡尔河下游牧地。之后,他像其祖父阿布海尔一样,率领着他的小军队参与河中地区帖木儿系诸埃米尔国的政治斗争。

在昔班尼势力发展的过程中,他投奔在塔什干实施统治的东察合台汗马合木,并在其手下当兵。马合木对他的服务很满意,1487年,把突厥斯坦城作为封邑赐给了他。昔班尼在统治突厥斯坦城的5年内(1487—1493年),以此为基地,厉兵秣马,逐渐壮大了自己的力量。强大起来之后,1494年,他从突厥斯坦城出发,开始了征服河中地区的战争。在这些战争中,他不断从被征服地区的城乡召集兵员,在他的军队中,既有游牧民和半游牧民,也有定居民。毛拉·萨迪(Mullā Shādī)在描述布哈拉时提到,"布哈拉在陷落之后,从7岁到70岁的所有布哈拉城民都受命参加昔班尼的战争"。[1]在昔班尼夺取河中统治权的斗争中,决定性的转折点是他于1501年春在泽拉夫善河畔的萨尔普尔(Sar-i Pul)之战中打败了帖木儿系王子巴布尔的军队。此后,他围攻撒马尔罕,[2]统治该城的帖木儿后裔阿里仓皇出城与他谈判,昔班尼让人处死了这位无知的年轻人,宣布帖木儿王朝灭亡,并以撒马尔罕为都城,建立了昔班尼王朝。在16世纪30年代,昔班尼王朝的都城迁至布哈拉,以后该城一直是河中政权的都城。因此,河中地区的连续3个王朝,即昔班尼王朝、札尼王朝和曼格特王朝,被统称为布哈拉汗国(1500—1920年)。

昔班尼创建的布哈拉汗国与哈萨克汗国一样,也是在经历了最初几位汗的经营后才巩固下来的。昔班尼成为河中地区的统治者之后,不再甘心臣属于东察合台汗马合木。1503年,他进攻马合木领地塔什干。这次战争的结果是塔什干和赛拉姆城(Sayram)并入了昔班尼王朝的版图。马合木1509年被昔班尼处死,察合台系后裔永远退出了河中地区。接着,昔班尼开始着手攻占被帖木儿后王统治的南方领地。1503—1504年,昔班尼汗的军队攻入喜萨尔,夺取了包括昆都士在内的阿姆河南岸的大片土地;然后昔班尼军挥师北上,在历经10个月的包围之后,于1505年攻陷了花剌子模首府乌尔根奇(玉龙杰赤),开始

---

〔1〕毛拉·萨迪(Mullā Shādī),MS,fol. 385;引自 *History of Civilizations of Central Asia*,Vol. 5,p. 35.

〔2〕关于夺取撒马尔罕城一事,有两种不同的说法。一种认为此城不攻自破(乌兹别克斯坦科学院:《乌兹别克共和国史》第1卷,塔什干,1967年:"帖木儿的古都不战而降于昔班尼汗";中国大百科全书出版社:《中国大百科全书》,1990年版昔班尼条:"1500年,攻陷布哈拉等城,撒马尔罕不战而降")。一种认为经过攻战而取之(〔俄〕伊万诺夫:《中亚史纲:十六—十九世纪中叶》,载《中亚史丛刊》1983年第1期:"16世纪初的历史学家作了相当详细的记述。经过长期的围攻,……昔班尼的军队攻占了撒马尔罕"。王治来:《中亚史纲》,湖南教育出版社,1986年,第630页:"围攻撒马尔罕,战斗十日"后人城。按《中亚文明史》第5卷第一章的说法,即撒马尔罕城被围时,撒马尔罕年轻的统治者阿里仓皇出城与昔班尼谈判,昔班尼让人把阿里杀掉。仅是围城,而未发动攻城。所以有不战而降之说。

·欧·亚·历·史·文·化·文·库·

了对花剌子模绿洲的兼并。一年以后,昔班尼出征呼罗珊。昔班尼军首先夺取了巴尔赫城,然后于 1507 年进攻赫拉特城,几乎是不战而胜地取得了该城。随着对包括莫夫和阿斯特拉巴德城在内的今土库曼斯坦的征服,乌兹别克人几乎完全拥有了原帖木儿王朝统治下的属地。在昔班尼去世(1510 年)之前,他的王国在东部囊括了锡尔河畔诸城市:突厥斯坦城、阿尔库克、赛拉姆、扫兰;在北部取得了花剌子模绿洲;在南部征服了费尔干纳河谷;在西部夺取了包括中心城市莫夫在内的今土库曼斯坦南部,以及达姆甘和阿斯特拉巴德地区,其中马哈什德和赫拉特城也在其版图内。

1510 年,昔班尼在与波斯萨法维王朝争夺莫夫的战争中兵败被杀,新建立的昔班尼王朝面临着严重的危机。昔班尼去世后,乌兹别克诸王曾拥戴昔班尼的儿子马黑麻·帖木儿·埃米尔为汗。但是,马黑麻即位数天后去世。波斯军队乘胜进军河中地区,昔班尼王朝危在旦夕,拯救国家的重任落到了布哈拉领主奥贝都剌身上。他在布哈拉以北的忽吉都万(Ghujduvan)战役中打败了萨法维王朝与原帖木儿系王子巴布尔的联军,这次战役的胜利使昔班尼王朝政权在中亚最终稳固下来。

打退波斯军队之后,奥贝都剌先后扶持昔班尼家族最长者、昔班尼之叔忽春赤(Kuchkunchī Khān,1510—1530 年在位)和忽春赤之子阿布·赛德(1530—1533 年)为汗。1533 年以后,奥贝都剌称汗,将都城迁往布哈拉,并对该城进行了大规模的建设,重新修建了部分城墙。从此,布哈拉取代撒马尔罕成为汗国的都城,其都城的地位一直保持到近代。奥贝都剌继位以后,为恢复原布哈拉汗国领土进行了长期的战争。尽管赫拉特和花剌子模最终还是脱离了布哈拉汗国的统治,但是,在奥贝都剌汗的努力之下,布哈拉汗国基本上恢复了创建初期的疆域。

奥贝都剌汗死后,昔班尼王朝的统治集团分裂为两部分,一方以奥贝都剌汗之子阿布·阿吉兹汗(1539—1550 年)为代表,该派以布哈拉为都城;另一方是忽春赤汗的两个儿子阿布杜拉一世(仅统治 6 个月)和阿布杜拉·提甫汗(1540—1551 年)。他们以撒马尔罕为都城,双方进行着激烈的斗争。在这些斗争中,昔班尼王室成员阿布杜拉脱颖而出,在随后的一段时期内,统一了布哈拉汗国。

在昔班尼分封领土时,阿布杜拉得到卡尔施城。当昔班尼家族在为王位继承进行斗争时,阿布杜拉靠其强大的武力在汗国内展开了消灭分裂割据势力的斗争。1572年,阿布杜拉出兵攻陷阿姆河以南的巴尔赫,重新征服呼罗珊。1578年夺取了撒马尔罕。1582年春,阿布杜拉收复了被速檀们占领的苏扎克、突厥斯坦城。1583年,阿布杜拉攻下费尔干纳的安集延,以后他侵入哈萨克草原。在他进行统一战争时期,他立自己的父亲为布哈拉汗。

他父亲去世以后,他于1583年继承汗位,史学界称他为阿布杜拉二世。阿布杜拉二世是布哈拉汗国历史上最伟大的君主之一,在他统治时期,汗国处于兴盛时期。他结束了乌兹别克封建贵族的长期混战,在河中地区建立起了强大的中央集权,保证了国内秩序的安定。在他统治时期,布哈拉都城的地位最终固定下来,在以后的200多年中一直没有改变。由于在阿布杜拉二世统治时期,封建割据受到抑制,中央集权得到加强等等多种因素,所以,史学界常把阿布杜拉二世看成是布哈拉汗国的真正建立者。

阿布杜拉在收复巴尔赫之后,将其独生子阿布·穆明安插在该城,以后,巴尔赫城成了储君的封地。在阿布杜拉统治末期,阿布·穆明在巴尔赫城谋反。他进攻阿布杜拉汗派驻赫拉特的长官库勒巴巴,阿布杜拉命令库勒巴巴反击,于是,父子之间关系恶化。1598年初,当阿布杜拉汗去对付北方哈萨克汗特夫克勒的入侵之时,阿布·穆明抢占撒马尔罕,宣布自己继位为汗。然后,他对其家族成员进行了大屠杀,还处死了阿布杜拉汗的许多大臣。

父子相斗,外敌趁机入侵,东部的吉尔吉斯人掠夺塔什干,波斯沙赫阿拔斯一世联合花剌子模的乌兹别克人收复了马什哈德、莫夫和赫拉特。布哈拉驻北方的军队又遭到哈萨克人的攻击。1598年,阿布杜拉汗二世在内忧外患中去世。

阿布杜拉二世去世以后,其子阿布·穆明于当年在布哈拉正式即

·欧·亚·历·史·文·化·文·库·

位。但是,他随即在前往抵抗波斯人入侵的途中被暗杀。他死后,昔班尼家族男系绝嗣,布哈拉汗国的王位传给了阿布杜拉二世之女[1]。这位公主的丈夫札尼伯出身于原伏尔加河下游阿斯特拉罕王朝的统治家族。这样,河中地区的统治权实际上从昔班尼家族转到了札尼伯家族手中。史学界把札尼伯家族的政权称为札尼王朝。由于他们曾是阿斯特拉罕汗国的统治王族,因此,札尼王朝又被称为阿斯特拉罕王朝[2]。札尼王朝以布哈拉为都,统治时间从1598年至1785年,共187年,经历了12位汗。

昔班尼王朝王位虽然在阿布·穆明去世之后就传给了阿布杜拉的女儿和女婿札尼伯。但由于札尼伯实力较弱,加之他的两个儿子丁·穆罕默德(Dīn Muhammad Sultān)和巴基·穆罕默德·速檀当时在远离布哈拉的呼罗珊赫拉特城,于是,在1598至1602年的5年中,昔班尼系贵族纷纷拥立自己的汗。直到1602年,札尼伯之子巴基·穆罕默德攻占布哈拉,札尼家族才真正开始实施自己的统治[3]。

巴基·穆罕默德继位(1602—1605年)以后,开始了统一布哈拉汗国的战争。在阿布杜拉二世去世以后,汗国的呼罗珊、花剌子模等领地纷纷分裂出去。1600年初,波斯沙赫阿拔斯一世统治了呼罗珊,并在巴尔赫扶持自己的势力。巴基·穆罕默德在夺取了布哈拉城之后,首先着手收复巴尔赫。在波斯人扶持下统治巴尔赫城的易卜拉欣汗于1601年突然去世,这一良机使巴基·穆罕默德汗未遇到任何抵抗就占领了巴尔赫城;巴基·穆罕默德还乘胜征服了巴达克山,1603年巴达

〔1〕也有人认为是伊斯坎达尔的女儿。现依 C. Adle Irfan Habib: *History of Civilizations of Central Asia*, Vol. 5, p.31 之说。

〔2〕札尼王朝的建立者是原伏尔加河下游阿斯特拉罕汗国统治家族的后裔,因此,有的学者把该王朝也称为阿斯特拉罕王朝。笔者以为用该王朝创始人之名命名此王朝较为合适,理由之一是为了使该王朝与16世纪上半叶伏尔加河下游的政权阿斯特拉罕汗国有所区别;理由之二是考虑到河中地区的札尼王朝是在阿斯特拉罕汗国被俄国灭亡半个世纪之后才建立的王朝,从时空和政权诸多方面考虑它们都没有连续性。理由之三是此王朝的建立仅仅是阿斯特拉罕王族与昔班尼家族联姻的结果,因此,没有必要强调阿斯特拉罕汗国的作用。

〔3〕《番国征服者》一书说是1602年,转引自〔乌兹别克〕艾哈迈多夫:《16—18世纪历史地理文献》,陈运光译,云南人民出版社,2002年版,第71-72页。

克山地区政权臣服于布哈拉汗国。

巴基·穆罕默德被他的同时代人描述为一位有超人智慧和勇气的人。他制定了统治制度,拟定了军队和臣民的纪律。据说,后来的统治者把这些规则和纪律奉为基准。巴基·穆罕默德的统治是短暂的,他于1605年去世。

札尼王朝沿袭了昔班尼王朝的惯例,将巴尔赫作为储君的领地。在巴基·穆罕默德统治期间,其弟瓦力·穆罕默德汗(Walī Muhammad Khān)统治着巴尔赫及其毗邻地区。巴基·穆罕默德去世之后,瓦力·穆罕默德(1605—1612年在位)在打败巴基的两个儿子之后继任为汗。

瓦力·穆罕默德入主布哈拉城以后,将撒马尔罕和巴尔赫两个重地作为封地分别赐予其兄丁·穆罕默德的两个儿子伊玛姆·库利(Imām Quli)和纳迪尔·穆罕默德(Nadr Muhammad)。后者在巩固和加强自己的权力以后,开始反叛其叔。1612年他们向布哈拉进军。经过一场残酷的斗争,他们打败并驱逐了瓦力·穆罕默德。瓦力·穆罕默德汗逃亡波斯,在阿拔斯一世的宫中寻求避难,伊玛姆·库利在布哈拉称汗。

伊玛姆·库利在河中的统治长达30年(1611—1641年)。在其统治期间,致力于平定内忧外患,经济和文化都有所发展。伊玛姆·库利重视发展农业。他拓宽和修建了灌溉水渠,并采取了一些措施帮助汗国的某些地区恢复农业生产。他在布哈拉维持了一个相当稳定的政府,给河中地区带来了和平。布哈拉汗国的政治、经济相对稳定和繁荣。

在对外战争中,伊玛姆·库利也获得了成功。伊玛姆·库利在即位的第二年就前往锡尔河北岸,进攻哈萨克人和准噶尔人,于1613年将塔什干重新纳入布哈拉汗国版图,任命其子伊斯坎达尔统治该城。但是,伊斯坎达尔在一次叛乱中被杀。塔什干陷入混乱状态之中,于是伊玛姆·库利在1621年再次远征塔什干,破城后他在塔什干进行了大屠杀。同年,他与哈萨克汗国的分裂势力速檀土尔逊勾结,答应把塔什

·欧·亚·历·史·文·化·文·库·

干及其所属地区让给这位哈萨克人统治。伊玛姆·库利晚年因眼疾致盲,让位给其弟纳迪尔·穆罕默德。此后,他途经波斯前往麦加朝圣。在波斯,他找人给自己画了一张像,现在这张画像保存在莫斯科国家东方民族艺术博物馆中。

在伊玛姆·库利统治期间,他的兄弟纳迪尔·穆罕默德以半独立的身份统治着巴尔赫城。纳迪尔·穆罕默德于 1641 年移居布哈拉继任汗位。在他统治期间(1641—1645 年),布哈拉汗国在短时期内呈现出繁荣景象,花剌子模也成了他的属地,他派遣总督统治。

然而,布哈拉汗国的分裂割据隐患在他统治时期表现出来。在其兄伊玛姆·库利统治时期,乌兹别克诸部酋长们任意管理他们自己的封地,中央政府毫不干涉;而纳迪尔·穆罕默德当政后,积极致力于中央集权,开始对他们封地内的事务进行干预。为了加强他的权威,他全面的调换前任宫廷官员,他还试图收回宗教界的一些大地产(suyūrghāls)。这些集权措施引起了乌兹别克酋长以及宗教界人士的反对,其中包括他在巴尔赫时的早期伙伴、握有大权的大臣雅蓝格吐斯(Yalangtūsh Bahādur,死于 1665—1666 年间),甚至连他自己的儿子阿布·阿吉斯(ʿAbduʾl ʿAzīz)也起来反对他。在他率领军队去征伐希瓦汗国时,汗国北部爆发了叛乱,纳迪尔派其子阿布·阿吉斯前去镇压。阿布·阿吉斯不但不镇压,反而与叛乱者联合起来反对纳迪尔,并于 1645 年在布哈拉宣布自己为汗。于是,纳迪尔·穆罕默德退守巴尔赫城。以后,他像其兄一样,退出政治舞台去麦加朝圣,于 1657 年在朝圣途中去世。

阿布·阿吉斯夺取父位以后,在布哈拉进行了长期的统治(1645—1681 年)。他任用了其父统治时期的大臣雅蓝格吐斯,雅蓝格吐斯曾是纳迪尔·穆罕默德在巴尔赫的代理人和阿塔雷克(atālīq,监护人),现在撒马尔罕成了他的半独立封地。他在撒马尔罕修建了著名的提拉—卡里(Tilla–kari)宗教学院。

阿布·阿吉斯在布哈拉实施统治之时,他的弟弟苏班·库里(Subhān Qulī)以独立统治者的身份统治着巴尔赫。阿布·阿吉斯多次采取行动企图消除巴尔赫的独立势力,但是都没有成功。1651 年,阿布·阿吉斯汗曾派哈斯木·穆罕默德速檀率军去巴尔赫省,包围巴尔赫城 40 天,烧杀抢掠,无恶不作,致使城郊和不少地区变成了废墟。然而,从 17 世纪 70 年代起,巴尔赫势力复兴,开始侵袭布哈拉都城和撒马尔罕城。阿布·阿吉斯在权力衰弱之时效仿其伯父伊玛姆·库利,让位于其弟苏班·库里,到麦加朝圣。

布哈拉汗国在阿布·阿吉斯统治时期开始衰落。以后,他的弟弟苏班·库里从 1680—1702 年统治着汗国。苏班·库里在平定内乱与对外战争方面都取得了一定的成就,大体上保持了他所继承下来的领土。但苏班·库里未能制止分裂和衰落的趋势。在苏班·库里于 1702 年去世时,汗国分裂为两个部分:奥贝都拉(1702—1711 年)继承了布哈拉汗国的王位,苏班·库里的孙子穆奇姆汗(Muqīm Khān)在巴尔赫城宣布独立。

在 16 — 17 世纪的两个世纪中,以河中地区为中心建立的布哈拉汗国在昔班尼、奥贝都剌、阿布杜拉二世、伊玛姆·库利、纳迪尔·穆罕默德等这些强大的汗的统治下,经济恢复、文化发展,国力强盛。这一时期新建的许多清真寺和穆斯林神学院(如撒马尔罕的希尔达尔伊斯兰经学院)可与帖木儿王朝的建筑物相媲美。

3.4　希瓦汗国

希瓦汗国是 16 世纪至 1920 年间中亚的一个封建汗国。由于其领土位于阿姆河下游、咸海南岸的花剌子模绿洲上,因此也称"花剌子模汗国"。希瓦汗国的居民以乌兹别克人为主,此外还有土库曼人、卡拉卡尔巴克人、哈萨克人、波斯人和俄国人。经济以农业和畜牧业为主。

在 15 世纪末到 16 世纪的最初几年,花剌子模绿洲在名义上臣属于帖木儿后王统治。昔班尼汗在夺取布哈拉和撒马尔罕城之后,于 1505 年对花剌子模绿洲首府乌尔根奇城进行了长达 11 个月的围攻,最终征服花剌子模绿洲,并确立了对该地区的统治,派出了地方官员驻乌尔根奇城。1510年,昔班尼汗在莫夫被波斯沙赫伊斯迈尔打败阵亡,驻乌尔根奇的布哈拉汗国长官弃城而逃,其地被波斯人占领。随后,3位波斯官员被派到花剌子模,管理着首府乌尔根奇和乌尔根奇城以西的维济尔(Vesir)等城。这些波斯官员属于伊斯兰教什叶派,而花剌子模居民属于伊斯兰教逊尼派。由于宗教信仰上的不同,花剌子模宗教界人士图谋推翻波斯人的统治。1512年,他们派人把昔班尼侄儿伊勒巴尔斯(Ilbārs)和巴勒巴尔斯两兄弟招来,在宗教首领的鼓动下,当地居民赶走波斯总督,拥立乌兹别克人伊勒巴尔斯(1512—1525在位)为汗,伊勒巴尔斯的统治被看成是乌兹别克人在花剌子模立国的开始。[1] 首都最初在乌尔根奇,16世纪末迁至咸海以南的希瓦城。建国初期,政局动荡。

伊勒巴尔斯与布哈拉汗国统治家族同属于成吉思汗昔班系。伊勒巴尔斯的五世祖阿剌伯沙与昔班尼的五世祖是兄弟。到伊勒巴尔斯的祖父雅迪葛尔时期,该家族强盛起来。雅迪葛尔的长子博勒克被昔班尼杀死。[2] 被请到花剌子模来的伊勒巴尔斯和巴勒巴尔斯兄弟俩就是博勒克的儿子。因此,希瓦汗国是昔班尼侄儿辈建立的国家。以后统治希瓦汗国近200年的是雅迪葛尔3个儿子(长子博勒克、次子阿卜剌克和三子阿米奈克)的后裔。

当伊勒巴尔斯在维济尔城被拥立为汗时,随同他来到花剌子模的乌兹别克人并不多,花剌子模绿洲上的大多数城市,如乌尔根奇、哈扎拉斯普、柯提(Kath或Kat)都还没有被乌兹别克人占领。为了壮大乌兹别克人的势力,伊勒巴尔斯决定把他的亲属从咸海北岸草原召来,希望在花剌子模全境建立起乌兹别克人的稳固统治。当伊勒巴尔斯击败

---

〔1〕关于汗国形成的时间说法不一。阿布尔·哈齐·把阿秃儿汗:《突厥世系》认为此事发生在回历911年(1505年);霍渥斯认为应该发生在1510年以后,于是定于1515年;日本学者羽田明认为发生在1512年(《西域史》,引自《中亚史丛刊》,1987年,第5期,第107页);《中国大百科全书》采用1512年说(《中国大百科全书外国历史》第2册,1990年,第994页,"希瓦汗国"条);伊万诺夫推测是1511年(引自《中亚史丛刊》,1983年第1期,第41页)。笔者暂时采用1512年的观点。理由之一是1510年昔班尼被杀,波斯以总督统治其地后,与当地宗教界发生冲突,宗教界到草原请乌兹别克人伊勒巴尔斯入主花剌子模,这些事件的发生应该有一个过程。

〔2〕Howorth,H. H. *History of the Mongols from the 9th to the 19th Century.*,Vol. 2,pp. 879 – 880.

波斯派驻乌尔根奇的长官速擅·库里之后,他把二叔阿卜剌克和三叔阿米奈克的儿子们招来。于是,二叔之子哈森·库里、三叔之子索菲昂、不出合、阿瓦涅夫、哈尔、阿合台和阿合乃率家眷和部落来到了花剌子模绿洲。以后,乌兹别克部落从钦察草原源源不断地迁入花剌子模。乌兹别克人占领的地区也逐渐扩大,曼吉什拉克、乌兹博伊(Uzboy)、巴尔罕(Balkhan)和土库曼人居住的呼罗珊北部都被乌兹别克人占领了。

伊勒巴尔斯于1512年建立的王朝名为阿拉布沙希王朝(ʿArabshāhids)。当巴勒巴尔斯和伊勒巴尔斯相继去世之后,当时年长的巴勒巴尔斯之子速檀·哈只被乌兹别克贵族推举为汗;而实权却掌握在伊勒巴尔斯汗之子速檀·哈齐(Sultān Ghāzī)手中。速檀·哈齐智勇兼备,当时,希瓦汗国流传一句家喻户晓的话:"不论速檀·哈齐的命令正确与否,都没什么可说的,必须要执行,因为这是速檀·哈齐的命令。"[1]速檀·哈齐虽未继承汗位,然而,在汗国的威信却是无人可比的。据《突厥世系》一书记载,他留给新汗速檀·哈只的只有两样东西,一是汗的头衔,二是餐桌上的第一份菜肴。[2]

速檀·哈只在位一年后去世,汗位由阿卜剌克之子哈森·库里继承,都城在乌尔根奇。哈森·库里的继位引起了伊勒巴尔斯家族的不满,以后,家族成员分成两派开始了争权夺利的战争。一派拥护哈森·库里汗的统治;另一派以伊勒巴尔斯之子速檀·哈齐为首,两派进行了长期的内战。

当花剌子模正在进行战争之时,布哈拉汗国和萨法维王朝之间也处于战争之中,两者都无暇顾及花剌子模。因此,这两大势力暂时都没有参与花剌子模的内部斗争。在奥贝都剌汗统治时期,布哈拉汗国强盛起来,并开始插手花剌子模的事务。1538年,奥贝都剌汗出兵征讨花剌子模,杀死花剌子模汗阿瓦涅夫。随后,奥贝都剌汗任命自己的儿

---

〔1〕阿布尔·哈齐·把阿秃儿汗:《突厥世系》,第195页。

〔2〕阿布尔·哈齐·把阿秃儿汗:《突厥世系》,第195页。

子阿布·哈只兹统治花剌子模。同时,奥贝都剌汗把花剌子模的一些乌兹别克部落安置在河中地区。

阿瓦涅夫汗家族的幸存者纷纷逃往呼罗珊,在阿瓦涅夫之子丁·马哈默德统治的达鲁恩避难。他们在土库曼人的帮助下收复了花剌子模绿洲,以后,阿瓦涅夫之弟哈尔于 1539—1540 年间统治着花剌子模地区。哈尔死后,他的兄弟以及兄弟的儿子们开始夺取王位。在哈尔之后继位的是其弟阿合台汗,阿合台汗在位几年后被长兄索菲昂的儿子尤努思击败,尤努思处死了阿合台,在乌尔根奇称汗。其后,阿合台汗的儿子们联合进攻尤努思,后者失败后逃往布拉哈。

在阿米奈克系王子哈吉姆(Hājī Muhammad Khān)任大汗期间(1557—1602 年),驻地在维济尔。他在位时期,布哈拉汗国阿布杜拉两次进攻乌尔根奇。

1593 年,阿布杜拉包围了维济尔城,哈吉姆汗逃往呼罗珊的达鲁恩城。阿布杜拉在希瓦汗国派驻了自己的总督和驻军,自己返回了布哈拉。在阿布杜拉于 1598 年去世以后,哈吉姆汗才得以返回花剌子模。[1] 哈吉姆复国之后,希瓦汗国的局势稳定了一段时期。

哈吉姆重新统治希瓦汗国后,把希瓦城和柯提城分封给幼子阿拉不·穆罕默德,将哈扎拉斯普分封给孙子伊斯法德雅尔(Isfandyār),自己在乌尔根奇和维济尔统治。后来,哈吉姆把乌尔根奇和维济尔让给他的长子,自己到希瓦城与幼子阿拉不·穆罕默德同住。1602 年,哈吉姆去世,幼子阿拉不·穆罕默德继承了汗位(1602—1622 年)。在阿拉不·穆罕默德统治时期,国内政局不稳,统治阶层再次发生争权夺利的战争,而自然环境的变化加剧了国内形势的动荡不安。

17 世纪初,由于阿姆河最重要的达里亚利克(Daryārliq)河三角洲和萨里卡米什(Sariqamīsh)湖逐渐干涸,导致乌尔根奇城(今乌尔根奇老城)、维济尔和阿达克(Adaq)缺乏灌溉用水,阿拉不·穆罕默德汗遂

---

〔1〕Howorth, H. H. *History of the Mongols from the 9th to the 19th Century.*, Vol. 2, pp. 733 – 738, 886 – 894.

把都城从乌尔根奇迁往希瓦城。从此以后,花刺子模一名逐渐被新都希瓦之名取代。

希瓦城始建于公元 10 世纪。初建时,该城只是一个矗立在穿过荒漠的一条商道边的小城堡,是来往商人的落脚处,在希瓦汗国发生内战时它是居民的避难所。希瓦城成为汗国都城以后,历代希瓦汗在该城内增建新建筑,希瓦城逐渐形成了具有自己建筑特点和风格的城市,在很长时期内它也是伊斯兰世界的一个宗教中心。

在阿拉不·穆罕默德统治时期,他的儿子们为了争夺权力发动战争。阿拉不·穆罕默德战败被俘,他的长子伊斯法德雅尔和另一个儿子阿布哈齐逃出希瓦汗国,他的另两个儿子伊勒巴斯和哈巴希·速檀瓜分了希瓦汗国,前者统治乌尔根奇和维济尔;后者统治希瓦和哈扎拉斯普。希瓦汗国开始了长达 20 年的王族内讧,乌兹别克人和土库曼人均被卷入到这场争斗之中。

长子伊斯法德雅尔在兵败之后逃到波斯宫廷,受到沙赫阿拔斯的接待,被安置在波斯宫廷居住。以后,他在阿拔斯借给他的波斯军队和3000 名土库曼人的支持下,向乌尔根奇进发,并于 1623 年登上希瓦汗国的汗位。伊斯法德雅尔以汗的名义统治希瓦汗国到 1642 年。因为他是在土库曼人的支持下获得汗位的,因此,他的政权保护土库曼人。他重用土库曼贵族,迫害乌兹别克人,特别迫害畏兀儿部和乃蛮部人,其中的不堪忍受者纷纷逃往河中地区避难。

1642 年,伊斯法德雅尔去世。1643 年,阿布哈齐在咸海地区起兵,打败了伊斯法德雅尔的儿子们,登上了希瓦汗国的汗位(1643—1663年)。阿布哈齐是 17 世纪希瓦汗国中最著名的汗。

阿布哈齐汗逐渐稳定了希瓦汗国。他一反伊斯法德雅尔亲土库曼人的政策,转而大量使用乌兹别克人。在政治上,他不仅使处于敌对状态的乌兹别克封建集团团结起来,而且还重用乌兹别克贵族,有 360 人被任命担任各种官职,其中有 32 位官员成了汗的顾问。[1] 在经济上,

〔1〕C. Adle,Irfan Habib:*History of Civilizations of Central Asia*,Vol. 5,pp. 66 – 67.

他把汗国内灌溉最便利的土地分给乌兹别克各部的显贵。与此同时，他实施打击土库曼人的政策，剥夺他们的土地和水源，俘虏他们的妻儿，毁灭他们的村庄，在一段时期内他甚至企图把土库曼人赶出呼罗珊（穆尔加布河绿洲）。

在阿布哈齐的统治时期，汗国在对外战争中取得了一些胜利。阿布哈齐多次（分别于 1649、1653、1656 年）击退土尔扈特人对哈扎拉斯普附近地区的掠夺性攻击。除了这些防御性的战争外，阿布哈齐还进行了一系列扩张战争。在他统治的 20 年间，他于 1655、1656、1662 年 3 次对布哈拉汗国发动掠夺性远征。

除上述政治上和军事上所获取的成功之外，阿布哈齐在文化上也有突出的贡献。在他 20 年的流放生涯中，他熟悉了突厥人和蒙古人的口头传说，还了解了波斯文学和文化。他用察合台语写了一部关于蒙古人和突厥人早期传说的历史著作《土库曼世系》（Shajara-i Terākime，1659 年）。该书对研究成吉思汗史、成吉思汗汗国史，特别是研究作者本人所属的术赤家族史很有价值。该书对研究当时中亚的情况也有十分重要的价值。例如，书中记载了阿姆河改道的情况："那时从乌尔根奇到艾布汗，如从一个阿吾勒（即父系家族）到另一个阿吾勒一样，因为当时阿姆河流经乌尔根奇城下后，便向艾布汗山东面流去，在山脚折向西流，流到奥古尔恰后，从那里入马赞达兰海（今里海）……在回历 986 年（1578）哈吉姆汗当政时，阿姆河在哈斯米纳拉城的上游卡拉艾格尔的灌木丛中冲出一条新河道，绕过土克城堡，改变了原有河道。"[1] 这是关于中亚最大的河流阿姆河从流入里海改道入咸海的最早的历史记录。

阿布哈齐去世以后，他的儿子阿奴什·穆罕默德（Anūsha Muhammad）继承了汗位。阿奴什在位期间（1663—1687 年）重建了位于阿姆河左岸的花剌子模古都柯提城，并且在某种程度上调解了乌兹别克人中各封建集团之间的敌对状况，使他们与土库曼酋长的军队一起发动

---

[1] C. Adle, Irfan Habib: History of Civilizations of Central Asia, Vol. 5, pp. 66 – 67.

了对邻近居民的掠夺性远征。

在阿奴什统治时期,希瓦文化得到了一定程度的发展。他把其父所写的《土库曼世系》续写到1663年。

1684年,阿奴什在对布哈拉汗国的战争中失败,他的儿子埃伦格(Ereng或Awrang)与布哈拉汗勾结反对他,并于1687年把阿奴什汗赶下了王位,然后把他弄瞎。次年,埃伦格登上了汗位(1688—1694年)。埃伦格对布哈拉汗国发动过两次(1689年和1694年)进攻,但是都以失败告终。在1694年,希瓦汗国内部亲布哈拉一派的人杀死了埃伦格。1695年希瓦汗国公开承认布哈拉汗国的宗主国地位。

4 国家概况

　　新兴的中亚汗国和摆脱了钦察汗国统治的莫斯科公国在 16—17
世纪期间都致力于新兴国家的巩固和发展:对内反对封建割据,加强中
央集权;对外巩固边疆,扩张领土。然而,在完成此两项任务方面,中亚
3 个汗国不仅没有获得俄国那样辉煌的成就,而且还事与愿违,中央集
权衰弱,扩张战争毫无结果。莫斯科公国在摆脱钦察汗国的统治之后,
加速了"整理罗斯"的过程,经过一系列的兼并战争,莫斯科公国不仅
建立起强大的中央集权统治,而且在东方的扩张取得了成效。

4.1 政治

　　中亚哈萨克、布哈拉和希瓦 3 个汗国是钦察汗国统治家族术赤后
裔建立的国家。可以说,就是按照现代定义国家的三要素(领土、人民
和主权)来看,这 3 个汗国也属于真正意义上的国家。在经历了一段
时期的争夺之后,3 个汗国的疆域基本上已经确定下来。哈萨克汗国
占据了锡尔河以东、以北到乌拉尔山以东、额尔齐斯河以西的草原;布
哈拉汗国以泽拉夫善河流域为中心,控制着阿姆河和锡尔河之间的河
中地区,以及阿姆河以南的呼罗珊地区;希瓦汗国以阿姆河下游的绿洲
为中心,统治着从阿姆河至里海东岸的地区。在这 3 个汗国内,其居民
的种族成分较为复杂。在布哈拉汗国,居民主要由乌兹别克人和塔吉
克人组成;希瓦汗国的主要居民有古代粟特人、花刺子模人和塔吉克人
的后裔,以及 6 世纪以后陆续迁入的突厥人,当地土著居民基本上被后
者突厥化,成为说突厥语的民族;在哈萨克汗国,其境内的游牧民称自
己是"蒙兀儿人"(蒙古人),其实他们中的大部分人已经与当地的突厥
居民融合,成为突厥化的蒙古人了。由于封建割据政权的影响,中亚 3

个汗国的中央集权程度不高。尽管如此,它们仍然是有权与其他国家(如俄国)独自进行外交活动和签订条约的主权国家。

在这一时期内,布哈拉汗国的昔班尼、瑙鲁兹·阿赫麦德、阿布杜拉二世和纳迪尔·穆罕默德等汗都为加强中央集权做过努力。昔班尼汗(1500—1510年在位)在征服战争结束以后,曾采取过遏制封建领主对中央的离心倾向的措施,试图把分裂的各小领地统一起来。然而,他的这些愿望不仅没有实现,而且还遭到了封建领主们的敌视和反抗。在昔班尼与波斯人作战之时,这些封建领主没有给予任何支援,导致他兵败被杀。

瑙鲁兹·阿赫麦德在位(1551—1556年)时,也企图加强中央政府的统治,企图以武力方式统一汗国。1552年,他以锡尔河北岸城市为中心开始了铲除地方割据势力的战争。在一段时期内,撒马尔罕、渴石、达布西、米安卡勒和卡尔施都曾归属在他的统治之下。但是,他的统治时间不长,中央集权未来得及巩固就去世了。

以后,统一布哈拉汗国的任务落到了阿布杜拉二世(1583—1598年)身上。他在汗国内部展开了一场旨在消灭乌兹别克贵族分裂割据势力的斗争。首先他进攻了分裂出去的塔什干,收复了苏扎克、突厥斯坦等城。霍渥斯说:"随着巴巴·速檀的覆灭,突厥斯坦和塔什干承认了阿布杜拉的君权。这样,原速云赤汗(昔班尼叔叔)的领地并入了河中,长期在锡尔河以北进行统治的一个乌兹别克王族消灭了。"[1]1578—1583年间,阿布杜拉二世先后夺取撒马尔罕、费尔干纳的安集延。他的统一战争是有成效的,在他统治后期,布哈拉汗国结束了分裂割据的局面,统一在一个强大君主的政权之下。乌兹别克部落的贵族代表人物在政治上失去了独立,不得不充任汗的臣僚,为汗服务,布哈拉汗国的中央集权达到了最高程度。然而,国家统一的局面随着阿布杜拉的去世而瓦解。

在17世纪中叶以后,布哈拉汗国的封建割据倾向日益突出。札尼

---

〔1〕Howorth, H. H. *History of the Mongols from the 9th to the 19th Century.*, Vol. 2, p. 733.

王朝统治时期,布哈拉汗国中央集权的程度再也未能达到阿布杜拉二世时期的程度。汗国的政权越来越多地从汗的手中转移到乌兹别克部落首领的手中,汗国的最高行政长官阿塔雷克是他们的代表。一些阿塔雷克拥有比汗还要多的财富,经济上有雄厚力量的地区统治者能够左右政权。获得了埃米尔称号的地区统治者经常与中央对抗,他们有自己的军队,封地上的税收是他们的经济来源,实际上,他们是独立的统治者。

在伊玛姆·库利统治时期(1611—1642年),汗国中央政府不干涉地方统治,让乌兹别克诸部酋长们自己任意地管理着封地。伊玛姆·库利之弟纳迪尔·穆罕默德(1642—1645年在位)继位后,极力想纠正其兄时期形成的这种局面。他企图收回封建主的部分大地产,特别是宗教界的。他的集权措施在一定时期内取得了成功,当时花剌子模地区也向他称臣,他派总督管理该地区。但是,他的集权措施引起了乌兹别克酋长及宗教界人士的反对,最终导致了他的垮台。

阿布·阿吉斯继位(1645—1681年)后,多次采取行动消除一些地区(特别是巴尔赫)的割据,但是没有成功。从17世纪70年代起,阿布·阿吉斯不得不在阿姆河沿岸各城堡派重兵,以防巴尔赫领主苏班·库里(1651—1681年)军队的侵袭。苏班·库里与希瓦汗阿布哈齐和阿奴什勾结,支持他们攻打布哈拉和撒马尔罕。穆罕默德·优素福·蒙什记载说:"由于当时苏班·库里汗与其兄不和,他就怂恿阿奴什汗进行这种侵袭。"[1]苏班·库里在取得布哈拉政权以后,也极力遏制巴尔赫的分裂倾向,但是,他同样没有成功。

在札尼王朝统治后期,即18世纪最初20年中,布哈拉汗国已经分裂成由统治家族成员统治的大大小小的公国,汗只是其中一个公国的统治者,并且还不一定是最强大或最有权威的统治者。在汗国南部,以巴尔赫为中心的阿姆河南岸地区脱离了布哈拉汗国的统治;在汗国东

---

〔1〕《穆克木汗史》第104页,引自〔乌兹别克〕艾哈迈多夫:《16—18世纪历史地理文献》,第103页。

部,锡尔河上游的费尔干纳地区也形成了独立的政权,以后发展成浩罕汗国。汗国统治中心的撒马尔罕在 17 世纪 80 年代出现了摆脱布哈拉汗国的倾向,18 世纪初,形成了以拉贾布汗为首的独立政权。在 18 世纪上半叶,布哈拉汗国的统治权实际上没有超出都城的范围,就是在都城,汗的权力也受到行政者阿塔雷克的制约。然而,在割据的领地上,有的首领势力十分强大。

16—17 世纪时期的希瓦汗国与布哈拉汗国一样,统治阶层内部也在进行着争权夺利的战争。而且,希瓦汗国中央集权的程度还不如布哈拉汗国。成吉思汗昔班系王子伊勒巴尔斯为了扩大乌兹别克人在花剌子模的势力,将他的亲属及许多乌兹别克部落召到花剌子模。以后,这些亲属之间又分为几派展开了争权夺利的战争,兄弟、父子、叔侄之间的战争一直贯穿希瓦汗国的始终。这些战争又因土库曼人的参与而更加复杂。得到土库曼部落贵族支持的伊斯政权,起用土库曼人,打击乌兹别克贵族;而在乌兹别克贵族支持下夺取权力的阿布哈齐又采取相反的政策,对土库曼人进行严厉的打击,致使土库曼人大规模迁徙。这些斗争分散和削弱了希瓦汗国的力量,致使历代希瓦汗都未能建立起强大的中央集权统治。

哈萨克人由于经济上的分散性,在政治上始终也未能建立起中央集权。汗下面是由被称为“比伊”的部落首领统治,比伊在哈萨克人中有很大的影响力。势力强大的部落首领常常不听从汗的命令,而且他们之间为了牧场还时常发生战争,这些战争往往又成为他们争夺政权的机会。哈萨克汗国没有常备军,在国家发生战争时才临时征兵。在战争时期,一个分队就是一个独立的军事单位,有自己的战旗和战争口令(urān)。汗在战争期间享有最高的权威,而在和平时期,汗的权力并不大,并且还常常受到部落当权贵族的威胁。16 世纪末期汗国分裂为不相统属的 3 个玉兹,每个玉兹有自己的汗。3 个玉兹汗之间,以及统治家族宗王和部落首领之间争夺政权的斗争破坏了哈萨克人的统一,造成哈萨克人政治上的衰弱。

不难看出,尽管最高统治者都有加强中央集权的愿望,但是,3 个汗国在 16—17 世纪期间一直未能建立起号令全国的中央政府。与之形成对比,这一时期是俄国中央集权制形成和发展的重要阶段,在摆脱钦察汗国的统治以后,随着社会经济的发展,莫斯科公国中央集权逐渐建立起来,其中,做出重要贡献的统治者主要是伊凡三世、瓦西里三世和伊凡四世。

伊凡三世(1462—1505 年在位)于 1462 年自称"全体俄罗斯人的主宰",使莫斯科大公从"诸多大公并列者的第一人"成为俄罗斯国家的唯一君主,尽管他的称呼仍然是莫斯科大公。1478 年,伊凡三世打败了钦察汗阿合马汗,结束了两个半世纪的蒙古人的统治,赢得了独立。当时,莫斯科公国的权威是有限的,东欧平原上诸侯林立。伊凡三世通过一系列征服战争,统一了雅罗斯拉夫尔、诺夫哥罗德、特维尔、彼尔姆、梁赞等公国。1497 年,伊凡三世在《伊凡三世法典》(Sudebnik)中规定,拜占庭的双头鹰国徽为莫斯科公国国徽,并且将其图案刻在国玺上。俄国是一个地跨欧亚大陆的国家,双头鹰作为国家的徽记,象征着欧亚大陆间的统一,即一个头望着西方,另一个头望着东方。在瓦西里三世时期(1505—1533 年)完成了伊凡三世的未竟事业,实现了东北罗斯的统一,俄罗斯国家最终形成。伊凡四世时期,莫斯科大公称号被沙皇取代。1547 年 1 月 16 日,莫斯科大主教给他加冕为沙皇,这一称谓标志着莫斯科公国变成了以莫斯科为中心的沙皇俄国。

在兼并战争中,伊凡三世以后的 3 位统治者建立了一套新的中央、地方行政管理制度。伊凡四世于 1549 年 2 月 27 日在莫斯科召开"调解会议",这是俄国历史上召开的第一次缙绅会议。缙绅会议的成员除了领主、高级僧侣外,还有中小贵族和工商界代表。会议的中心议题是改革和编撰新法典。新法典以法律的形式限制了领主和地方官吏的权力,使审判和治理权集中于中央。

缙绅会议的召开在俄国形成了封建等级君主制度。沙皇虽然在名义上握有最高立法、行政、司法和军事指挥权,但国家重要的决策都要经过缙绅会议的表决。领主(杜马)在选举沙皇、征收新税、宣战或媾和等国家事务上仍然拥有决定权。针对这种状况,伊凡四世于 1560 年

4 月对中央机关进行了改革,废除了世袭领地的地方机关,将行政机构划分为全国性、地方性和专业性衙门,地方权力机关从此纳入中央集权的轨道,领主的权力被削弱。衙门的设立最早始于伊凡三世时期,但那时的衙门机构重叠,事务繁杂,办事效率不高。伊凡四世设立的衙门职权分明,它的出现打击了地方领主的势力。通过制定和颁布新法典,沙皇法庭获得了司法权力。这次改革还在经济上提高了中小贵族的政治地位,通过实行领地制,培养了一批支持沙皇的服役贵族;通过税制改革取消了教会及部分王公不纳税的特权;通过宗教改革建立起一个统一的教会。至此,沙皇专制主义制度确立起来。

1564 年,伊凡四世实行"特辖制"(或直辖区)制度。他把全国分为两大部分:莫斯科附近和南部富庶地区被划入特辖区,直属于沙皇管辖;边远和贫瘠地区划为普通区,由领主管理。特辖区内的贵族统统迁往普通区,他们的世袭领地归王室所有,国家以边远地区的土地补偿他们的损失。为了使"特辖区"制度得以贯彻落实,沙皇又成立了一支主要由中小贵族组成的、规模达 6000 人的特辖军团。特辖制的推行打击了大贵族的分裂势力,加强了皇权。

经过这些努力,俄国逐渐成为一个强大的中央集权国家。马克思对此评述说:"惊惶的欧洲,当伊万在位之初,几乎不知道夹在鞑靼人和立陶宛人之间还存在着一个莫斯科公国,这时看到一个庞大的帝国突然出现在它的东部边境而弄得目瞪口呆;甚至使欧洲发抖的土耳其苏丹巴耶济德本人也破天荒第一次听到了这个莫斯科公国人的傲慢的语言。"[1]

中亚诸汗国与沙皇俄国的统治者们在国内都致力于加强中央政府的集权统治,然而,中亚诸汗国的中央集权始终没有得到加强与巩固,其原因是多方面的。其中,主要原因是中亚 3 个汗国都是游牧民族建立的国家,他们在中亚的统治保留了许多游牧政权的残余。

在 16—17 世纪期间,以武力建立起来的中亚 3 个汗国对中亚的统

---

〔1〕〔德〕马克思:《十八世纪外交史内幕》,人民出版社,1979 年,第 70 页。

治带有严重的部落制残余,中亚汗国内实行的分封制和俄国这一时期的分封有着本质的区别。中亚汗国在实行分封土地的同时,汗王将国家的财政权,常常还有行政权,暂时或长期地转让给贵族速檀,于是,分封制的实施实际上在汗国内扶持了一批与汗国对立的割据政权。国家被认为是整个汗室的财产,由汗分封给家族成员。分封土地的现象在乌兹别克人征服中亚的过程中就已经开始。在《布哈拉宾客纪事》一书的引言中,作者提到了昔班尼分封国土的情况。当时,昔班尼把撒马尔罕及其周围地区分给其子马黑麻·帖木儿·埃米尔;把突厥斯坦城分给其叔忽春赤速檀;把塔什干及其周围地区分给其叔速云赤。昔班尼的堂兄弟和侄儿们也得到了分封,其中哈姆扎和马赫迪的封地是希萨尔沙德曼;贾尼别克的封地是费尔干纳;布哈拉及其附近地区是昔班尼侄子奥贝都剌的封地;花剌子模分给了普拉德;皮尔·穆罕默德统治了巴尔赫;伊斯坎达尔统治着渴石、达布西、米安卡勒等地,阿布杜拉统治着卡尔施。[1]

希瓦汗国的情况也是这样,当伊勒巴尔斯夺取乌尔根奇城后,不是考虑建立一个能够统治被征服地区的政府,而是希望将他的亲属们从草原上召到花剌子模绿洲来,并分而治之。他对部落贵族们说:“我们带来这里的只有不多的人马,我们的大部分部众都在我的亲属那里。如果你们认为合适的话,我将邀请他们来此处同我们会合。”[2]他的建议得到贵族们的一致赞同。只有一位畏兀儿老人出来说:“富有人生经验的乌兹别克人说:预示一位君主伟大未来的确凿标志,是他对其仆从的爱抚施恩;而其不幸的先兆,则是对自己亲属的亲近偏爱。”[3]他的这种思想遭到了乌兹别克贵族的斥责,他们对伊勒巴尔斯说:“看,这就是微贱者如何在亲属之间播撒不和的种子! 等您的亲属来到之后,必须毫不留情地处死一两个这样的恶人,他们的言论只会煽动不和

---

〔1〕〔乌兹别克〕艾哈迈多夫:《16—18世纪历史地理文献》,第24页。
〔2〕阿布尔·哈齐·把阿秃儿汗:《突厥世系》,第192页。
〔3〕阿布尔·哈齐·把阿秃儿汗:《突厥世系》,第192页。

与仇恨。"[1]伊勒巴尔斯死后,雅迪葛尔家族发生了争夺权利的战争,在索菲昂夺取汗位之后,希瓦汗国"在这些亲王中间按照其地位序列被瓜分了,他们都和平宁静地拥有了自己那份采邑"。[2]

通过采邑制,统治家族成员与部落贵族的代表们(比伊、伯克,即贵族首领)共同统治着汗国。分封地产的目的是想巩固家族对汗国的统治,然而分封的结果却事与愿违,最终使汗国分裂成许多各自独立的领地,与加强统治的本意背道而驰。正如恩格斯所说:"选择这一手段,是为了统一帝国,将豪绅显贵跟王室永久联系起来,从而加强王室,而结果却导致王室的彻底削弱、豪绅显贵的独立和帝国的瓦解。"[3]分封制的实施使中亚汗国经济分散性特征突出。布哈拉汗国的经济分割为几大片区,在各区域内又形成了自己的经济中心。锡尔河北岸以塔什干为中心,锡尔河与阿姆河之间以布哈拉和撒马尔罕为中心,阿姆河西南地区的呼罗珊地区以巴尔赫城为中心,阿姆河西岸的土库曼斯坦以莫夫城为中心。

到 17 世纪,由于封地的世袭导致了汗权的丧失。在纳迪尔·穆罕默德于 1641 年入主布哈拉城后,当他企图调整贵族们的封地,以及重新分配宗教界的大量授地时,与贵族和宗教上层产生了对立,从而动摇了他的统治。

与之相反,俄国 16—17 世纪的分封制为俄国培养了一批支持王权的力量。在这一时期,俄国分封领地的对象是一批中、小贵族,这些人以后成为沙皇中央集权的有力支持者。伊凡三世为了加强国家的武装力量,废除了先前由各王公独立指挥的亲兵队,推广"领地制度",即以大公授予领地作为报酬,广泛吸引中小贵族从军。从沙皇手中获得土地的贵族必须按照沙皇的要求服军役,且要自备战马及其他装备。沙皇以他们为主体建立了一支强大的常备军。获得领地的贵族被称为

---

〔1〕阿布尔·哈齐·把阿秃儿汗:《突厥世系》,第 192 页。

〔2〕阿布尔·哈齐·把阿秃儿汗:《突厥世系》,第 198 页。

〔3〕〔德〕马克思:《法兰克时代》,引自《马克思恩格斯全集》第 19 卷,人民出版社,1963 年,第 543 – 544 页。

"服役贵族",他们有的是败落后归附的王公和大贵族(波雅尔贵族),但绝大多数是中小贵族。他们地位不高,财富不多。沙皇把宫廷地产、"官地"和征服来的土地分封给他们,使他们效忠。伊凡三世于1478年吞并了拥有巨大领土的诺夫哥罗德共和国之后,把没收的68个波雅尔大贵族的领地分封给服役贵族,因此,服役者的人数迅速增加。在伊凡三世统治期间,一个支持沙皇的服役贵族阶层基本形成。这些人紧紧地依附于沙皇,成为沙皇对付世袭贵族的有力工具。伊凡四世于1556年颁布军役法,继续推广伊凡三世推行的"领地制度"。不难看出,俄国实施的领地制度为中央集权的形成打下了坚实的基础。

中亚3个汗国未能建立起中央集权的另一个原因是统治政策之间没有长期的连续性,大多数统治者在位时间都不长。这样,中央集权在没有取得一定成果的时候,或者在刚取得一些成果还未来得及巩固之时,实施集权的汗便去世了。同时,在中亚3个汗国的统治中,还长期保留了长者继承制的部落残余。

长者继承制是:最高统治者汗是由贵族代表大会推举原汗王室家族中的年长者继承。16世纪,贵族代表大会在汗国内外的政治生活中都有重要的发言权。昔班尼去世以后,汗国一度企图按定居民封建王朝的惯例实施父子继承制,然而,这一思想遭到了很大的阻力,几天之后,昔班尼之子就被杀掉,而汗室长者、昔班尼叔叔忽春赤继承了汗位。忽春赤汗的继位得到了当时势力最强大的布哈拉领主奥贝都剌的支持,奥贝都剌自己未即位的原因也是为了贯彻长者继承制。与奥贝都剌同时代的历史学家米儿咱·马黑麻·海答儿在他的《中亚蒙兀儿史——拉失德史》中说:"实际大权是操在奥贝都剌汗的手中;如果他僭号称汗,没有人敢反对他,可是,[乌兹别克人]依从古俗,总是将汗位传给最年长的人。在阿布·赛德汗以后,没有人比[奥贝都剌]本人更年长了,所以他就登上了汗位,直到回历九四六年,他才告别这个昙花一现的尘世。"[1]由此不难看出部落制的力量。

---

[1]米儿咱·马黑麻·海答儿:《中亚蒙兀儿史——拉失德史》,第二编,第187页。

希瓦汗国的乌兹别克人也实行长者继承制,据《突厥世系》一书记载,希瓦汗国创建者伊勒巴尔斯去世以后,尽管他的儿子速檀·哈齐很有能力,而且经济实力也十分雄厚,但是,大臣们还是把雅迪葛尔家族中最年长者、巴勒巴尔斯之子速檀·哈只从英吉沙请到维泽尔,拥立他即位。速檀·哈只去世以后,汗室年长者、雅迪葛尔次子阿卜剌克之子哈森·库里被立为汗。[1]

在哈萨克汗国,汗族中长者继承的情况不太明显,但是,除最初两代汗的继承由父子相继外,以后多为兄弟相继,兄弟相继实际上是汗族中有势力的长者自己夺取汗位的结果。

长者继承制在汗国长期存在,在乌兹别克人统治中亚以后的近百年中都未能放弃。16世纪80年代掌权的阿布杜拉遵循这一习俗,在完成了统一布哈拉汗国的战争以后,立自己的父亲为汗。长者继承制的实施导致了汗国的不稳定。由于汗的年龄偏大,在位的时间不会很长,这一部落原则导致了汗的频繁更替,汗国随时处于动荡之中。

莫斯科公国在加强中央集权的过程中,几位大公在位的时间都很长。伊凡三世在位年43年(1462—1505年),瓦西里三世在位25年(1505—1530年),伊凡四世在位54年(1530—1584年)。这样,中央集权政策的执行和巩固就有了保证。

此外,宗教也在其中起着关键作用。在中亚诸汗国和俄国加强中央集权的过程中,宗教发挥着不同的作用。在征服时期,布哈拉汗国建立者昔班尼并未认识到伊斯兰教的作用,在追随他的乌兹别克人中有许多多神教教徒,昔班尼在驻军之处为军中多神教徒们用芦苇和草席修建临时神庙,让他们祭拜。夺取河中政权以后,昔班尼认识到伊斯兰教对统治的重要性,并试图把世俗和宗教两种权力都集中在自己的手中,他自称伊玛目阿勒札曼·瓦·哈里弗·阿勒拉赫曼(imām al-zamān wa-khalif al-rahmān),意思是最仁慈的哈里发时代的伊玛目和真主的使者。汗国的最高统治者汗在宗教领域内也有至高无上的权

─────────────

〔1〕阿布尔·哈齐·把阿秃儿汗:《突厥世系》,第195页。

81

力,汗国以大汗之名念"胡特巴"。在 16 世纪,在反对什叶派波斯萨法维王朝的斗争中,纳合什班底教团苏非谢赫们曾担任了汗的顾问或精神导师,作为回报,他们中的许多人被委派到诸如首席神学家(shaykh al – islām)这类有权势的职位上。

到奥贝都剌执政时期,与奥贝都剌同时代的人已经奉他为理想的伊斯兰统治者。海答儿的评价说:"几百年来,我从来没有看到或听到过这么一位贤明的君主。第一,他是一位真正的穆斯林,虔信宗教,持身谨严,清心寡欲;其次,他治理政教大事、军务与庶民之事时,始终一丝不苟地按照圣法教律行事。"[1]到 16 世纪中叶,伊斯兰教法在布哈拉汗国确立了统治地位。在 16 世纪后期,汗国的统治者已经充分认识到伊斯兰教稳定国家的重要性,布哈拉汗国汗权与教权互相支持。在国内,阿布杜拉二世借助中亚宗教界有威望者(和卓、谢赫、德尔维希)的力量巩固和加强了自己的势力。在布哈拉宗教界上层的支持下,阿布杜拉对呼罗珊进行的一系列远征是在"圣战"(jihād)之名义下进行的。宗教界人士也从阿布杜拉政权中分享到极大的利益,其中最突出的代表是在布哈拉城很有影响力的贅巴依谢赫家族。他们由于得到了布哈拉汗的赐赠和免税,成为布哈拉汗国最大的土地所有者。由于经济实力雄厚,家族成员经常参与国家事务,该家族成员和卓·伊斯兰(Khwāja Islām,死于 1561 年)及其子和卓·赛德(Khwāja Sacd,死于1589 年)以独立身份参与汗国的对外事务,当布哈拉汗国派使者到俄国之时,该家族有自己的使者随行。

尽管如此,乌兹别克人始终未能以伊斯兰教为纽带把汗国统一起来。非但如此,有时候宗教界为了维护小集团的私利还支持乌兹别克贵族与汗对抗,加剧了汗国的分裂。在札尼王朝统治时期,宗教界的势力很大。宗教界人士纷纷广占土地,聚敛财富,发展自己的经济力量。宗教界领地瓦克夫占据了汗国全部土地总额的近一半左右。[2] 由于

〔1〕米儿咱·马黑麻·海答儿:《中亚蒙兀儿史——拉失德史》,第二编,第 187 页。

〔2〕〔俄〕伊万诺夫:《中亚史纲(16—19 世纪中叶)》,载《中亚史丛刊》,1983 年第 1 期,第 79页。

教团首领财富的增长,他们能够参与并影响汗的政策,有时甚至直接建立自己的政权。如 18 世纪初叶在费尔干纳兴起的政权,即后来的浩罕汗国,就是由在费尔干纳占有几座大城市的和卓家族建立的。这类斗争在希瓦汗国产生了更为严重的后果。

然而,东正教在统一俄罗斯国家的过程中发挥了重要作用。伊凡三世为了使自己的地位神圣化,于 1472 年娶拜占庭帝国末代皇帝的侄女索非娅为妻。他在迎娶索非娅公主的同时,宣布自己是拜占庭帝国的继承者,并且宣布莫斯科为"第三个、也是永久的罗马",伊凡三世由此而成了东正教世界的领袖。

伊凡四世时期,王权已经凌驾于教权之上。1551 年 5 月,伊凡四世颁布诏令:没收自瓦西里三世逝世后由领主杜马分封给各主教和寺院的所有领地和土地;法令严禁教会获取未经政府批准的新土地;法令还规定,未经特许王公不得将自己的领土出售或馈赠给教会,凡未经特许,而转让给教会的土地一律没收,作为军役领土予以重新分配。尽管这些法令遭到了以大主教马卡利为首的教会势力的极力反对,然而,在相当大的程度上还是得以实现了。

东正教在塑造一元化国家思想方面起到了举足轻重的作用,它使俄国分散的力量集中起来,为俄国造就了"信仰者群体"。普世东正教会的领袖利用自己的权威提高沙皇的地位,使俄国沙皇的权力神圣化。君士坦丁堡总主教的使节于 1562 年将普世东正教代表大会批准莫斯科人使用"沙皇"称号权的决议送到了莫斯科,并举行了隆重的礼拜仪式。

中央集权是维护国家秩序的保证,它为以农业为主的自然经济带来了所需要的安定环境,促进社会经济的发展。当国家处于危机或社会处于贫困之时,中央集权使中央政府有足够的权力调动国家资源和组织力量,使国家渡过难关,挽救国家和民族的危亡。中亚汗国由于中央集权微弱,始终未能消除国内的封建割据,更谈不上组织力量抵御外部的入侵了。莫斯科公国通过不断地加强中央权力,收回封建主和地方的特权,最终建立了统一的俄罗斯国家,为以后彼得一世和叶卡捷琳

·欧·亚·历·史·文·化·文·库·

娜二世的改革奠定了基础。到了 18—19 世纪,中亚汗国逐渐被强大的俄国吞并了。

4.2 对外战争

中亚汗国和莫斯科公国在政治上的差异对双方的扩张战争产生了重要影响。中亚诸汗国和莫斯科公国在建国过程中和建国以后发生了无数次扩张战争。但是,两者的结果却是不一样的。中亚汗国不仅没有扩大地盘,而且还不时地受到外来入侵;而莫斯科公国和以后形成的沙皇俄国在对外扩张中节节胜利,地盘不断扩大。

16—17 世纪期间,中亚在周边面临强敌,国际环境不利于 3 个汗国的发展。哈萨克、布哈拉和希瓦 3 个汗国处于奥斯曼、波斯的萨法维和印度的莫卧儿这三大伊斯兰教帝国的包围之中,向外发展的空间很小。在布哈拉和希瓦汗国的西南部是新兴的波斯萨法维王朝,再往西,是处于鼎盛时期的奥斯曼帝国。在布哈拉汗国的南部是被乌兹别克人赶出河中地区的帖木儿王子巴布尔在印度建立的莫卧儿帝国。在 16 世纪中叶以前,希瓦汗国和哈萨克汗国的北部和西北部有诺盖汗国和喀山汗国,此后,则是日益强盛的俄国。哈萨克汗国在东部和东北部先后面临东察合台汗国、西伯利亚汗国,以及西蒙古卫拉特人的政权。

布哈拉汗国与西邻的萨法维王朝在整个 16 世纪期间一直处于敌对状态。在这 100 年之中,两国进行了多次战争,这些战争主要是争夺接壤的呼罗珊地区。呼罗珊对双方来说都具有极大的吸引力。中亚与西方和西北方的交通干道、波斯与印度的交通都要经过呼罗珊,况且,呼罗珊境内的赫拉特等城与撒马尔罕和布哈拉城还有着密切的经济和文化联系。因此,控制这一地区是两国的核心利益所在,布哈拉汗国于 1506 年夺取呼罗珊首府赫拉特以后,一直关注这一地区的安全。

布哈拉汗国与波斯萨法维王朝的战争集中在昔班尼、奥贝都剌和阿布杜拉 3 位汗统治时期。萨法维王朝几乎是与昔班尼王朝同时兴起的国家(兴起于 1501/1502 年),它的建立者是伊斯迈尔。伊斯迈尔于

1499 年率领他的追随者从里海南部的吉兰（Jilan）开始了他的征服活动，在 1501 年初打败土库曼人的白羊王朝首领阿万德·米尔咱（Alvand Mīrzā），攻入白羊王朝都城大不里士，建立了萨法维王朝。萨法维王朝是一个以中央集权为基础的、以什叶派为国教的国家。它的建立是伊朗历史上最重要的一次发展，在它统治伊朗的 100 多年中，它在东、西两面分别与布哈拉汗国和奥斯曼帝国交战。在腹背受敌的情况下，萨法维王朝与布哈拉汗国之间的关系常常受到奥斯曼帝国的牵制。

当昔班尼汗在河中建立政权和征服呼罗珊之时，萨法维王朝正忙于与奥斯曼帝国作战。1508 年，伊斯迈尔征服了小亚细亚东部迪亚巴克尔（Diyar Bakr），接着夺取了巴格达和什叶派在伊拉克的一些圣地。此后，他开始着手对付布哈拉汗国。1510 年，他对昔班尼夺取的呼罗珊地区发起进攻，为出师有名，声称自己代表帖木儿王朝向乌兹别克人讨回公道。1510 年 12 月 10 日，昔班尼在莫夫附近兵败被杀。伊斯迈尔乘胜夺回了赫拉特城，乌兹别克人退出了呼罗珊。

昔班尼军失败后，由 1.2 万人组成的波斯军队（红头军，Qizilbāsh）在纳杰姆·依·萨尼（Najm-i Sānī）将军的率领下乘胜进攻河中地区，在喀布尔建立政权的帖木儿王子巴布尔也出兵相助，拉开了布哈拉汗国保卫国土的战争。波斯联军围攻布哈拉汗国的卡尔施城，城民们进行了顽强抵抗，但最终失败。波斯联军继续北上攻布哈拉城，当时布哈拉城领主奥贝都剌组织了抵抗，坚守住布哈拉城，并于 1512 年在布哈拉城以北的忽吉都万打败了波斯联军，纳杰姆将军被杀，巴布尔逃跑。这次胜利确保了昔班尼王朝在中亚的生存。

就在波斯联军与奥贝都剌进行战争的时候，奥斯曼帝国的逊尼派牧师（乌拉玛）发布了法特瓦（fatwā，宗教教法文书），向伊斯迈尔宣战。奥斯曼苏丹塞里姆一世（Selim I，1512—1520 年）率领着一支由火器装备的军队向萨法维都城大不里士进军。奥斯曼人与波斯人之间的战争于 1514 年 8 月 23 日在胡依（Khuy）附近的迦勒底兰（Chaldiran）展开。趁此机会，布哈拉汗国军队在奥贝都剌的率领下渡过阿姆河，收复了呼罗珊失地。但是，乌兹别克人未能在此建立巩固统治，当伊斯迈尔返回

·欧·亚·历·史·文·化·文·库·

来时,呼罗珊又被波斯人占领。

阿布杜拉汗二世登上汗位以后,征服呼罗珊的战争再起。最初,萨法维王朝处境不利,1584 年,阿布杜拉汗在占领阿姆河以南的巴达克山以后,频繁地对呼罗珊发起攻击。1588 年,波斯沙赫阿拔斯继位,阿布杜拉汗利用他继位之初波斯政局不稳的机会,经过 11 个月的围攻从波斯人手中夺取了赫拉特。第二年(1589 年),阿布杜拉之子阿布·穆明夺取马什哈德,在该城进行了骇人听闻的大屠杀,对商场进行了掠夺。沙赫塔赫马斯普的尸体被从陵墓中挖出来焚烧后随风抛撒。布哈拉汗国获取了包括马什哈德在内的呼罗珊大部分地区和以莫夫为中心的土库曼斯坦西南部。

波斯萨法维王朝的阿拔斯沙赫是一位具有雄才大略的统治者。他即位不久就着手改革,走富国强兵之路。他缩减了部落军(红头军)的数量,将其由 6 万 ~ 8 万削减为 3 万,再把这些部落军化整为零,分别派驻不同地区。与此同时,他从格鲁吉亚人、契卡斯人和亚美尼亚人中招募青年组成正规的常备军,薪饷由国库支付。常备军总数为 3.7 万人,配有 500 门大炮,阿拔斯用火炮(tūp)和步枪(tufangs)装备军队,设置了步枪手(tufangchī)、火炮手(tūpchī)。除了军事改革外,阿拔斯调整了对外政策,与奥斯曼人签订了《伊斯坦布尔条约》(1590 年),将奥斯曼人所占之地割让给奥斯曼帝国,使波斯人结束了腹背受敌的状况。然后,他专注于与布哈拉汗国的战争。1597 年,他在赫拉特大败布哈拉军,收复了被占领了 10 年之久的赫拉特和呼罗珊全境。1598 年,阿拔斯迁都伊斯法罕,都城的东移既远离了奥斯曼帝国,又加强了波斯人对呼罗珊的统治,可以遏制布哈拉汗国对此地区的骚扰。是年,阿布杜拉汗去世,其子阿布·穆明被谋杀,布哈拉汗国的人民被萨法维波斯人赶出了呼罗珊。

希瓦汗国与萨法维王朝的关系是不稳定的,在与东、西方敌人的战争中,波斯人希望与波斯东北部的希瓦汗国保持友好关系,然而,有时候两国结成同盟反对布哈拉汗国,有时候两国又因争夺土库曼斯坦的一些绿洲而发生战争。17 世纪上半叶,当布哈拉汗国停止与波斯争夺呼罗珊之后,争夺呼罗珊的战争转移到希瓦汗国与波斯两国之间。希瓦汗伊斯法德雅尔于 1628—1629 年征服了莫夫、尼萨和阿比瓦尔德,但是,由于马什哈德总督马努赤尔汗(Manūchihr Khān)的抵抗,伊斯法德雅尔未能占领马什哈德。17 世纪中叶,希瓦汗国和布哈拉汗国都不再对呼罗珊构成威胁,波斯对呼罗珊的统治开始稳固,这种稳定局面一直持续到 17 世纪末期。

布哈拉汗国与莫卧儿帝国之间一直处于敌对关系,虽然双方之间从未发生过大的战争,但是,一有机会,布哈拉汗就蚕食莫卧儿帝国的领土。他们或者利用莫卧儿帝国的内部斗争,与其中的一些派别建立同盟以对付另一些派别,或者趁其内乱夺取一些与河中毗邻的地区。阿布杜拉夺取巴尔赫以后,就以此地为基地,1584 年,阿布杜拉之子阿布·穆明赶走了巴达克山统治者沙赫鲁克(Shāhrukh),统治了该地区。[1] 阿克巴接受了以兴都库什山作为两国边界线这一事实,实际上承认了巴达克山归属于布哈拉汗国。整个 16 世纪,莫卧儿皇帝们都把布哈拉汗国视为莫卧儿帝国的主要威胁,他们的都城虽然在拉合尔,但是,他们不敢住在此地,而是住在离布哈拉统治中心较近的,北方的喀布尔城。直到阿布杜拉去世以后,莫卧儿皇帝阿克巴才返回拉合尔。然而,除巴尔赫外,布哈拉汗国对巴达克山等地的统治是不巩固的。

哈萨克汗国在 16 世纪所面临的外部环境对汗国的发展是有利的。最初汗国向东的扩张取得了一些胜利,在 15 世纪的最后 30 年中,原东察合台汗国的七河流域和伊犁河流域的乌孙、杜拉特特(亦称朵豁剌惕)、札剌亦儿等部落都逐渐融合于哈萨克人之中。16 世纪期间,哈萨克汗国没有遇到强敌。蒙兀儿斯坦的东察合台统治者们忙于内争,无力顾及西边的哈萨克汗国。在哈克·纳咱尔汗时期(1538—1580 年),

---

〔1〕布哈拉汗国在中亚的建立意味着此后西帕米尔和巴达克山将成为帖木儿帝国和布哈拉汗国的争夺之地。巴托尔德对达尔瓦兹并入布哈拉统治者阿布杜拉的王国这一观点提出了相反的意见,在谈到埃米尔于 1584 年征服巴达克山时,他认为难以抵达的达尔瓦兹和卡拉捷金地区仍然独立于乌兹别克人的统治之外。然而,米尔咱·沙赫鲁克(1575—1584 年)在有利的时机中并未掌握政权。不仅是由于素莱曼企图复位,而且还受到了阿布杜拉汗二世(1557—1598 年)统治下的乌兹别克人的威胁。这一威胁越来越严重,直到 1584 年巴达克山被乌兹别克人侵占。

哈萨克人对蒙兀儿斯坦发起攻击,对东察合台汗国造成威胁。于是,察合台人在阿克苏和喀什噶尔驻扎重兵防御。

哈萨克汗国在东方进行这些战争的时候,在它东北方的西伯利亚汗国开始强大起来。1563 年,库程夺取了西伯利亚汗国的汗位,随即向南扩张势力,占领了哈萨克汗国的北部领土。哈萨克汗哈克·纳咱尔为了对付西伯利亚汗国,与老对手布哈拉汗阿布杜拉二世握手言和建立了友好关系。双方在签订的《盟约》上宣誓:"成为朋友,并忠实地为盟约效力。"[1]盟约的签订有利于哈克·纳咱尔汗抵御西伯利亚汗国的南侵。

16 世纪上半叶,哈萨克汗国的西部邻国诺盖汗国曾向东部扩展,受到挤压的哈萨克人被迫东迁到蒙兀儿斯坦。在塔赫尔汗统治时期,他对诺盖人游牧的钦察草原发起过攻击,但是遭到失败,诺盖人乘胜进入哈萨克草原中西部。哈萨克人被迫向东南迁移。到了哈克·纳咱尔统治时期,哈萨克人的势力强盛起来了,1568 年,哈克·纳咱尔率军出征诺盖。据记载:"哈克·纳咱尔国王(汗)、希加伊王子以及切雷姆王子的哈萨克诸公国同他们的 20 位王子开进诺盖汗国,并发生了战争。"[2]诺盖人被彻底打败。第二年诺盖汗国瓦解,哈萨克汗国向西北方向发展。在特夫克勒汗统治时期,哈萨克人向西北的推进受到了向东扩张的俄国人的遏制。

17 世纪初叶,卫拉特蒙古人在哈萨克东北部崛起。由此,哈萨克面临极为严峻的外部环境。卫拉特人逐渐进逼哈萨克汗国的北部领土。17 世纪中叶以后,卫拉特准噶尔部日益强盛,这两大游牧政权在中亚北部草原上进行了 100 多年的战争。哈萨克人遭到准噶尔人的直接威胁发生在哈萨克杨吉尔汗统治时期(1630—1652 年)。哈萨克人与巴图尔洪台吉率领的准噶尔人发生了多次战争。在头克汗统治时期

---

〔1〕《哈萨克共和国通史》(俄文本),第 1 卷,第 174 页,引自厉声:《哈萨克斯坦及其与中国新疆的关系(15 世纪—20 世纪中期)》,第 39 页。

〔2〕《哈萨克共和国通史》(俄文本),第 1 卷,第 174 页,引自厉声:《哈萨克斯坦及其与中国新疆的关系(15 世纪—20 世纪中期)》,第 39 页。

（1680—1718 年），准噶尔军队向西横扫哈萨克汗国，兵锋抵达巴尔喀什湖以南，其势力一直延伸到布哈拉和希瓦汗国的边境。以后，在准噶尔人的连续打击下，哈萨克汗国瓦解（1723 年）。

在 16 世纪，希瓦汗国向西的发展也遭遇了波斯的阻碍。最初，希瓦汗国向西的战事取得了一些胜利。在塔赫马斯普统治时，波斯人深受希瓦军队进攻之苦，呼罗珊的波斯官员在希瓦人的攻击下纷纷弃职而逃。在希瓦汗国的威逼之下，波斯求和。萨法维王室与希瓦汗室通婚和亲，双方开始了和平友好时期，甚至缔结了短暂的军事同盟。

16 世纪中叶以后，希瓦汗国西北部的形势紧张起来，俄国东扩的结果，使它的领地与希瓦汗国接壤。在强大的俄国面前，希瓦汗国在北方和西北方的发展受到遏制。到了 17 世纪初期，西迁伏尔加河中下游的西蒙古土尔扈特人开始频繁地骚扰希瓦汗国的北部领土。他们从里海北部沿岸和伏尔加河下游出发，不断袭击花剌子模，甚至挤压曼吉什拉克半岛的土库曼人。

中亚 3 个汗国在 16—17 世纪时期的对外发展都受到了外部强大势力的阻碍，3 个汗国都未能发展成为像蒙古汗国那样的大帝国，只能是地区性国家。与之不同，莫斯科公国经过一个多世纪的扩张，逐渐成为强大的沙皇俄国。

莫斯科公国兴建之时，周围是一些比较强大的政权，外部环境对莫斯科公国的扩张也是不利的。莫斯科公国的第一位王公丹尼尔（1294—1303 年）夺取了位于莫斯科东南部的梁赞公国的一些领土，拉开了莫斯科公国长达数个世纪的扩张序幕。此时，东北罗斯（俄罗斯）处在蒙古人的统治下，西南罗斯（乌克兰）和西部罗斯（白俄罗斯）归并于波兰和立陶宛。莫斯科大公伊凡一世（1325—1340 年）通过贿赂或武力强占等各种手段扩张领土；莫斯科大公瓦西里二世（1425—1462 年）带兵攻打北方的诺夫哥洛德共和国，致使疆域广大。1471 年和 1477 年，伊凡三世两次兵临诺夫哥罗德城，诺夫哥罗德无力反抗而投降，最终并入了莫斯科公国的版图。伊凡三世向该城居民提出：在诺夫哥罗德领地上不得悬挂市民会议之钟，不得设立市长等要求。

·欧·亚·历·史·文·化·文·库·

在伊凡三世执政时期,俄罗斯最终摆脱了蒙古人长达 200 多年的统治,获得了独立。在争得独立和巩固了国家以后,莫斯科公国迅速走上了扩张道路。正如恩格斯所说:"莫斯科的大公们却只是在长期斗争之后,才终于摆脱了蒙古人的羁绊,开始把大俄罗斯的许多公国联合成一个统一的国家。然而,这一成就看来只是助长了他们的野心。"[1]继诺夫哥罗德之后,特维尔(1485 年)和梁赞也成了莫斯科公国的附属地。在伊凡三世时期,除普斯科夫公国外,东北罗斯已经处于莫斯科公国的控制之下。

瓦西里三世继续执行伊凡三世的扩张政策。1507—1508 年,他与立陶宛交战,签订了有利于莫斯科公国的停战协定。1510 年,他兼并了普斯科夫,下令逮捕境内有影响的大贵族、巨商,将 300 个大家族遣送到莫斯科作为人质。已经臣属于莫斯科公国的梁赞公国暗中勾结克里米亚汗国,企图摆脱莫斯科公国的控制,然而未能得逞。瓦西里三世于 1517 年将梁赞王公监禁起来,并在 1521 年兼并了梁赞。1510 年和 1521 年,普斯科夫和梁赞被纳入莫斯科公国,标志着统一战争胜利结束。

俄国在统一以后,开始向外扩张。然而,俄国在北、西、南三面被强大的敌对国家瑞典、土耳其、波兰包围,因此俄国在这 3 个方向的扩张收效甚微。当时瑞典是俄国北部的强国,控制着波罗的海,俄国不得由此进出。土耳其是俄国南部的强国,黑海是它的内海,它严格把守着顿河河口的亚速海,严禁任何人染指。波兰是俄国西部的强国,一直与俄国争夺乌克兰和利沃尼亚地区。在这三大国的后面是欧洲强国英国和法国,英法两国是这三大国的盟友。这三大国严密地防范俄国,企图割断俄国与西方世界的联系,企图阻止俄国从西方获得武器和技术。在 16 世纪下半叶,俄国军队在本质上与同时代的亚洲军队相似,基本上

---

[1]《马克思恩格斯全集》,第 16 卷,人民出版社,1964 年,第 180 页。

是由马上弓箭手以及笨重粗糙的火枪武装的步兵。[1] 俄国人极力想打破这种"亚洲局面",这一愿望在16—17世纪没有实现。

在这一时期,俄国在西方与瑞典国争夺波罗的海的出海口。波罗的海位于欧洲北部,与大西洋相通,是俄国进入西欧的最短的海上交通要道,对俄国经济和军事都有极为重要的意义。伊凡四世说过:"波罗的海的水的分量是值得用金子来衡量的。"[2]为了直接和西欧特别是和英国通商,1533年,俄国曾在北方开辟了一条由北德维纳河入白海的商道,但是这条航道一年中有四分之三的时间因冰封而无法通航。因此,伊凡四世开始以武力夺取波罗的海东岸的立窝尼亚地区。1558年1月,伊凡四世不顾国内部分大贵族的反对,发动了立窝尼亚战争(1558—1583年)。

当时,立窝尼亚是立窝尼亚骑士团的领地,其范围大致包括了今拉脱维亚、爱沙尼亚一带:南临波兰、立陶宛,西北与芬兰、瑞典隔海相望。16世纪下半叶,骑士团势力趋于衰落,伊凡四世遂以立窝尼亚与立陶宛缔结盟约为借口,悍然发动战争。战争初期,俄军攻陷了芬兰湾南部重要港口纳尔瓦,又占领了多尔巴德和爱斯兰东部。俄军的胜利引起了沙俄西部邻国和北欧诸国的警惕,为了对付沙俄的扩张,波兰和立陶宛于1569年合并,以后瑞典和丹麦加入到反俄行列之中。于是,立窝尼亚战争发展成为俄国与波兰、立陶宛、丹麦、瑞典4国的国际战争。迫于外部压力和国内矛盾,伊凡四世于1582年与波兰媾和,放弃了俄军已经占领的部分立窝尼亚地区。第二年又与瑞典签订停战条约,被迫将已经占领的沿海东南岸重镇雅姆、柯波里和伊凡哥罗德割让给瑞典。16世纪,沙俄向西夺取出海口的计划失败。

在16—17世纪,俄国东部的环境有利于俄国的扩张。16世纪中叶,与东部俄国毗邻的只是从钦察汗国分裂出来的几个小汗国,它们是

〔1〕Fletcher,Doctor Giles,*A Treatise of Russia and the Adjoyning Regions*… A. D. 1588. In:*Samuel Purchas*(ed.),*Hakluytus Posthumus or Purchas His Pilgrimes*,Vol. 12,pp. 499 – 633,Glasgow. 在詹金森书中的论述,1906,p.567.

〔2〕刘明翰主编:《世界史·中世纪史》,人民出版社,1986年,第187页。

伏尔加河中游的喀山汗国、伏尔加河下游的阿斯特拉汗国、乌拉尔山区的诺盖汗国和西西伯利亚的西伯利亚汗国。俄国向东的扩张首先灭掉了这些政权。

15世纪后期至16世纪中期,喀山汗国的西部领土与莫斯科公国毗邻。喀山汗国所在的伏尔加河沿岸有数百万公顷的肥沃土地,物产丰富,特别是喀山城,俄国人称之为"天下胜地"。喀山汗国以农业为主,在森林地带以狩猎,养蜂为主。喀山城处于东欧、北欧与高加索、中亚贸易往来的要道上,是欧亚草原的贸易中心。16世纪中叶,喀山城已经是一个有3万人的城市了。在伊凡三世时期,莫斯科公国的"地主需要喀山附近的土地,商业资本则需要伏尔加河作为俄罗斯到东方去的商业道路,那时丝绸及在欧洲很值钱的各种其他商品都是从这条道路运往欧洲的"。[1]俄国对喀山汗国垂涎已久。

伊凡四世于1545年第一次进攻了喀山汗国,这是一次示威性的进军。据文献记载,它只是为了向喀山城民显示威力而并未攻城。然而,这一举措加剧了喀山汗国内部统治阶级与人民之间的矛盾,导致喀山城民起义,起义者推翻了亲俄势力。1547—1548年,伊凡四世亲率大军远征喀山城。由于俄军渡过伏尔加河时,天气忽然转暖,河里的冰雪融化,笨重的火炮无法运送过河,俄军被迫撤军。1549—1550年,伊凡四世第三次远征喀山城,又因遇狂风暴雨,道路泥泞,攻城不克,只得无功而返。为了彻底征服喀山,伊凡四世于1550年对内进行军事改革,加强军队的战斗力;对外与波兰、立陶宛订立和约,使俄国与西方诸国的矛盾暂时缓和下来。解除了后顾之忧后,俄军于1551年在喀山城附近的伏尔加河右岸筑城(即斯维亚日斯城),屯兵积粮。该城不仅成为俄国进攻喀山汗国的基地,而且还成为封锁喀山城的哨所,由此孤立了喀山城。同年8月,俄军用重炮轰击喀山城城墙,并对着喀山汗王宫正门的地方建造了一座高15米的3层炮台,从炮台向城内发起猛烈的攻击。在丹麦技师的指导下,俄军挖掘了一条直达城墙下的秘密通道,然

---

〔1〕〔俄〕波克罗夫斯基:《俄国历史概要》(上册),商务印书馆,1994年,第180页。

后在城墙角安放炸药炸垮城墙,攻入城内。喀山城守军抵抗失败,大部分人战死,城池几乎被夷为平地,喀山汗国由此灭亡。

占领喀山汗国后,俄国沙皇把掠夺来的土地封赐给领主贵族和服役贵族。据文献记载,伊凡四世在喀山县安置了155名封地贵族,他们获得了5个村镇70个村庄;把伏尔加河左岸的山区分给了34名封地贵族。对于被征服的蒙古族城民,伊凡四世采取了分而治之的政策。他让那些表示忠顺的地方封建主继续保留原有的土地,把那些不可信赖的地方封建主迁到俄国中部各地。为纪念攻克喀山汗国,伊凡四世在莫斯科的红场建造了瓦西里·勃拉任内教堂,即圣母教堂。

征服喀山汗国以后,伊凡四世把扩张矛头指向地处伏尔加河下游的阿斯特拉罕汗国。阿斯特拉罕汗国是15世纪中叶从钦察汗国分裂形成的国家,首都阿斯特拉罕城是里海北岸的重要口岸和欧亚草原上的重要贸易重心。俄国和喀山汗国出产的皮毛、皮革等产品都由此输往中亚地区。1551年,俄国强迫阿斯特拉罕汗称臣纳贡;1554年,俄国出兵占领了阿斯特拉罕城,立俄国的傀儡杰尔维什·阿里为汗。新汗继续向俄国称臣纳贡,并允许俄国渔民在伏尔加河下游免税捕鱼。后来,阿里汗不甘心充当傀儡,与克里米亚汗国、奥斯曼土耳其和诺盖汗国联系,试图反对俄国的统治,他的抗俄行动曾得到奥斯曼土耳其和克里米亚汗国的支持。1556年,伊凡四世远征阿斯特拉罕汗国,阿里汗弃国而逃。伊凡四世进入阿斯特拉罕城以后宣布将阿斯特拉罕汗国归并入俄国版图。至此,伏尔加河中下游的地区全部归属于俄国统治。

俄国人在欧亚草原上的胜利不仅为沙俄开辟了富饶的东方市场和促进了俄国对外贸易的发展,而且还为俄国越过乌拉尔山侵略西伯利亚汗国和哈萨克汗国铺平了道路。

伊凡四世在继位之初,对乌拉尔山以东至额尔齐斯河之间的西伯利亚还没有一个明确的打算,仅仅派遣经常与西伯利亚汗国打交道的一个经商世家斯特洛冈诺夫家族到西伯利亚汗国去收取毛皮,顺便了解西伯利亚汗国的情况。喀山汗国被攻占以后,俄国人开始越过乌拉尔山向东扩张。1557年,西伯利亚汗国向伊凡四世表示臣服。1579

年,伊凡四世派哥萨克首领叶尔马克东进西伯利亚汗国,叶尔马克的活动遭到西伯利亚汗国库程汗的抵抗。1581 年,俄国人占领了西伯利亚汗国,库程汗被迫逃入丛林与俄国人进行游击战。俄国人采取步步为营的进军方式,先后在西伯利亚汗国的秋明(1586 年)、托博尔斯克(1587 年)和托木斯克建立起军事殖民区。

西伯利汗国灭亡后,俄国继续向北亚扩张。1639 年,俄国人推进到鄂霍次克海沿岸。17 世纪 70 年代,他们侵入贝加尔湖一带的布里亚特蒙古人的领地。由于原始的布里亚特人敌不过俄国的火器,于是贝加尔湖以东地区被俄国人占领了。

俄国 16—17 世纪的扩张活动,被马克思称之为"大陆吞食体系"或"地域蚕食体系"。可以这样说,俄国早期对外扩张活动主要是基于封建农奴制经济基础上的对外侵略,扩张的目的在很大程度上是为了满足封建主对土地和劳动力的需要,领土扩张具有最为重要的意义。当然,俄国在这一时期的扩张也得到了商人的支持,而商人是为了保证贸易道路的通畅,以获得更大的商业利润。俄国的商业资本一开始就和封建国家政权紧密联系在一起,从封建国家那里得到支持和垄断特权。俄国 16—17 世纪的扩张还不具有 18 世纪以后的意义。

在这一时期的对外扩张活动中,中亚 3 个汗国均以失败告终,最终只是地处一方的小王朝;俄国的扩张活动在西方进展不大,而在东方却取得了极大的成功。

4.3　社会经济

把中亚诸汗国与俄国 16—17 世纪的社会经济放在一起加以考察,可以加深我们对双方这一时期的政治形势和两者之间关系的理解。

在 16—17 世纪,东西欧有着很大的差异,包括俄国在内的东欧在经济上整体落后于西欧,西欧是富有活力的,并逐渐走向工业化;而东欧与中亚一样仍然是以农业和畜牧业为主要经济的农业社会。东欧逐渐沦为西欧的原料市场和工业品销售市场,即向西欧出口农产品和原料,从西欧进口工业制品。可以说,这一格局一直持续到 19 世纪中叶,地处东欧的俄国也未摆脱这种状况,它的经济水平与中亚诸汗国的水平几乎是相当的。

直到 18 世纪以前,俄国仍是一个兼营畜牧业的农业国。公元 8 至 9 世纪,耕作农业在东斯拉夫人中已经成为生产的主要形式,大多数东斯拉夫人在这一时期成为从事农业的定居民族。在俄国南方草原(南俄草原)和乌拉尔山一带有粗放式畜牧业,在俄国北部和西北部的一些地区畜牧业胜过农业。在 15 世纪末至 16 世纪初形成的中亚 3 个汗国也是以农牧为主要经济的国家。哈萨克汗国是一个游牧国家,布哈拉和希瓦汗国的居民兼营农业与畜牧业。由于有关畜牧业的资料缺乏,因此,在考察中亚诸汗国和俄国的经济中,我们只能就双方的农业、手工业和商业发展水平进行比较。

从农业方面看,16—17 世纪的中亚和俄国都无法与西欧相比,而它们之间却存在着许多共同之处。中亚属大陆性气候,由于降雨量低,干旱和水资源的匮乏,农业不可能依靠降雨维持土地的耕种,只能依靠灌溉。讹答剌周围地区建筑了许多引水渠(āqār-sūs);突厥斯坦所有耕地都依靠这类水渠。由于农田灌溉的需要,坎儿井这种地下水利工程也得到普遍使用。因此,中亚农业在空间上受到了限制,农业一般只在沿河流域的狭长地带和绿洲上进行。地处东欧的俄国,耕作农业的环境也受到了气候的限制。东欧平原也属于大陆性气候,降水量自西向东逐渐减少,里海西北部沿岸地区年降水量仅 20 多毫米,是欧洲唯一的沙漠地貌。尽管大西洋吹来的海风湿润而温暖,但它对东欧的影响主要在东欧北部地带,东欧南部地带是受到来自亚洲内陆干燥寒冷风的影响的。加之,东欧平原纬度高,冬季漫长,积雪时间从 3 ~ 4 个月(基辅、伏尔加格勒)到 6 ~ 7 个月(圣彼得堡、阿尔罕格尔斯克、斯维尔德洛夫斯克)不等;在莫斯科附近,农业耕作期只有 5 ~ 6 个月(在西欧农业耕种期达 8 个月)。因此,俄国农业在时间上受到了限制。

16—17 世纪,中亚种植的粮食作物主要有三大谷类:小麦、稻米和大麦。在呼罗珊地区,特别是法拉赫(Farah)河畔是产谷地带,莫夫也是肥沃的稻谷地。费尔干纳盆地种植小麦、大麦、燕麦、水稻、高粱。新大陆的玉米作物(印第安人的谷物)在 17 世纪初引入中亚,但是没有成为该地区主要的粮食作物。俄国在 14—15 世纪时种植的作物有:黑麦、燕麦、大麦、稷、荞麦,局部地区种小麦。到 16—17 世纪,玉米成为俄国的粮食作物之一。不难看出,除了中亚的稻米外,中亚与俄国在农作物种类上基本相同。

中亚诸汗国和俄国的农作物亩产量都不是很高,双方都以播种数和收获数之比的方式计算粮食产量,这种方式在中亚被称为"籽种地亩"数。虽然还没有看到 16—17 世纪布哈拉或希瓦汗国的"籽种地亩"数的记载,但是中亚东部的喀什噶尔计算水稻收成采用的就是这种方式。史书记载说:"在喀什噶尔地区……各城乡现在都可以种稻。如果按播种数计算,丰年可收七八倍;即使荒年亦可收二三倍。"[1] 从此记载来看,产量还是比较高的,如果将丰年和灾年的粮食产量平均计算的话,收获数与播种数之比可达 5:1。而同一时期,俄国的这一比例是 3:1。[2] 俄国当时要提高粮食产量,只有依靠扩大农耕面积。在 17世纪上半期,俄国平原地区的农耕面积扩大了一倍。

在经济作物中,中亚生产的主要产品有棉花、藏红花。棉花种植在中亚特别突出,在布哈拉城周围大面积种植着棉花,布哈拉成为原棉和棉纺织品的重要出口地。藏红花的主要产地是克什米尔。根据阿布尔·费兹尔(Abu'l Fazl,大约 1595 年)的记载,[3] 山谷中有 1 万至 1.2万比哈(bighas,大约 2500 公顷)的土地种植藏红花。据莫卧儿皇帝查罕杰估计,整个山谷藏红花的产量大约有 1200 公斤。以藏红花闻名的地区还有呼罗珊。[4] 此外,中亚的经济作物还有芝麻、亚麻、大麻、苜蓿,费尔干纳居民还大量养蚕,河溪两岸都种满了桑树。新大陆培育的烟草在 17 世纪的第一个 25 年中开始传入中亚,呼罗珊西南部荒漠边

---

〔1〕《清高宗实录》卷593"乾隆二十四年七月庚午"条。

〔2〕徐景学:《俄国史稿》,中国经济出版社 1989 年版,第 72 - 74 页。

〔3〕见《阿克巴则例》,该书是莫卧儿皇帝阿克巴宫廷于大约 1595 年所购物品的细目,由〔印度〕阿布尔·费兹尔著,书中记载了喀布尔和坎大哈的地理及其行政、税收和人种的详细资料。

〔4〕*The Cambridge History of Iran*,Cambridge University Press,1986. p.148.

缘的塔巴斯种植着最好的烟草。在这一时期内,俄国的经济作物有蛇麻草、亚麻、大麻、罂粟花、甜菜、向日葵、油菜和番红花等。普斯科夫省以种植亚麻闻名,奥勒尔和卡卢加省多生产大麻,沃洛涅什省以生产向日葵著名,乌克兰和中部黑土区盛产甜菜。从双方经济作物的种类分析可见,双方在经济交往中,中亚的棉花及棉织品成为输往俄国的主要产品。这一点在俄国走上工业化道路以后,表现更加突出。

在果树和蔬菜种植方面,布哈拉汗国中心河中地区生产各种各样的水果,特别是瓜类成了河中地区居民一年中的主要食物。费尔干纳种植葡萄、杏子、桃子、苹果、梨、楹梓、李子、樱桃、核桃等。费尔干纳干德·依·巴达姆(Kand – i Badam)地区的杏仁是为外销而种植的,运往霍尔穆兹港或印度。[1] 俄国在 14—15 世纪时已开始种植苹果、小樱桃、大樱桃、覆盆子等;到 16—17 世纪,又增加了葡萄、桃、杏、李子、西瓜、梨等。在蔬菜类作物中,中亚有洋葱、胡萝卜、甜菜、萝卜、甜菜根、卷心菜等;俄国的蔬菜有大头菜、辣椒、萝卜、葱、大豆、大蒜和甜菜等。在双方的经济往来中,中亚曾向俄国出口过水果干。

在这一时期,中亚与俄国的生产力水平相当,在有些方面,中亚还略高一些。从考古发掘可以看出,这一时期中亚诸汗国在农业上大量使用铸铁犁铧头。在一份 16 世纪的文件中发现了有关撒马尔罕一个铸铁作坊的材料。这份文件记录了已故铸铁工穆拉·纳瓦拉兹(Mullā Nawraz)的财产分配。文件提到他的财产有一个作坊(kārkhāna)和数量为 4 曼纳(mannas)、价值 16 腾格的铸铁件,铸铁件中绝大多数是犁铧头和轴轮。[2] 在讹答剌的一个遗址中,也发现了许多铸铁件,其中有犁铧头。这些说明在 16 世纪铁犁铧头在中亚已普遍使用。此外,中亚在这一时期内使用的农具还有铁锹、铲子、锄头、叉子等。在俄国,铁制农具的普遍推广是在 14—15 世纪。16—17 世纪,俄国在农业生产中有特色的农具有索哈,这是一种带有铁铧的木制工具。索哈用于开

---

〔1〕〔印度〕巴布尔:《巴布尔回忆录》,王治来译,商务印书馆,1997 年,第 8 页。

〔2〕Sukhareva, O. A. *Pozdnefeodaľny gorod Bukhara.* Tashkent,1962a,p.33.

沟和松土,黑土带主要使用两铁铧的索哈。开垦荒地所使用的索哈比一般的要小,但是铧要短且尖一些。

这一时期中亚诸汗国与俄国都能够利用水力和风力了,因而在生产和生活中使用了水磨和风车。水磨在中亚很普遍,在16、17世纪的文献中频繁提到磨坊,在出土文物中也经常发现石磨。俄国在17世纪末至18世纪初时,一般是平均每800人占用一个磨。[1] 中亚的水磨一般是非齿轮平卧式水轮(即有一个竖轴),在缺水的情况下,中亚还利用畜力,即用马和驴拉动的石磨。风力的利用在中亚西南部的锡斯坦可以追溯到10世纪,在10—11世纪的著作中[2]可以发现对风车的描述。风车是平卧式的,风由挡墙板引至风车的翼板,这些风车是用来磨谷物的。在俄国,风力磨出现要晚些,到17世纪才有关于它的第一次文字记载。[3]

从以上情况来看,在16—17世纪,中亚农业无论是从农具方面,还是从农作物产量方面来看,如果说没有明显高于俄国的话,也是与俄国处于同一个水平上。下面再来看一下手工业的情况。

据17—18世纪初期诗人赛义多纳萨菲的记载,中亚已经有200多种城市行业。中亚的手工业有铸铁业、车床业、制锁业、铜器业、制刀剪业、珠宝业、武器制造业、造纸业、纺织业、染色业、制革业、制毡业、裁缝、制陶业、建筑业、建材、工艺装饰、皮毛加工业、食品加工等。手工业分工很细,铁匠分锁匠、生产锄和斧子的工具铁匠、刀剪匠、锡匠、针匠和钉匠,以及专制马掌的铁匠。

16世纪,俄国的手工业也有很大发展,基辅城中有40～60种手工业,而"16世纪俄国城市有220种手工业行业,仅诺夫哥罗德就有91

---

〔1〕〔前苏联〕亚·弗·杜罗夫:《14—17世纪俄国地区人与自然》,宋元译,载《牡丹江师范学院学报》(哲社版),1994年第1期,第30页。

〔2〕在伊斯塔赫里(Istakhrī)写于公元951年的《Kitāb al-masālik》一书中提到过风车。

〔3〕〔前苏联〕亚·弗·杜罗夫:《14—17世纪俄国地区人与自然》,宋元译,载《牡丹江师范学院学报》(哲社版),1994年第1期,第30页。

种"。[1] 手工业有纺织业、制革、制陶、制炒锅、镀锡、制木桶、金银器皿、珠宝业、工艺装饰、圣像、建材、建筑业和武器制造业等。17 世纪,随着俄国领土的扩张,特别在乌拉尔山以东地区纳入俄国版图之后,采矿、洗矿、炼铁、锻铁、铸造等行业迅速发展起来。17 世纪末俄国开始生产生铁、纸、油、松香、干性油等,生产的化学制品不低于 29 种。这一时期手工业的分工也很细,如裁缝业分制女无袖长衣匠、制男长衣匠、制女无袖短衣匠、制皮袄匠、制帽匠等等。

16—17 世纪,中亚在纺织业、印染业和造纸业上远远超过了俄国。纺织是中亚的古老产业,著名的纺织生产中心有布哈拉、撒马尔罕、忽毡和费尔干纳。中亚著名的全棉纺织品有卡尔巴丝(karbās)、阿拉查(alācha)、赞丹尼奇(zandān – īchī)和奇特(chīt),其中出口最多的是卡尔巴丝。卡尔巴丝是一种加亚麻织成的平滑布,经过漂白或染成黑色、深蓝色、黄色、绿色或灰色。阿拉查是一种优质纱纺织的宽条纹布,在中亚各城市中,条纹的颜色随产地而变化,布哈拉条纹宽窄不一、色彩多样且搭配协调,纬线采用深色(常常是深蓝色)。奇特(chīt)是一种印花布,布上的图案有手绘的,也有用印板印刷的,在 16 世纪后期,撒马尔罕已有一种七彩色的奇特。在 16—17 世纪期间,中亚纺织品大量出口,其中有一部分出口到了俄国。

除了棉织业,中亚丝织品也十分著名。16 世纪的史料中保存着布哈拉、撒马尔罕、赫拉特、希瓦、塔什干等地生产各种丝绸的情况。丝织品有阿德拉丝(adras)、卡瑙丝(kanaus)、夫塔(fūta)等等。阿德拉丝是一种很厚的上光半丝织品,它产于布哈拉、撒马尔罕、马尔吉兰、忽毡和卡拉塔格(Karatagh)。卡瑙丝是一种华丽的纯丝绸,用经纬粗细相等的纯丝线织成。布哈拉的卡瑙丝以其细密和光滑著称。夫塔(fūta)是一种半透明的优质丝绸。中亚出口到俄国的丝织品还有撒马尔罕和布哈拉生产的一种名为巴克赫马尔(bakhmal)或马克赫马尔(makhmal)

---

〔1〕刘祖熙:《改革和革命·俄国现代化研究(1861—1917)》,北京大学出版社,2001 年,第 88 页。

的深红色天鹅绒,这种天鹅绒光滑且华丽。

俄国纺织业有棉布、丝织、制呢等。纺织业基本上分布在人烟稠密的中部地区和圣彼得堡,其中以莫斯科和弗拉基米尔省为中心。两省周边数县的农民纺棉纱和织细平布,显然,织布已成为俄国农民的主要家庭副业和生活基本来源。16—17世纪时弗拉基米尔省农民纺织的麻布和粗布既用于家庭需要,也用于出售。在羊毛产区的乌克兰左岸、沃洛涅什和辛比尔斯克省生产呢绒,在亚麻和大麻产区的西部和伏尔加河上游生产亚麻布和大麻纤维产品,勃隆尼茨和谢尔霍夫县侧重于棉纺织业,鲍戈罗德县、科洛缅县侧重于丝纺织业。

在中亚和俄国,这一时期的纺织业都使用了纺车。中亚使用纺车的历史悠久。中亚纺车早在12世纪就以"恰卡"(charkha)一名出现,这一点已经被12世纪上半叶的安瓦里(Anwarī)和尼扎米(Nizāmī,大约死于1200年)的著作证实。他们以旧式妇女的"用具"一词提到它。关于俄国使用纺车的时间还未见到记载,只是在17世纪末表现俄国家庭陈设的图画中,出现了纺车和织机。这一时期俄国棉纺织业和呢绒业的分工也没有中亚纺织业那样细致,质量也不如中亚的产品好。有资料表明,俄国布比东方进口的布贵,在交通便利的地方,可以买到从东方各国进口的、价钱便宜的棉布,如粗白布、平纹布、大红布、印花布等等。这些记载进一步说明在16—17世纪时俄国纺织业落后于中亚诸国,当时的中亚纺织业在世界上处于领先水平。

印染业在纺织品生产中起到了重要作用,当时,中亚的印染业在世界上名列前茅。染料主要是色浓且不褪色的植物和矿物染料。中亚的印染技术高超,染料的配方是代代相传,并严守秘密的。知名的调色手工业者具备了提取染料所需要的化学知识,例如,穆拉·米尔·穆罕默德·胡赛因(Mullā Mīr Muhammad Husayn)的调色是采取配药一样的方法,能够调出使人想起孔雀羽毛般的深浅不同的色彩。[1] 土库曼的专业女技工染出的深、浅色不仅不会随时间的流逝而褪色,反而会获得

---

[1]C. Adle Irfan Habib:*History of Civilizations of Central Asia*,Vol.5.,p.388.

一种特殊的暗色和产生一种光泽。在这些地方出土的地毯实物所呈现出来的颜色高达到 18 至 24 种。[1]

我们还没有见到这一时期有关俄国印染业的记载，不过，俄国在入侵乌拉尔山以东之前，缺乏植物染料，这一点从中亚与俄国的贸易中就可以得知。当时，靛蓝是中亚向俄国出口的重要商品之一，布哈拉富人曾大量囤积靛蓝，伺机赚钱。俄国在侵占乌拉尔山以东地区以后，特别是在解决了乌拉尔山到俄国西部的交通问题之后，就解决了印染原料不足的问题。俄国当时用于染色的植物达到了 15 种。

此外，中亚的造纸业也处于世界领先水平。撒马尔罕和布哈拉制造的书写用纸在 17 世纪下半叶就被认为是世界上最好的纸，远销欧洲各国。

16—17 世纪，中亚在这一时期内优于俄国的手工业还有采矿业。中亚地区矿藏丰富，自古以来采矿业就很发达，特别是在中亚南部地区有巴达克山、克什米尔和马什哈德等几大矿区。巴达克山境内（除高山外）的天青石矿从古代起就大量开采并输出到西亚和北非，在巴达克山开采的半宝石大部分出口到俄国。此外，巴达克山还以生产红宝石闻名，虽然红宝石矿蕴藏于巴达克山外的什克南（Shughnan）山中。[2] 克什米尔山区富有优质铁矿以及金矿。呼罗珊地区的矿产资源也十分丰富，马什哈德郊区和尼沙普尔可以采到最好的宝石，还有绿松石矿，特别是阿布尔·拉札克（'Abdu'l Razaq）出产的绿松石最好。由于盛产绿松石，因此，宝石切割也成为马什哈德的重要行业。大量绿松石经布哈拉运往俄国和欧洲其他国家，其他优质宝石经赫拉特和坎大哈出口到印度等地。在紧靠马什哈德城的郊区还有丰富的铜矿和铅矿。

俄国的采矿业在 16 世纪远远落后于中亚。16 世纪末期，俄国人越过乌拉尔山，将西西伯利亚汗国灭亡以后，俄国的采矿业得到发展，

---

〔1〕C. Adle Irfan Habib：*History of Civilizations of Central Asia*，Vol. 5. ，p. 686.

〔2〕C. Adle Irfan Habib：*History of Civilizations of Central Asia*，Vol. 5. ，p. 234.

并逐渐赶上和超过中亚。西伯利亚被俄国兼并以后,俄国矿产种类增加。乌拉尔和西伯利亚有储量很大的金、白金、铁矿、铬矿、碱、硫酸、盐酸、蓝矾、绿矾等矿藏资源。乌拉尔山区的铁矿埋藏浅,易开采,铁矿品位高,在韧性和柔软性方面可与当时欧洲最好的瑞典铁相媲美。乌拉尔山脉的铬是加工盐时不可缺少的添加原料。由于乌拉尔和西伯利亚这些新征服地人烟稀少,交通不便,因此难以大规模地进行开采和利用。到18世纪,俄国吞并小玉兹、中玉兹哈萨克以后,这一地区的交通得到改善,俄国也开始了较大规模地开发这些地区的矿藏资源。

俄国在17世纪末期超过中亚的手工行业的有武器制造和建筑业。在中亚,无论在城镇还是在草原,武器制造都有着悠久的历史。像撒马尔罕、赫拉特、布哈拉和塔什干这样的大城市是武器和盔甲制造的重要中心。中亚制造的武器有弓箭、长矛、剑、马刀、匕首、长柄战斧、圆锤、棍棒、喷火器和云梯,以及盔甲和头盔等等。另外,锁子甲、装甲板和头盔是保护身体和头部免受兵刃和火器伤害的武器,那些装备精良的武士,其马的头部和身体的重要部位也用盔甲保护起来。布哈拉人擅长于武器制造。据说在布里亚特(Buriat)民族史诗中,对布哈拉弓的称赞声一直远扬到西伯利亚,[1]布哈拉人制造的弓盒和皮革箭袋还以银和宝石装饰。在这一时期,中亚已经开始使用火炮,巴布尔在提到赫拉特的帖木儿王朝统治者速檀·忽辛·米尔咱(Sultān Husayn Mīrzā)于1495—1496年围攻希萨尔时,使用了一门火炮(qazān)。[2] 巴布尔还提到有一位铸造大炮的工匠师傅阿里·库里(ʿAlī Qulī)。由于《巴布尔回忆录》一书缺1508—1519年这一段时间的记载,而这11年正是中亚火炮取得重大发展的时期。巴布尔只是说了在1500—1501年的撒马尔罕战争中使用的武器是箭和弓。[3] 在1508年(巴布尔回忆录的第一部分写到这一年),无论是巴布尔还是他的对手在任何一次战役

---

〔1〕C. Adle Irfan Habib:*History of Civilizations of Central Asia*,Vol. 5.,p.41.

〔2〕在〔印度〕巴布尔:《巴布尔回忆录》中 *qazān* 一词指大炮,当点燃一块石头时 *qazān* 发生爆炸。

〔3〕〔印度〕巴布尔:《巴布尔回忆录》(第136页)记载:敌我双方的人员从各自的一方出动,互相射击;敌人在壕沟后面几次大声呼喊战斗口号,对我方密集放箭。

中都还没有使用过大炮或者毛瑟枪。十多年以后,当巴布尔于 1525 年进入印度时,他已经有火绳枪了。[1] 在这一时期,我们未看到有关中亚制造火炮的记载,即使有制造火炮的事,其师傅也应该是从西方来的。因此,在 17 世纪后期,中亚在火炮的制造上可能晚于俄国。

俄国制造的武器有刀、箭、铠甲和火炮,尤其是铠甲和制炮享有盛名。莫斯科有专门的枪炮作坊,制造大炮和生产火药。17 世纪的土拉是俄国大规模的武器生产中心。但是,由于俄国的铸铜生产发展缓慢,影响了火炮的生产。不过, 17 世纪俄国在武器制造上开始显示出优势,这一点从哈萨克汗特夫克勒向俄国要求武器支援,以对付布哈拉汗国一事也可以反映出来。

中亚诸汗国的建筑业在吸收了帖木儿时代的许多成就之后,于16—17 世纪繁荣起来。考古研究证实,16 世纪时,中亚的建筑行业分工很细,有设计师(也是建筑物的评估员)、建筑师、泥水匠、砌砖工、生产瓷砖的工匠、雕刻石匠、烧制和雕刻石膏的工匠、艺术装饰师、石匠和木匠等等专门的技术人员。当时的建筑师已经总结出可以按多种方式变化的标准设计体系。乌兹别克斯坦科学院东方研究所保存着 4 张16 世纪的蓝图,它们是布哈拉建筑师设计的修道院(khānanqāhs)、大旅店(ribāt)和水库(sardāba)。每一幅设计图都画在非常正规的方形坐标图上,作为建筑模式来用。乌兹别克斯坦卡瑙巴扎(Qaraul)的大旅店遗址几乎与大旅店的设计图完全一致,另外 3 幅设计图也与现存的 16 和 17 世纪时的遗迹类似。[2] 雕刻石膏工匠熟知装饰及结构知识和雕刻技术;木匠(与石匠一起)承担所有木质原料的加工;制作各种木部件、挑横梁和铺设地板、上门以及给门板、窗板雕花等。当时,建造圆屋顶的建筑师最有名气。

这一时期中亚普遍使用的建筑材料是粘土(pisé,晒干的砖和灰

〔1〕〔印度〕巴布尔:《巴布尔回忆录》(第463页)记载:巴布尔访照奥斯曼土耳其的惯例,用生牛皮制的绳索代替链条,把车子绑在一起;在每两架车子之间安五六个挡箭牌,射手们就站在车子和挡箭牌的后面发射火绳枪。

〔2〕Necipoglu ,G. *The Topkapi Scroll-Geometry and Oeometry and Ornameni in Islamic Architecture*. Santa Monica, Calif. pp. 8 – 14.

泥),大型建筑物用烧砖与石膏灰泥建造。建筑装饰用瓷砖(上釉砖、花饰釉陶及有雕刻的镶嵌板)、雕花石膏、木(偶尔也有石)浮雕;建筑内部还有装饰画。装饰物以多种形式的几何图形、碑铭及程式化的植物图案为特色。

俄国建筑业在这一时期也有很大的发展。俄国最出色的世俗建筑之一——克里姆林宫建筑群中的寝宫,就是建于 1635—1636 年。它是一座 5 层梯形结构的建筑,每一层周围都有露天走廊,第三层和第四层都是居室,有不高的拱门。门窗有精致的雕刻,屋顶镀金,墙壁饰以彩色花纹,当时被人们称之为"奇妙之极的宫殿"[1]从 17 世纪下半叶起,俄国石砌的住宅多起来了,贵族的住房修饰开始成为贵族地位的标志之一。临街的大门盖成有门顶的完整建筑物,一些门顶还盖了塔或楼。[2] 到 17 世纪,中亚建筑业与俄国也不相上下,各有特色。

尽管中亚手工业的某些行业在生产能力和生产水平上优于俄国,但是,手工业生产仍然以小作坊为主,而且,手工业者的组织也处于封建社会的行会阶段。16 世纪手稿中的几幅袖珍画反映了当时作坊的情况:铁匠铺的设备有炼炉、风箱、铁砧、槌棒和火钳,[3]铁匠铺至少由 3 个人组成,除了工匠师傅外(他负责最关键的成形工序),还有一位打铁的助手和一位拉风箱的学徒。手工业组织在俄国称公会,或同业公会,在 17 世纪末俄国还出现了手工工场。尽管如此,当时的俄国工场数量极少,技术落后,不能代表这一时期的俄国手工业的组织形式。

从中亚出土的城镇考古遗址分析,在 16—17 世纪,手工业专门化的倾向已经表现出来。在中亚的城市涌现出了专门居住某一手工业者的地区,比如在布哈拉就有以行业命名的区,如锅炉工匠区、针匠区、陶工区、皮匠区、煮皂工匠区、毛皮衣制作工匠区等等。[4] 珠宝商通常住在市中心附近,铸铁师傅一般是住在郊区,因为该行业的工作需要很大

---

〔1〕〔俄〕M.P.泽齐娜,科什曼,舒利金:《俄国文化史》,刘文飞、苏玲译,上海译文出版社,1999 年,第 104 页。

〔2〕孙成木:《俄罗斯文化 1000 年》,东方出版社 1995 年版,第 72 页。

〔3〕C. Adle Irfan Habib:*History of Civilizations of Central Asia*,Vol. 5. , p.382.

〔4〕Sukhareva, O. A. *Pozdnefeodal'ny gorod Bukhara*. Tashkent, 1976, pp. 278 – 280.

的地盘。[1] 此外,住在郊区的还有陶工、皮匠和制毡工,他们一般住在紧靠河水的地方。制纸工和烧炭工也住在城外,铁匠往往住在城门入口附近。

手工业行会的组织比较严密,每一个行会都有得到政府认可的行会会长乌斯达德(ustād)进行管理。从陶工手工行会的章程(risālas)来看,行会会长由行会会议选举产生,一般不直接参与生产劳动,其职责是监督行会生产的产品质量,保证达到公认的标准;分配和征收政府规定的税款;给行会学徒指定传授技术的师傅等等。[2] 有的行会会长利用其在行业中的职权谋取个人利益,拥有大量财富。16 世纪下半叶至 17 世纪上半叶的一份撒马尔罕文件中,有对已故行会会长唐格里·贝尔迪(Tangri Berdi)的报道。据文件记载,他的庄园包括一幢带外屋和庭院的房子、一个磨房、男女奴隶各两人、一匹马、手头的现金数是 200 腾格金,还有 400 匹布、200 公斤丝和一个作坊。行会会长致富的手段很多,其中承包产品和放债是两种主要手段。会长利用职权将行会的产品全部买下,然后转售出去;富裕的会长还会将钱放债。在上述会长唐格里·贝尔迪的债务人中甚至还有宗教界首领。[3]

行会中的大多数手工师傅均亲自从事生产活动,他们有助手,有一个或多个学徒。他们的经济状况差别很大,如珠宝匠、武器制造工、金属工匠和纺织工属于比较富裕的工匠之列,而制毡工人是最贫穷者。行会中还有雇佣工人,他们住在师傅家中,只有完成了指定的任务才能获取工资。[4] 有关行会学徒的一些记载表明,学徒的收留有一定的程序,有的仅是由师傅和学徒达成口头协定;有的则比较正规,师徒双方要起草有关学徒期的书面条款。

俄国的手工业者也组织了自己的公会,如木匠、铁匠、建筑工、砌石

〔1〕Sukhareva, O. A. *Pozdnefeodal'ny gorod Bukhara*. Tashkent, 1976, p. 110.

〔2〕C. Adle Irfan Habib: *History of Civilizations of Central Asia*, Vol. 5., p. 381.

〔3〕Mukminova, R. G. *Ocherki po istorii remesla v Samarkande i Bukhare v XVI v.* Tashkent. 1976a, pp. 45 – 68.

〔4〕Mukminova, R. G. *Ocherki po istorii remesla v Samarkande i Bukhare v XVI v.* Tashkent. 1976a, pp. 45 – 68.

工等都组织了本行业的手工业者公会,专业工匠都加入到其中。在莫斯科、普斯科夫和其他各大城市,手工业者还与商人联合成"一条街"、"同业公会"、"市场"、"行会"、"团伙"等等。公会拥有自己的财库,推举公会会长,会长称为工长。公会的职责是:遵循本会规矩,保护本会成员;联系贸易地点、监视重量和长度单位,监视市场和贸易情况。城市里的手工业者的公会组织大多数是在教堂附近,同一专业各个公会联合形成同业公会。从 17 世纪上半期开始,俄国手工业有了新的发展,出现了第一批手工工场。但是,工场发展迟缓,到 17 世纪末尚不足30 家。手工工场基本还是封建农奴制的作坊,技术低下,效率不高。[1]俄国"工场手工业"时期是 18 世纪初从彼得一世执政时期开始的。

在对农业和手工业进行比较之后,再来看一下中亚诸国与俄国这一时期的商业情况。

城市手工业的发展,刺激了商贸的增长。16 世纪,中亚的商业活动已经从 15 世纪的衰落中恢复过来了。手工业者、农民以及牧民们的产品主要是在国内市场上销售,中亚诸汗国之间贸易继续发展。在这一时期中,中亚区域性经济交流频繁。布哈拉城、撒马尔罕城与花剌子模、赫拉特、巴尔赫、塔什干等中亚城市有着密切的经济和文化交往。17 世纪,布哈拉商人曾到希瓦去采购丝绸。布哈拉与希瓦之间的贸易有沿陆路长途跋涉进行的,也有经水路的,尤其是利用阿姆河。例如,满载着玉米的船只从帖儿穆兹(Termez,该地的玉米长势良好,而且早熟)的克利夫(Kelif)码头出发驶向花剌子模。花剌子模商人从布哈拉购买有图案、条纹或印花的面料。他们在俄国出售的印花布、赞丹尼奇布、卡尔巴丝、长袍成衣,原棉和靛蓝都来自布哈拉。[2] 布哈拉市场上的大多数奴隶和原丝是来自花剌子模市场。[3] 哈萨克人与希瓦和布哈拉也有着频繁的交往。塔什干城通向撒马尔罕之路的城门,被称为

---

〔1〕徐景学:《俄国史稿》,第 72 – 74 页。

〔2〕某个花剌子模人于 1619 年带到喀山 588870 匹和 1149 匹 zandānīchī(zenden),还有以同样面料制成的有腰带的长袖衣服 6～15 件。

〔3〕有关花剌子模—布哈拉贸易的进一步资料,见 Burton, A. 1997. *The Bukharans, a Dgnastic, Diplomatic and commercial History* 1550 – 1702. London, pp. 349,477,436 – 438.

撒马尔罕门(Samarqand Darwāza),该名一直沿用至今。塔什干城内和郊区建有许多为各国商人提供服务的旅馆。哈萨克人和吉尔吉斯人都是游牧民,他们在布哈拉市场上销售牲畜、毛皮和奴隶。哈萨克人或者亲自把货物发送到布哈拉、希瓦、俄国、西伯利亚或中国,或者把货物发给布哈拉中间商,以换取原料、成衣、面粉、蒸煮罐、缝纫用品和装饰品,还有武器等[1]。布哈拉与哈萨克草原居民之间的贸易量很大。

这一时期,中亚的对外贸易也很繁荣。中亚诸城市通往阿富汗、印度、波斯和土耳其等商业中心的商路十分畅通。

在东北方,中亚诸城市与西伯利亚城市进行贸易。由于西伯利亚地区没有制造业,中亚一直是该地区手工业产品的供应者。在莫斯科征服西伯利亚汗国之后,这种贸易关系不但没有减弱,反而进一步加强了。河中地区用本地的手工业产品,特别是纺织业产品供应哈萨克和西西伯利亚,补充了草原的游牧经济。17世纪后期,布哈拉中间商在西伯利亚销售赞丹尼奇布、卡尔巴丝和印花布。哈萨克商人常常把西伯利亚的毛皮、染料和石蜡等商品带到中亚南部的市场上出售。

在东方,布哈拉与中国西北地区继续着自古以来的传统贸易。由于布哈拉商人经常到中国境内贸易,所以,波斯人向他们打听中国的情况。1619年,波斯沙赫阿拔斯一世(1587—1629年)邀请布哈拉和撒马尔罕商人到他的宫廷,询问他们商队到中国的经商路线和往返所需时间[2]。居住在吐鲁番的布哈拉人充当着准噶尔人的贸易代理人。准噶尔人首领鄂齐尔图于1675—1676年间曾把毛皮、奴隶和马匹让布哈拉商人带到北京销售[3]。布哈拉人还把叶尔羌玉带到中国内地作为向中国皇帝进贡的贡品,这些贡品帮助他们获得了贸易权。

在南方,布哈拉、撒马尔罕与印度的主要商业中心有着品种繁多的商业贸易。在阿布杜拉二世时期,来自白沙瓦、德干和古吉拉特的商人

〔1〕关于游牧民与布哈拉贸易的更多的情况,见 Burton, A. *The Bukharans, a Dynastic, Diplomatic and Commercial History* 1550—1702. London,1997,pp.427–434.

〔2〕C. Adle Irfan Habib: *History of Civilizations of Central Asia*, Vol.5, p.413.

〔3〕C. Adle Irfan Habib: *History of Civilizations of Central Asia*, Vol.5, p.413.

带着自己的商品到呼罗珊及与印度毗邻的中亚诸城出售。有关16世纪的文献提到,中亚有来自印度的各种布匹、羊毛织品、紫靛、糖、香料和草药等等。在布哈拉和塔什干都建有专为印度人住宿的大旅店,布哈拉还专门划出一个印度区,由印度商人和借贷者居住。

在西方,布哈拉商人与土库曼人进行着可观的贸易,土库曼人从布哈拉商人那里购买的商品主要是棉纺织品;而土库曼人为河中市场提供的商品主要是特殊的良种马。[1] 布哈拉和撒马尔罕商人在伊斯法罕、阿斯特拉罕、巴库和其他城市都有自己的专门旅馆。

在西北方,经花剌子模的几条主要商路可以抵达伏尔加河下游,并直达东欧。随着俄国的东扩,16世纪下半叶,中亚与俄国的商业联系活跃起来。来到莫斯科的中亚商队中,不仅有布哈拉汗派来的,而且还有中亚望族赘巴依·谢赫家族派来的。在阿布杜拉汗的统治时期,英国商人詹金森(伦敦贸易公司驻莫斯科的代表)对中亚的旅行大大推动了两国之间的贸易往来。詹金森于1558—1559年随一支由1000只骆驼组成的商队来到希瓦,他持有伊凡四世的特别证书。当詹金森回国时,随他同行的有布哈拉、巴尔赫与乌尔根奇向伊凡四世派遣的大使。阿布杜拉为使中亚商人取得在俄国城市的贸易权,多次向莫斯科派遣外交代表团。在喀山和下诺夫哥诺德有常设的布哈拉商人区。17—18世纪,通往伏尔加河下游的道路,对中亚贸易的意义日益重大,俄国与中亚的经济交往更加密切,每过五六年就有布哈拉和希瓦的使节团到莫斯科或圣彼得堡。

俄国商业的发展因国内落后的交通状况而受到一定的限制。由于俄国沼泽地多,陆路交通不畅,畜力车运行缓慢,国内的运输业长期依靠水路。水路运输以内陆河为主,但河流中的石滩、浅滩和冲积沙层阻碍了船只的航行。伏尔加河浅滩很长,顿河的冲积沙层多,通过内陆河运输是困难的。在16—17世纪,客船溯流而上每昼夜平均可行25～

---

〔1〕C. Adle Irfan Habib:*History of Civilizations of Central Asia*,Vol.5,p.419.

46 俄里（约 27～53 公里），顺流而下为 44～85 俄里（约 51～90 公里）。[1] 尽管如此，15 世纪后半叶至 16 世纪初，俄国农村小集市得到发展，农民、手工业者和商人定期到靠近商道的村内集市进行买卖。在这些有集市的村庄中住着铁匠、陶器匠、皮靴匠、鞍匠、制木桶匠、制熟羊皮匠、裁缝和木匠等。他们在家内制作产品，在长凳上做买卖。由于道路不畅和河运的季节性，以及居住分散和人口密度小等因素，制约了固定贸易，批发商不能直接向数千万农民购买农产品，因此行商非常活跃。他们收购零星农产品，以及蜂蜜、蜡、山禽、细毛、鬃、兽皮、粗麻布、碎布、废金属、脂肪、大麻纤维、水果、牲畜等等，待某种商品积累到一定量时再转卖给较大的商人。因此，他们成为农业生产者和商人间、偏乡僻壤与商业中心间、城乡间的联系环节。

在对外贸易方面，俄国与西方的贸易获利较小。主要原因是，（1）受地理条件的限制，俄国通往西方的通道有两条：一条是经波罗的海，与瑞典和波兰交往；另一条是由黑海南下，与鞑靼人和土耳其人买卖。白海港濒临一年之中有四分之三时间封冻的北冰洋，不利于海上航行。黑海是内海，与最活跃的海上通道相隔甚远。由于这些地理因素，俄国的对外贸易大多掌握在外国商人之手，俄国商人所起的作用，仅限于在边境港口与外国商人做买卖，降低了俄国商人的商业利润。（2）俄国落后的商业贸易形式在与西欧诸国的交往中处于劣势。16 世纪西欧经历了重商主义时代，在此期间，西欧国家都建立了强大的商船队，进行远洋贸易，代表各国商业资产阶级的组织和机构遍布世界许多地区。西欧国家广泛采用公司贸易的形式，从事大规模商业活动。俄国却仍以集市贸易为主，大多数集市具有季节性和不稳定性，严重阻碍了商业的发展，不能与西方公司贸易竞争。（3）在这一时期内，西欧国家的工场手工业已经得到极大发展，商品生产成为国家经济生活的中心。毛织品的生产和出口成为西欧国家，特别是英国财富的主要来源。而俄

---

〔1〕〔前苏联〕Л. В. 杜洛夫：《地理环境与俄国历史（15 世纪末—19 世纪中期）》，莫斯科科学出版社，1983 年，第 122 页。

·欧·亚·历·史·文·化·文·库·

国却保留了农业国的特色,出口欧洲的是廉价的谷物、木材、牲畜,价格高昂的制造品根本无法打入西欧市场。在贸易中,进入俄国的西方商品有英国、荷兰等国运来的毛、丝织品、军火、五金器皿等;俄国出口西欧的商品有大麻、亚麻、沥青、毛皮等。不难看出,俄国正在成为西欧国家的原料供应地和工业品销售市场。

这一时期,俄国与东方的贸易是获利的。俄国与东方的贸易在金帐汗国统治时期已经开始,13—14世纪旅行家在咸海旁的大商业城市乌尔根奇遇到了罗思人。以后,随着俄国领土的扩张,俄国与东方的贸易在16—17世纪期间得到加强。沿伏尔加河到高加索和中亚各国的贸易渠道畅通,俄国与中亚各汗国及中国的贸易频繁起来。罗思商人在萨莱城收购经中亚运来的丝绸、织物、染料、香料、调味香料和其他物品。除了原来的商路外,由于兼并了喀山汗国和阿斯特拉罕汗国,里海沿岸的贸易得到极大的发展。俄国出口毛皮、武器、皮革制品等到中亚,而从中亚进口棉布、丝织品、香料等等。俄国从西伯利亚取得了大量皮毛,因而在与西欧和中亚各国的贸易中,用皮毛赚取了可观的外汇。据统计,在16—17世纪,俄国皮毛的出口收入约占整个俄国外汇收入的三分之一。

随着俄国向亚洲的迅速扩张,17世纪,沙俄在西伯利亚建立了数十个城寨,其中有1632年在勒拿河上建成的雅库次克,1654年在中国的尼布楚城址兴建了涅尔琴斯克,在黑龙江与额木尔河交界口东岸的阿尔巴津,即雅克萨城址。这些城市以后成为俄国与东方经济交往的基地。1680年北亚上缴沙皇国库的皮毛价值占年度预算的12%。此外,俄国还取得了大量可代替象牙的海象牙,以及海兽油、各种丰富的矿藏和森林资源。

17世纪后期,俄国为了追求贸易利益,不断有使者和商人来到中国。俄国与中国的贸易在15世纪末至16世纪初是通过中亚诸城市,如布哈拉进行的。以后,俄国通过西伯利亚的城市与中国贸易。1656年3月,以贝科夫为首的第一个俄罗斯使团抵达北京,他们的任务之一是与中国进行贸易。贝科夫一行在北京住了半年,回国后,贝科夫大力宣扬中国的富裕,说中国遍地都是丝绒、绸缎、宝石、珍珠、白银和香料,使俄国人更加向往与中国的贸易,俄国对中国的贸易由此进一步扩大。1655 年,有 900 匹中国棉布运到托博尔斯克,到 1668 年这一数字增加到 5664 匹[1] 1668 年俄国使者阿勃林来华携带毛皮、呢绒、红珊瑚珠、望远镜、自鸣钟等商品到中国。在中国换取金、银、锦缎、棉布,中国的金银成了俄商猎取的主要目标。俄国与中国的贸易最初是私营,以后沙俄政府发现对华商业贸易有利可图,遂实行垄断制度,派官方代表或地方官员组织商队。1698—1718 年,就有 10 个俄国国家商队到过北京。沙皇曾下令,西伯利亚地方当局不得阻挠到华从事商业活动的商人,以此鼓励和推动对华商业贸易,并从中获取巨额利润。1697 年俄国对华输出货物总值为 24 万卢布,超过俄国对中亚贸易的总值。

综上所述,在 16—17 世纪期间,中亚哈萨克、希瓦和布哈拉 3 个汗国社会经济的发展状况几乎与俄国没有多大的差别,它们都处于同一个发展水平上。中亚诸汗国在手工业的某些行业方面也许还表现出更高的技艺。用当时人的眼光来看,1500 年时的世界,中亚诸汗国在许多方面还使俄国相形见绌。但是到 18 世纪初期,俄国在彼得改革以后逐渐向西方靠拢,遂与中亚诸汗国拉开了距离。在 18—19 世纪的 200 年间,双方的差距已经十分明显了。

---

[1][前苏联]普·季·雅科夫列娃:《1689 年第一个俄中条约》,商务印书馆,1973 年。

·欧·亚·历·史·文·化·文·库·

5 中亚诸汗国与俄国关系

在 16 世纪中叶以前,中亚 3 个汗国与俄国的领土没有接壤,除了哥萨克人对中亚北部哈萨克草原和希瓦汗国西北地区的侵扰外,中亚汗国与俄国之间没有发生直接的武装冲突。16 世纪中叶以后,中亚北部与俄国发生一些冲突,中亚南部与俄国一直处于和平交往的状态。中亚诸汗国在经济上与俄国保持着频繁的商业往来,在政治上双方开始了使节互访。

5.1 冲突与和平交往

在 16 世纪中叶以前,中亚 3 个汗国与俄国的领土没有接壤。中亚西北部与俄国隔着喀山汗国和阿斯特拉罕汗国;在中亚北部和东北部,西伯利亚汗国将两者分开。在这一时期内,除了哥萨克人对中亚北部哈萨克草原和希瓦汗国西北地区的侵扰外,中亚腹地与俄国之间没有发生直接的武装冲突。16 世纪中叶,俄国灭喀山汗国和阿斯特拉罕汗国,此后,哈萨克汗国在西部、希瓦汗国在西北部分别与俄国东部和东南部领土接壤。1558 年,沙皇伊凡四世把乌拉尔山脉地带及其以东所有能够征服的地方作为封地赐给了原居卡马河谷的斯特罗戈诺夫家族,让他们守卫俄国的东部边界。20 年以后,斯特罗戈诺夫家族成员率领一股哥萨克流寇,侵占了西伯利亚汗国的部分领土。1587 年,俄国完全征服了西伯利亚汗国。至此,哈萨克汗国在北部和东北部开始与俄国接壤,两国之间发生了直接冲突。

哈萨克汗国与俄国之间的武装冲突主要是因哥萨克人蚕食哈萨克人的牧地而引起的。在 16 世纪初期,哈萨克人游牧的范围非常广阔,在伏尔加河与额尔齐斯河之间、土库曼沙漠和阿拉套山以北的草原都是他们的牧地。随着俄国对喀山汗国和阿斯特拉罕汗国的征服,乌拉尔山以西的领土被俄国占领,哈萨克人在西部的放牧地退缩到乌拉尔山及乌拉尔河以东。在莫斯科大公瓦西里三世统治时期(1505—1533年),哥萨克人越过了乌拉尔山脉,不断进犯山脉以东的哈萨克人。16世纪末,俄国在吞并西伯利亚汗国西部以后,开始从这里南下,以蚕食方式侵占了哈萨克汗国西北部和东北部的牧地,由此引发了哈萨克汗国与俄国之间的冲突。

第一次冲突发生在 1588 年。在冲突中,俄国督军丘尔科夫俘获了哈萨克汗特夫克勒的侄儿乌拉兹·穆罕默德,并将其押送莫斯科。特夫克勒于 1594 年派一位使者前往俄国,要求释放乌拉兹·穆罕默德。为了对付河中地区的乌兹别克人和西伯利亚汗国库程汗,特夫克勒表示愿意臣服俄国,但是,前提条件是要俄国给他提供武器。1595 年,俄国沙皇给特夫克勒复信,要求他送儿子胡赛因到俄国为人质,然后才能释放他的侄儿乌拉兹。该信是由俄国使者维里雅米尼斯切班诺夫送来的,同时他还给特夫克勒送来了一些火枪。收到这些武器之后,特夫克勒并没有满足俄国人提出的任何要求。

在 17 世纪中叶,哈萨克汗国面临的外部环境极为严峻。除俄国从北方的蚕食外,还有准噶尔人在其东面的入侵和土尔扈特人在其西面的袭击。在这些威胁中,准噶尔人的冲击最为严峻,哈萨克人无力抵抗准噶尔人,只得四处逃亡。在经济上处于困境的这些哈萨克人经常抢劫过往商人,常常把抓到的西伯利亚人运往俄国奴隶市场出售,又把捉到的俄国商人带往中亚市场出卖。

俄国在 17 世纪中叶开始南下哈萨克草原。1631 年,俄国侵占了安加拉河与奥卡河汇合处的奥斯特罗格,开始向该地居民征收赋税。[1] 俄国征服西伯利亚汗国以后,哈萨克人在额尔齐斯河畔的牧地也被俄国侵占了。对此,哈萨克人曾采取过武力回击。1680—1682年,哈萨克人进攻额尔齐斯河中游左岸的亚梅什湖附近地区,袭击俄国

---

[1]Dunmore,*The Earl of The Pamirs*,2vols. p. 311.

人在托博尔斯克附近的塔尔汗要塞及乌捷斯克村和亚卢托罗村。为此,俄国方面派出了以费多尔斯基宾为首的使团前往突厥斯坦城与哈萨克头克汗谈判。"但是这个外交使团没有得到彼得所期望的结果。在汗主持下所召开的酋长联席会议上主张与俄国进行战争的人占了上风,俄国外交官被当做战俘而拘留,后来很艰难地去了布哈拉,从那里返回俄国。"[1]

在这一时期,除了与哈萨克人的这些冲突外,俄国与希瓦汗国也发生了武装冲突。这些冲突也是由哥萨克人引起的。俄国在征服喀山汗国和阿斯特拉罕汗国以后,其东南边界线延伸到乌拉尔山和乌拉尔河一带。哥萨克酋长纳查斯塔瑞斯科依和他的同伙从乌拉尔河前哨基地出发向南入侵希瓦汗国。1603 年,10 名希瓦商人去俄国做生意,途经乌拉尔河畔时,遇到了 1000 名哥萨克人。哥萨克人杀了 8 名希瓦商人,剩下的突厥斯坦商人为哥萨克人带路攻乌尔根奇。他们一直打入希瓦汗国的心腹地区,劫掠了首都乌尔根奇。《突厥世系》一书记载了这次侵袭的过程:"在阿拉不·穆罕默德即位(1602 年)6 个月后,乌拉尔流域的一千名俄国哥萨克于六月初突然前来袭击乌尔根奇,当时城中只有下层民众的居民,因为汗的斡耳朵和所有的军队都在阿姆河河畔。俄罗斯人在城中屠杀了一千多人,掳走一千多名少男与少女。将最珍贵的东西装载了一千多车,其他的全部付之一炬,……干完这些事后,他们就出了城,来到河边。然而,由于他们在城中逗留了七天,因而在希瓦得到快骑传报的阿拉不·穆罕默德得以及时赶到乌尔根奇。为切断他们的退路,他下令挖掘了一条壕沟,在他们的必经之路上筑起一道壁障。俄罗斯人战斗了两天,到第三天他们攻破了壁障,冲了过去。俄罗斯人全是徒步。我们的人全部骑在马上,急速行进了两个法尔萨克(1 法尔萨克 =6～7 公里),再次挖掘了一条壕沟、修筑了一道壁障。我们的人打算乘俄罗斯人正在沙漠里而且仍很炎热的时候就制伏他

〔1〕《哈萨克共和国史》(俄文版),第 112 页,引自厉声:《哈萨克斯坦及其与中国新疆的关系(15—20 世纪中期)》,第 71 页。

们。……到了第五天,他们连血水也没得喝了。而乌兹别克人则从四面八方向他们发动攻击。……到第七天,乌兹别克人一下子摧毁了他们的防线。抵达车辆跟前后,他们下马冲入敌方营地,用战刀向敌人乱砍。然而,有大约一百个俄罗斯人,在我们的人正忙于掠夺战利品的时候,成功地脱逃出去……被围困 15 天后,他们的小木堡终于被攻破。"[1]以后,哥萨克人又发动过类似的侵袭掳掠,但是都被希瓦汗国军队打退。这种状况持续了大约 100 年。

尽管发生了一些小的冲突,但是,在 16—17 世纪期间,布哈拉汗国和希瓦汗国与俄国开始了正式的使节访问。使节互访涉及的内容集中在两国之间的贸易、释放俄国奴隶、中亚穆斯林途经俄国前往麦加朝圣,以及俄国经中亚南下印度洋的道路等等问题。

在俄国与中亚汗国的使者互访中,谈论较多的是俄国奴隶问题。俄国与中亚诸国就此问题进行了长达近两个世纪的交涉。这一问题的起因是由詹金森访问中亚引起的。[2] 1555 年 2 月 6 日英国女王玛丽签署特许状,在伦敦成立了"莫斯科贸易公司"。莫斯科贸易公司成员安东尼·詹金森作为俄国代理人于 1558 年来到中亚,他对布哈拉和希瓦两个汗国的访问标志着中亚与俄国之间开始了正式使节的访问。詹金森访问结束返回俄国之时,赎回了在中亚做奴隶的 25 个俄国人,从此,沙皇政府开始关注中亚的俄国奴隶这一问题。俄国统治者关注这些俄国奴隶的用心有二,一是要在欧洲人眼中树立反对奴隶制的形象;二是以此为由干预中亚事务。

奴隶不仅是值钱的商品,而且也为俄国经济的发展提供了最廉价的劳动力,因此,奴隶贸易在俄国历史悠久。在基辅罗斯时代,奴隶贸易就是罗斯大公们致富的主要来源之一,至少在 9 世纪罗斯大公们就开始把奴隶卖给拜占庭,以及其他东、西方买主。在贸易中心保加尔城和伊蒂尔城有出售奴隶的市场,以后,喀山和阿斯特拉罕城的奴隶市场

---

〔1〕阿布尔·哈齐·把阿秃儿汗:《突厥世系》,第 261－262 页。
〔2〕阿布尔·哈齐·把阿秃儿汗:《突厥世系》,第 12 页。

也很繁荣。在罗斯公国时代,俄国奴隶的来源主要是基辅大公与其他罗斯国战争的俄罗斯战俘,以及抓获的亚洲游牧者。当时把抓到的异教徒作为奴隶出售是理所当然的事情,俄国的东正教徒往往把抓到的其他教派的基督教徒卖给穆斯林做奴隶。随着俄国向东扩张,俄国商人把俘获的亚洲人作为奴隶在俄国市场上出售。哈萨克商人和布哈拉商人也到俄国市场购买奴隶。沙俄政府垄断了奴隶输出,沙皇常常把奴隶输出作为特权授予中亚商人,给他们颁发特许证,允许他们在俄国购买奴隶。

俄国使用奴隶和买卖奴隶的现象直到17世纪还很普遍。17世纪中叶,布哈拉汗纳迪尔·穆罕默德(1642—1645)曾写信给沙皇说:"你写信给我们说,我们应该释放在布哈拉的和我们其他城市的俄国百姓及俄国战俘,并把他们送到俄国,而不管他们是由于其所作所为而受罚和处在束缚之中。我们得知这样一个事实,即在你的国家,以上帝的旨意有许多诺盖米尔咱的百姓和他们的穆斯林法律法定的部落地区;我们是穆斯林,诺盖人也是穆斯林,诺盖米尔咱与我们的祖先一道游牧,他们之间存在着友谊和爱护,我们现在请你同样也命令挑出你国家的诺盖俘虏们,并让他们自由,让他们到我们国家来。当你……采取这一有益的行动时,我们也将挑出在我们国家的所有俄国俘虏并让他们自由。"[1]莫斯科断然拒绝接受这项主动提出的交易。到17世纪末期,托博尔斯克城和阿斯特拉罕城已经成为俄国买卖奴隶的主要市场。在俄国1808年的法令中,对俄国士兵购买年轻的哈萨克姑娘一事给予认可,而这样的交易在奥伦堡迟至1818年还在发生。[2]俄国征服希瓦汗国以后,希瓦汗国的奴隶市场转到了布哈拉,布哈拉的奴隶市场依然很兴旺。当美国人斯凯勒于1873年8月在布哈拉时,他亲自在该城的市场上买过一个波斯奴隶,但由于政治关系未能将这个奴隶带走。后来,他又假仆人之手买了另一个奴隶,并把他带到了塔什干,后来又带

---

〔1〕阿布尔·哈齐·把阿秃儿汗:《突厥世系》,第16页。
〔2〕阿布尔·哈齐·把阿秃儿汗:《突厥世系》,第17页。

到了圣彼得堡。[1]

沙俄政府别有用心地一再向中亚诸国提出释放俄国奴隶的原因，是想以此为由干预中亚事务。18世纪以后，在以外交方式攫取中亚利益进展不顺利之时，俄国统治者便以此为借口挑起战争，企图通过武力方式获取外交上未能获得的利益。由于中亚存在着奴隶制，对中亚诸国采取军事行动进行惩罚的理由是正当的，在俄国统治者的话语中一再提到要给希瓦人和布哈拉人一点教训，使他们恢复理性。这样，俄国武力侵略中亚就成为"最正义"的事情了。

在俄国与布哈拉汗国互派使节的往来中，涉及俄国奴隶的有以下几批：1615年布哈拉汗伊玛姆·库利把一封有关俄国奴隶的信派使者送到俄国。信中谈到了克里米亚人和诺盖人把他们抓到的大批俄国俘虏运到布哈拉出售一事。伊玛姆·库利汗提出，如果沙皇派使者来接这些俘虏的话，他将在布哈拉把这些俘虏交还给俄国。俄国政府对此做出了迅速反应，派使节随阿达姆·比一起来到了布哈拉。但是，此事因俄国使者未能带足赎买奴隶的赎金而未果。

1620年，沙皇米哈伊尔·费多罗维奇派伊凡·霍赫洛夫出使布哈拉。从1620年6月22日沙皇批准的指令中可以看出，霍赫洛夫的使命首先是说服布哈拉汗国加强与俄国的贸易和友好关系。出使的目的是使布哈拉汗确信：与土耳其、伊朗、克里米亚汗国、意大利、法国、英国、丹麦等国有外交关系的俄国是强大的，与俄国进行贸易和保持友好关系是必要的。他的最终使命是让在布哈拉汗国的俄国俘虏获得自由。[2]霍赫洛夫使团于1620年7月21日从喀山起程，经阿斯特拉罕、里海的托普卡拉干码头、乌尔根奇城、希瓦城、汉卡城、过克孜勒库姆、海拉巴德抵达布哈拉城。霍赫洛夫颇费周折地与布哈拉方面进行了艰难地谈判，在缴纳了现金以后，赎回了23名俄国奴隶。[3]他于1622

---

[1]〔俄〕捷连季耶夫：《征服中亚史》，第2卷，新疆大学外语系译，商务印书馆，1980年，第341页。

[2]〔乌兹别克〕艾哈迈多夫：《16—18世纪历史地理文献》，第268页。

[3]〔乌兹别克〕艾哈迈多夫：《16—18世纪历史地理文献》，第270页。

117

·欧·亚·历·史·文·化·文·库·

年 12 月 12 日从中亚动身,基本上沿来路返回俄国。

霍赫洛夫的访问对以后一段时期的双方关系产生了不良影响。霍赫洛夫到达布哈拉汗国时,布哈拉汗伊玛姆·库利当时在撒马尔罕,霍赫洛夫便前往撒马尔罕。在此,他被要求按布哈拉汗国礼节参见伊玛姆汗,即在进宫廷之后,必须把沙皇给汗的信转交给一位官员,由这位官员转呈到汗手中。但是,霍赫洛夫拒绝这样做。后来,他向汗转达沙皇的意见,在他提到沙皇之名时,伊玛姆汗也没有做出起身等任何礼节性表示。因此,霍赫洛夫认为汗没有按国宾的礼节接待他。回国后,霍赫洛夫把他在布哈拉汗国受到的屈辱向沙皇作了报告。沙皇大为震怒,下令拘留随霍赫洛夫回访的布哈拉汗国使者阿达姆·比和希瓦汗国使者马赫土穆贝,并没收了他们的货物。这一行动使中亚汗国与俄国之间的关系破裂,双方使者往来中断了 20 年。尽管如此,霍赫洛夫的访问对俄国还是有利的,因为他收集了大量有关中亚诸汗国的资料。

不难看出,虽然多次使者往返,但是,中亚与俄国之间没有就俄国奴隶问题达成实质性协议。中亚诸汗国统治者想以此向俄国索取大笔赎金,而这些使团每次所带资金有限,不能满足中亚汗国提出的要求。因此,每次使节赎回的奴隶都不多。

双方使者往返谈论的另一件事是关于中亚假道俄国去麦加朝圣的问题,这件事在 17 世纪时已经开始突出。中亚到麦加朝圣的路线原来是经波斯国境前往阿拉伯半岛的,非常便捷。波斯萨法维王朝兴起以后,这条路线被阻断。由于该王朝以伊斯兰教什叶派为国教,而中亚诸汗国居民信仰的是伊斯兰教逊尼派,宗教上的冲突导致了中亚居民朝圣时需绕道而行。朝圣之路改为:经里海到阿斯特拉罕城,然后向西取道黑海到伊斯坦布尔,最后南下到麦加。新的朝圣之路在里海至黑海之间有一段掌握在俄国人手中。除了朝圣外,希瓦和布哈拉汗国与奥斯曼土耳其人的联系也是走这一条路线。出于宗教和外交的需要,中亚汗国不得不请求俄国允许中亚居民穿越俄国控制的这一地区。在布哈拉和希瓦致俄国的外交信件中,尤其是 17 和 18 世纪的信件中,常常恳求俄国不要阻断这一交通。而俄国人的态度一般很勉强。沙皇对伊斯兰国家间的交往持否定态度,认为各国穆斯林的交往会对俄国造成威胁。因此,俄国的政策是阻止俄国国内的穆斯林(特别是阿斯特拉罕城的穆斯林)与宗教狂热者交往和发生联系。因此,这一问题直到19世纪下半叶也没有得到很好的解决。

在这一时期,中亚诸国与俄国之间交涉的问题还有与俄国通婚的中亚诸民族的居地问题。在俄国经商的中亚商人由于长期旅居俄国,其中大多数人已经与当地的鞑靼妇女和巴什基尔妇女结婚。沙皇不愿意让这些中亚商人把他们的妻子和儿女带回中亚。为此,中亚商人曾举行过请愿活动,他们要求沙俄政府批准这类家庭永久移居境外,但是他们的请求常常遭到拒绝。与此同时,在布哈拉和希瓦两个汗国为奴的俄国人通常也与当地女子结婚,并且改宗信仰了伊斯兰教。俄国人迫切地想把他们的同胞从这种"危险的束缚"中解放出来。双方在这一问题上不断进行磋商,然而,最终也未取得任何突破性进展。在中亚改信伊斯兰教的俄国人有着双重身份:他们的一重身份是受雇于俄国外交官,替他们收集中亚情报;另一重身份是为所在国效力,给汗国提供俄国的情报。如彼得一世的大使弗劳瑞奥·贝纳伐尼说,一个改奉伊斯兰教的原俄国人发现了他在布哈拉的活动后,曾向希瓦当局揭露了他的秘密信使身份。

在这一时期,俄国与中亚交往中最成功的事情是探测通往印度的道路。1669年沙皇派帕祖欣前往调查通印度的道路。1674年,帕祖欣兄弟在执行任务过程中访问了布哈拉和希瓦。他们像伊凡霍赫洛夫一样赎买了一批俄国俘虏,收集了有关从中亚到印度商路的材料。1675年,俄国派鞑靼人乌佐夫·卡西莫夫前往印度,乌佐夫·卡西莫夫于1676年到达喀布尔后因受到阿富汗人的阻止而未能继续前往。1695年,俄国派往印度的使团终于到达印度,在德里受到了莫卧儿皇帝奥朗则布的接见。在此次使团中有商人随行。俄国探测从中亚南下印度的目的终于达到,实现了俄国近100年来的愿望。

纵观16—17世纪200年来中亚诸国与俄国在政治、经济中的交往,可以知道,在沿袭以往经济交流的基础上,双方开始了正式的使节

·欧·亚·历·史·文·化·文·库·

互访。在这一时期内,双方之间在政治上和经济上的交往都在不断加强,而且这种往来基本上是平等的。

5.2 贸易交往

尽管中亚北部地区与俄国发生了一些冲突,但是,在16—17世纪,双方之间关系的主流仍是经济往来。双方的贸易在这一时期内频繁起来,其原因除了俄国疆域的不断东扩外,海路航线的开辟也是一个因素。15世纪末期在远离中亚的地方发生了两件事,即哥伦布横跨大西洋的航行(1492年)和达·伽马开辟了绕过好望角通往印度的航线(1498年)。这两件事以后影响了中亚的命运。穿越中亚草原和沙漠的所谓"大丝绸之路"将其贸易让给了经红海和绕过好望角的两条海路。在这种大环境下,中亚诸汗国加强了与俄国的联系。从16世纪下半叶起,河中地区的布哈拉和希瓦汗国、七河地区的哈萨克汗国及后来的哈萨克3个玉兹;还有里海西南的土库曼斯坦,都加强了与俄国的贸易交往。

在16世纪中叶以前,中亚与俄国之间的贸易基本上仍沿着以往的路线进行,即布哈拉商人经锡尔河草原地带,然后穿越咸海西北部的沙漠来到东欧平原;希瓦商人则从乌尔根奇出发,渡里海到达伏尔加河河口,再经陆路到达东欧平原的贸易中心伊蒂尔城和保加尔城。伊蒂尔城在伏尔加河河口附近,保加尔城在伏尔加河中游、卡马河岸。保加尔城作为俄国本土以外中亚与俄国的贸易商站,其地位很重要。它不仅是中亚与俄国的一个贸易站,而且是东欧北部贸易的主要基地,常有数以千计的保加尔人、哈扎尔人、布哈拉人和花剌子模人、斯堪的纳维亚人、俄国人以及其他一些东欧人在这里交换货物。

在16世纪中叶以后,随着俄国对喀山、阿斯特拉罕和西伯利亚3个汗国的征服,中亚与俄国之间的贸易转移到喀山、阿斯特拉罕城和西伯利亚的托博尔斯克城等城市。阿斯特拉罕城取代了原保加尔城的商业地位。随着贸易中心的南移,花剌子模绿洲的地位重要起来,它成为联系南部河中市场与北部 3 海(咸海、里海和黑海)北岸贸易的便捷之地。来自布哈拉、撒马尔罕、巴尔赫的商人经花剌子模绿洲,渡里海到阿斯特拉罕城与西方商人贸易。来自阿斯特拉罕、喀山、下诺夫哥罗德、萨拉托夫的俄国商人,特别是莫斯科商人,也渡过乌拉尔河和恩巴河来到阿斯特拉罕城。希瓦商人有时候还经里海海路把在阿斯特拉罕城贸易的西方商人接到曼格什拉克半岛上来与中亚商人贸易。1558—1559 年间到中亚访问的英国人安东尼·詹金森所走的路线就是从伏尔加河经里海到土库曼斯坦,最后抵达希瓦都城乌尔根奇的。中亚商人在到达阿斯特拉罕城后,有的继续北上到最终目的地莫斯科;而有些商人就在商路的沿途城市居住下来,在喀山和下诺夫哥诺德都有这种定居商人,这些城市也有常设的布哈拉区。

除喀山和阿斯特拉罕城外,在 17 世纪,中亚与北方托博尔斯克城的贸易也发展起来。托博尔斯克城是原西伯利亚汗国都城西伯尔,俄国征服西伯利亚汗国后将该城改名为托博尔斯克(Tobol'sk)。此后,该城成为俄国经营西伯利亚的重镇,它逐渐成为该地区的贸易中心。中亚商人到托博尔斯克的贸易路线是经伊施姆河、额尔齐斯河到托博尔斯克城。在托博尔斯克和西西伯利亚的另一些城市都有布哈拉人的侨居区。据伊布拉西莫夫的《哈萨克贸易史》一书记载,在 1639—1672年期间,布哈拉商队到达托博尔斯克城共 16 次,商队成员 308 人。[1]在与中亚的贸易中,托博尔斯克城与布哈拉汗国的贸易所占比例最大。根据托博尔斯克海关公布的数据,1655—1656 年,布哈拉产的赞丹尼奇布在该城的年销售额是 8080 匹。[2]

在中亚与俄国的贸易中,中亚商人出售的商品主要是中亚生产的农牧产品和手工业产品。中亚出口的农牧产品有产自中亚的原棉和染料、药材,布哈拉软山羊皮,花剌子模绿洲出产的苹果和未处理的牛皮,草原地区又结实又便宜的狐狸皮等等。手工业产品有各种棉布、丝绸。

〔1〕《民族史译文集》,第 1 期,1978 年版,第 27 页。

〔2〕[俄]Nebolsin,N. N.:*Ocherki torgovli Rossii so Sredney Aziey*(《俄国与中亚贸易概况》),(ZIRGO),Moscow,1855,vol. 10.,pp. 278 – 279。

·欧·亚·历·史·文·化·文·库·

俄国灭了喀山和阿斯特拉罕两个汗国之后不久,莫斯科在 1580 年从布哈拉进口了大约 5000 匹棉布。[1] 经希瓦商人转手运到俄国的布哈拉纺织品有印花布、赞丹尼奇布、卡尔巴丝、长袍成衣和一些手工金属器皿。由于希瓦汗国的纺织业直到 1669 年都还只能生产素色布,因此,希瓦商人在俄国市场上销售的有图案、条纹或印花的面料都是从布哈拉购入的。[2] 此外,中亚还向俄国出售奴隶。

中亚商人除了出售中亚本地产品外,还大量经营转手贸易。利用地处东西商道的有利条件,中亚商人经营着与中国、印度、波斯的过境贸易。中国的大黄在 17 世纪上半叶还成为布哈拉人在波斯和俄国市场上的垄断商品。在 1653 年仅一个中亚商人就带了 671 公斤大黄去托木斯克销售。在 1772 年以后的大约 45 年间,有两个家族平均每年向俄国政府运送 16.38 吨大黄。[3] 此外,经中亚商人转卖的中国商品还有茶、瓷器和草药。中亚商人转手经营的印度商品主要有靛蓝、药品、黄金和珠宝,转手经营的波斯商品主要有昂贵的丝绸。

在这一时期,中亚商人从俄国和东欧商人手中购买的主要商品有斯拉夫奴隶、皮毛、皮革、树皮(鞣皮革用的)、猎鹰、蜂蜜、海象的长牙、坚果、蜡烛等。在中亚商人购买的欧洲商品中,有一定需求量的是时钟和优质羊毛织锦(saqirlāt),以及在中亚被视为珍贵商品的法兰克天鹅绒。在札尼王朝纳迪尔·穆罕默德汗的国库中就保存着几箱黄色法兰克天鹅绒。[4] 在这一时期,中亚商人与俄国的贸易已经达到一定规模。詹金森到中亚访问时,随他而行的商队有 1000 峰骆驼。1619 年末,一个布哈拉商人托运到喀山的货物有 1294 匹赞丹尼奇布、223 包棉花、300 条饰带、70 米印花布、4.5 公斤丝、几件衬衫和长袍、还有 13 张山羊皮。[5] 可见当时中亚与俄国贸易额之大。另外,中亚商人还用

---

[1]C. Adle Irfan Habib: *History of Civilizations of Central Asia*, Vol.5., p.53.

[2]C. Adle Irfan Habib: *History of Civilizations of Central Asia*, Vol.5., pp. 412 - 413.

[3]C. Adle Irfan Habib: *History of Civilizations of Central Asia*, Vol.5., p. 411.

[4]C. Adle Irfan Habib: *History of Civilizations of Central Asia*, Vol.5., pp. 52 - 53.

[5]C. Adle Irfan Habib: *History of Civilizations of Central Asia*, Vol.5., p.411.

现金贸易,他们付银币第纳尔给俄国人。[1]

中亚商人将从阿斯特拉罕城集市买来的商品,在布哈拉市场上出售。中亚腹地居民喜爱的俄国消费品有铁、铁铸物品、俄国皮革、生丝、芝麻籽和芝麻油,以及高档长袍、喀什噶尔绿茶(由此可见喀什噶尔与俄国有贸易联系)和次等的貂皮等等。中亚商人还购买在布哈拉市场上转卖给土库曼人和卡拉卡尔帕克人的大量烟草;在马什哈德市场上转卖给波斯商人的布匹和芝麻等商品。他们在马什哈德换回印花布、白亚麻布、昂贵的羊毛布和奴隶。

由于中亚战争不断,而且中亚的经商条件也不是很好,因此中亚市场出现间歇性的衰落。16世纪中叶,中亚经济一度萧条。安东尼·詹金森在他的报道中说道,乌尔根奇已经被内战毁灭,此城由大约4英里(约6.5公里)的土墙环绕。"城内的建筑也是土建的,陈旧而杂乱,一条很长的街道穿城而过,市场也就在这条街上。由于内战,该城七年里四易其主,因此,城内几乎没有多少商人,而且商人们非常贫穷,我在各城镇中总共卖出的布不超过4匹。他们所卖的商品主要来自布哈拉和波斯,但是,其数量之少不值一提。"[2]内战把商人们赶往其他市场。布哈拉虽然仍是中亚的贸易中心,但在当时也只能提供极少的货物给前来的商人们。如5个世纪前一样,当时的俄国商人带到中亚市场的仍然是兽皮、木制器皿和绵羊毛皮。俄国人从中亚市场上购买的商品是棉布、丝绸和染料之类的商品,[3]这些商品一般是从印度或波斯运到布哈拉的。

17世纪下半叶,花剌子模绿洲的经商条件没有得到改善。由于统治者的干涉,往返于花剌子模的商人可能会长时间受到耽搁、被课以重税、甚至可能被投入监狱,而他们的货物也会被没收。1675—1678年间,中亚商人曾向俄国提议在曼格什拉克半岛上建一个可住1万人的

---

〔1〕〔美〕爱德华·阿尔窝什主编:《俄国统治中亚百年史》,载《中亚史丛刊》,1985年第3期,第10页。

〔2〕C. Adle Irfan Habib: *History of Civilizations of Central Asia*, Vol.5., pp. 65—66.

〔3〕〔美〕爱德华·阿尔窝什主编:《俄国统治中亚百年史》,载《中亚史丛刊》,1985年第3期,第12页。

贸易城,以便双方贸易。但是,这一建议未被采纳。希瓦贸易条件不好的另一个原因是由于希瓦汗国在经济上对中亚邻邦,特别是布哈拉的依赖性很大,所以希瓦商人想方设法地阻止俄国与邻邦进行直接贸易。

除了以上中亚方面的原因外,俄国官员的一些做法也影响了双方的贸易。17世纪上半叶,希瓦汗伊斯法德雅尔(1623—1642年)在一封用察合台文写的致沙皇的信中提到:俄国商人在希瓦能够自由地经商,而希瓦的商人去俄国经商却要遭到航行在里海上的俄国船的刁难。船长不让希瓦商人通过,要他们将商品以很低的价格卖给俄国人。即便是到了阿斯特拉罕城,中亚商人也会受到该城官员的勒索,官员要他们缴纳重税或非法税款。[1] 在伊斯法德雅尔汗的请求下,沙皇下令停止以这种方式对待希瓦商人。

由于经商环境不好,中亚或俄国商人都喜欢与官方使节一起旅行。一方面是为了安全,另一方面也可以得到一些好处。例如在中国,随使节旅行的商人可以直达北京,并且以朝贡为名,可以免除在中国境内的旅行费用。在俄国,随使者旅行的商人们不仅可以免交进口税和销售税,还可以买到在公开市场(zapovednye tovary)上买不到的货物,有时甚至可以到当时不向外国人开放的都城莫斯科或圣彼得堡去经商。

总之,在16—17世纪时,在国力相差不大的情况下中亚诸国与俄国之间维持着平等交往的关系。

---

〔1〕〔美〕爱德华·阿尔窝什主编:《俄国统治中亚百年史》,载《中亚史丛刊》,1985年第3期,第12页。

从文明史的角度上看，18世纪是人类历史的分水岭，人类社会正在从农业文明走向工业文明。历史发展缓慢的节奏和停滞的外观突然发生了变化，生产力像泉水一样喷涌而出，被注入了新的活力。处于这一大环境下的俄国，虽然工业文明的步伐不如西欧国家，但是，也在朝着这一方向缓慢地前进；远离工业文明发源地的欧亚中部地区，生产力没有突破性的进展，仍在沿着以往的轨迹前进。

从社会发展史的角度上看，18世纪的世界正在酝酿着空前的变革。以英国的产业革命、美国的独立战争、法国的大革命为标志，世界历史进入了新纪元。在这种国际环境中，俄国社会在西方的影响下逐渐走上资本主义的道路；而中亚诸汗国仍在封建的老路上行走，18世纪上半叶，中亚还出现了政治、经济和文化衰退的现象，这种状况直到18世纪下半叶才得到了某种程度的扭转。19世纪上半叶，中亚诸汗国在兼并封建小领地的基础上，也出现了趋向联合的态势。然而，中亚与俄国已经不可相比，一个是封建主义的垂暮，一个是资本主义的青春。

6 国家的发展

在 18 世纪中叶以后,中亚获得了比较宽松的外部环境,英国学者惠勒说:"18 世纪的后半叶,中亚获得相对的和平,得以免除外来的干涉。"[1]日本学者佐口透认为:"这时俄国只是一心一意地保守着奥伦堡额尔齐斯河一带的军事据点,未采取任何积极的政治军事行动,……俄国向中亚扩张的意图较为隐秘。叶卡捷琳娜二世执政时期是俄国中亚政策的停滞时期,这时只是缓慢地进行政治、文化渗透。"[2]

18 世纪下半叶,布哈拉汗国开始了曼格特王朝统治时期,汗国政治、经济和文化衰退的势头得到了遏制。在历时一个多世纪中(1785—1920 年),有作为的埃米尔(Amīr,伊斯兰国家对上层统治者、王公的称谓)是沙赫·穆拉德和纳斯鲁拉赫;前者对布哈拉汗国的经济做出了很大贡献,后者在打击乌兹别克封建贵族势力的基础上,致力于国家的统一。18 世纪中叶,昆格拉特部人统治了希瓦汗国。19 世纪初,艾利吐热尔废除"傀儡汗",建立了昆格拉特王朝(1804—1920 年)。昆格拉特王朝最著名的汗王是麦哈穆·拉希姆,他在位期间,打击旧封建贵族,把土库曼人、卡拉卡尔帕克人和哈萨克人上层吸收到自己的统治之中。这些政策加强了王权,使希瓦汗国最终完成了统一的任务。汗国的领土在 19 世纪上半叶扩大了一倍,国力超过了布哈拉汗国,成为中亚强国。18 世纪上半叶,浩罕汗国承受了布哈拉汗国和准噶尔帝国双重压力,在中国清朝灭亡准噶尔汗国以后,浩罕汗国逐渐强大起来。19 世纪上半叶,浩罕汗国经历了鼎盛时期,大玉兹哈萨克人的牧地和中国在巴尔喀什湖以南及以东的一些领地成为浩罕汗国的属地。

---

〔1〕Geoffrey Wheeler,*The modern History of Soviet Central Asia*,1964,New York,p. 27.

〔2〕〔日〕佐口透:《俄罗斯与亚细亚草原》,吉川弘文馆,1967 年(昭和 41 年),第 210 - 211 页。

·欧·亚·历·史·文·化·文·库·

18 世纪下半叶至 19 世纪中叶,哈萨克人的历史是 3 个玉兹的独立发展史,中玉兹在阿布赉汗的治理下,成为 3 个玉兹中最强盛者。小玉兹汗阿布勒海尔去世以后,俄国开始操纵小玉兹汗位继承权。大玉兹哈萨克人内部分裂,外部受到浩罕汗国的侵入,最终瓦解。18 世纪 20 年代,俄国在彼得一世的扩张下发展成俄罗斯帝国。叶卡捷琳娜二世在位时期(1762—1796 年),俄国的综合国力达到鼎盛。俄罗斯帝国与普鲁士、奥地利共同瓜分了波兰,将俄国的边界推进到了涅曼河—布格河一线;俄罗斯帝国与土耳其的战争(1768 年、1787 年)使克里米亚划入俄国版图,俄国最终获取了黑海出海口;19 世纪,俄罗斯帝国又把目标对准了东方国家。

6.1　布哈拉汗国

在札尼王朝苏班·库里统治时期(1681—1702 年),布哈拉汗国虽然一直处于内患外扰之中,但是,苏班·库里大体上仍然保住了他所继承下来的领土,并且在平定内乱与对外战争方面都取得了一些成就。对内,他首先平息了他的儿子们在巴尔赫发生的武力争夺。巴尔赫因是储君所在地,所以在此的争夺格外激烈。其次,他处理了汗国内各部落之间的纷争和叛乱,尤其是乌兹别克族明格部和克普察克部之间的斗争,以及巴雅特部的乌兹别克族首领巴雅特在希萨尔山区发动的历时 7 年之久的叛乱。尽管取得了这些胜利,然而,苏班·库里终究未能彻底清除汗国内部的割据势力。18 世纪初期,布哈拉汗仍在与巴尔赫和希萨尔两地的割据势力作战。

苏班·库里在平息内部纷争的同时,还要对付外来的入侵。1684 年,他同时遭到来自西北方的希瓦汗国阿奴什汗和北方哈萨克人的大规模入侵,最终,他都成功地击退了这些入侵。

苏班·库里于 1702 年去世,随后,布哈拉汗国再次陷入分裂动乱之中。苏班·库里的儿子奥贝都拉(ʿUbaydullāh)在布哈拉称汗;苏班·库里的孙子穆奇姆汗(Muqīm Khān)在巴尔赫宣布自己是统治者,穆奇姆汗虽然承认奥贝都拉为布哈拉汗国大汗,但是,他在巴尔赫领地上完全以独立统治者的身份进行统治。

奥贝都拉(1702—1711 年在位)为了振兴国家,一反以往的统治惯例。在用人方面,他不再局限于上层贵族,而是大胆地起用那些出身卑微但很有才干的人为官,因此,一些手工业者和商人进入了他的行政机构。与他同时代的历史学家密尔·穆罕默德·阿明·布哈里(Mīr Mu-hammad Amīn Bukhārī)在《奥贝都拉史》(ʿUbaydullāh-nāma)一书中抱怨说:"奴隶之子被任命为法官",给"小人物提供大人物的位置",使他们成为"国家的统治者或大埃米尔(amīr-i kabīr),并授予他们军阶的勋章,因此,他的行为与原统治者们的行为相违背,并且越出了其祖辈们的习惯和决定的正轨。"[1]同时,密尔·穆罕默德也认识到奥贝都拉汗是在为"国家的福祉和繁荣"而努力。

为了改变汗国不景气的财政状况,奥贝都拉汗进行了货币改革。《奥贝都拉史》记载说,布哈拉汗的浪费和开销不断增加,而国库里的钱却越来越少。币制改革就是在这种情况下进行的。札尼王朝时期发行的银币的纯度赶不上昔班尼王朝的。对此,奥贝都拉提高了银币的纯度,把银含量增加到 35%。当国库积聚了大量这种"优质"银币之后,他让人秘密地把它们融化,然后把 1 枚银币改铸成 4 枚,于是,每一枚新银币的银含量大约只有 9%。接着王朝宣布:两类银币都以同样的汇率流通。奥贝都拉汗以巧取豪夺充盈国库的做法激起了人民的憎恨:"没有人愿意要新钱,而且所有的手艺人和商人都关门停业。把装货物和食品的大箱子从市场上运走。普通老百姓和穷人买不到日常用品,处境十分困难,人死后甚至连裹尸的白布也买不到。城里开始骚乱,一些人甚至到宫门前,往大门里扔石头,但他们被卫兵赶跑,而领头的四个人被吊死。总之,币制改革并没有取消,过了一些日子之后,城里和草原上的生意又开始了。而劳动群众变得更贫困了。"[2]

〔1〕C. Adle Irfan Habib:*History of Civilizations of Central Asia*,Vol. 5.,p. 49.

〔2〕《奥贝都拉史》,转引自〔乌兹别克〕艾哈迈多夫:《16—18 世纪历史地理文献》,第 111 页。

除了财政措施外,奥贝都拉还采取了一些打击大封建主的行动。当时,一些游牧部族和地区统治者不听从中央的命令,割据为王;宫廷中的一些宠臣互相倾轧和恣意妄为。这些行为给国家的经济和政治生活造成了灾难性的影响。奥贝都拉汗曾企图阻止分裂势力的发展,但是毫无结果。布哈拉失去了对巴尔赫、捷尔梅兹、希萨尔沙德曼和沙赫里夏勃兹的控制。为了维护国家的统一,奥贝都拉汗对这些地区进行了讨伐。然而,武力征服不但没有取得成果,反而给老百姓带来了灾难。在围攻巴尔赫时(1119 年 2 月 9 日/1707 年 5 月 12 日),奥贝都拉汗派遣克涅格斯、贾布特等部族的 4000 人向昆都士方向突袭,他们"像一头头受伤的野猪向四面八方冲去,把残忍和邪恶之火投向穆斯林平静的打谷场,踏坏穆斯林的庄稼,还把马和骆驼放进去祸害。他们不断地杀害、捆绑和打伤居民……这些粗暴愚蠢的人一路上见什么就抢什么……他们在被他们占据的地区制造动乱和滥施淫威。在几天里他们把房屋和庄稼都烧了。"[1]"对巴尔赫的居民来说,在布哈拉军队 1707 年 5 月夺取该城以后,那一天是他们受到可怕惩罚的日子,充满惊慌和不可能再有的一天。因为他们亲眼看到了这片土地失去安宁的可怕情景……男人们的惨叫,女人们的哀号,孩子们的哭泣响彻云端。看到这些七重天上的天使们从心底里叹息,苍天仁慈的心都碎了……从九重天上传来可怕的喊声,如闪电一样迅速熊熊燃烧的大火,把大部分房屋和巴札都烧了。〔兵士们〕从富人和印度人深宅大院里拉来的各种东西把大地'压得喘不过气。'有几位穆斯林母亲和女儿像俘虏一样被赶走……"[2]

《奥贝都拉史》的作者评价说,奥贝都拉在执政后期走偏了路……他把精力用在扶植和亲近那些低微孱弱、卑鄙无用和不称职的人身上;喜欢和恶棍、后宫太监和女人在一起鬼混。在这些人中,汗的妻子比帕迪沙的同族人(卡尔梅克人)和仆人们在国内胡作非为,城里和乡村的

---

〔1〕〔乌兹别克〕艾哈迈多夫:《16—18 世纪历史地理文献》,第 110 页。
〔2〕〔乌兹别克〕艾哈迈多夫:《16—18 世纪历史地理文献》,第 110 页。

居民被她手下的人搞得筋疲力尽。作者还指出汗的母亲经常干涉国家政事,事事都要打听仔细。[1]

1711 年,奥贝都拉死于统治上层策划的阴谋之中,阿布尔·费兹(Abū'l Fayz,)继承了汗位。根据阿布尔·费兹汗在位时(1711—1747年)发行的铸币来看,他是苏班·库里的儿子。阿布尔·费兹只是名义上的汗,他沉溺于酒色,实权先后掌握在贾乌尚卡尔马克和麦赫塔尔卡布里等人手中。由于米安卡勒、撒马尔罕、卡尔施、沙赫里夏勃兹、捷尔梅兹等地领主的纷争和叛乱,国家政治混乱,经济遭到严重破坏。这种状况导致了札尼王朝中央出现了两个并存的政权:以阿布尔·费兹汗为首的布哈拉政权和以拉贾布汗为首的撒马尔罕政权。

布哈拉汗国的乌兹别克各部首领之间也在进行混战,曼格特与克涅格斯、孔格勒与乃蛮、契丹—克普恰克(Khitay – Kipchak)与明格之间不断发生武装冲突,抢劫百姓的事件越来越频繁。“简言之,在国王当政的时候……各地都出现了骚乱,乌兹别克人相互敌视,农耕居民完全生活在动乱之中……”[2]占据着卡尔施的曼格特部和占据着沙赫里夏勃兹的克涅格斯部之间的斗争给汗国造成了巨大的危害。为了挟天子以令诸侯,两部首领在进行残酷斗争时都竭力对汗施加影响。克涅格斯部首领、阿塔雷克(atāliq,监护人,摄政王)、易卜拉欣在斗争失败以后,率部去了撒马尔罕。据《阿布尔·费兹汗史》记,易卜拉欣在撒马尔罕立“成吉思汗后裔”拉贾布为汗,建立了独立政权撒马尔罕汗国(回历 1135 年 3 月 14 日/公元 1722 年月 12 月 23 日),该汗国只存在了 8 年(回历 1135—1143 年/公元 1730—1731 年)。拉贾布汗在撒马尔罕允许抢劫者为所欲为。他对部下说:“当我们前往布哈拉城和进入城内以后,三天里无论你们怎么杀人和胡作非为,我们都不干涉,对你们也不给予任何处罚。”[3]在拉贾布汗执政时,米安卡勒和布哈拉的

---

〔1〕〔乌兹别克〕艾哈迈多夫:《16—18 世纪历史地理文献》,第 111 页。

〔2〕《阿布尔·费兹汗史》,引自〔乌兹别克〕艾哈迈多夫:《16—18 世纪历史地理文献》,第 116 页。

〔3〕〔乌兹别克〕艾哈迈多夫:《16—18 世纪历史地理文献》,第 116 页。

很多地区及撒马尔罕都处于混乱之中。"克涅格斯人对黎民百姓使用各种残暴手段和武力。尽管几次向朝廷禀报过这种情况,但是这些奏章没有送达要送的地方。百姓被迫发动大规模起义,把速檀赶出了撒马尔罕。"[1]以后,易卜拉欣还企图夺取布哈拉城,他在哈萨克人和卡拉卡尔帕克人中招兵买马,于1723—1725年间多次骚扰布哈拉城郊。当时彼得一世的公使弗洛里奥·别涅维尼(Florio Beneveni)正在布哈拉城,他说,城市被叛乱者围攻有时达5个月之久,围攻给当地的居民造成了无穷的灾难。汗缺少用来供养军队的资金。这一时期出现的蝗虫灾难也加速了布哈拉汗国的衰亡。蝗灾导致的饥荒,甚至使该地区发生了人吃人的现象,人们纷纷逃离布哈拉城。布哈拉变成了废墟,只有两个街区(古扎尔)还有居民居住。按布哈拉历史学家的记载,布哈拉汗本人保住的领地只有宫殿前面的一小块。

撒马尔罕的情况也是如此。该城的大部分居民逃跑到了内讧不是很激烈的费尔干纳,另一部分居民逃到了未被骚乱波及的希萨尔。到1733年时,撒马尔罕几乎完全没有居民居住了。俄国公使弗洛里奥·别涅维尼写道:"原帖木儿大帝国首府撒马尔罕是个大城市,但是,如今已是一片废墟。"[2]

1740年,波斯统治者纳迪尔沙赫(Nādir Shāh,1736—1747年)从赫拉特出发,开始了他对河中地区的征服。当纳迪尔征服布哈拉之时,阿布尔·费兹汗投降了波斯人,他将女儿嫁给了纳迪尔沙赫。在此联姻的基础上双方签订了和平协议。根据协议,阿姆河以南的布哈拉汗国领土划归萨法维王朝的波斯人统治。

1740年以后,札尼王朝权臣穆罕默德·哈辛姆家族的许多成员充当了波斯人在河中的统治工具,穆罕默德·哈辛姆本人被纳迪尔·沙赫任命为大埃米尔,负责为纳迪尔·沙赫及其军队征集两万驮小麦的给养;哈辛姆的弟弟丹尼雅尔(Dāniyāl)成了克尔米涅的统治者;哈辛

〔1〕〔乌兹别克〕艾哈迈多夫:《16—18世纪历史地理文献》,第115页。
〔2〕C. Adle Irfan Habib:*History of Civilizations of Central Asia*,Vol. 5,p. 49.

姆的儿子穆罕默德·拉希姆(Muhammad Rahīm)被任命为军队司令，统帅着从布哈拉军队中挑选出来为波斯效力的1万骑兵。[1]

哈辛姆于1743年去世。他去世后，各地埃米尔都起来反对哈辛姆家族在布哈拉汗国的专权，他们秘密联络，准备在红玫瑰节(Gul-i Surkh)期间突然攻入布哈拉。当时，哈辛姆的幼子穆罕默德·拉希姆还在马什哈德。听到这一消息后，他立即率领一支波斯军队返回布哈拉，打退了围攻布哈拉城的埃米尔。在这些军事行动中，他创建了一支忠实于自己的军队。

1746年，撒马尔罕与布哈拉之间的地区爆发了反对阿布尔·费兹汗的起义。纳迪尔派军队镇压了起义，起义者在失败后逃往费尔干纳。为了维护在布哈拉汗国的统治，波斯人准备废黜不受汗国人民拥戴的阿布尔·费兹汗。于是，波斯官员于1747年7月9日在布哈拉召开了一次专门会议。会上通过决议，罢黜阿布尔·费兹汗，让其子阿布穆明继续其位。1747年7月10日，12岁的阿布穆明即位。

同年，纳迪尔沙赫被部下刺杀，他用武力建立起来的庞大的萨法维帝国随之解体。于是，布哈拉和希瓦两个汗国摆脱了波斯人的统治。波斯人虽然退出了河中地区，但是，布哈拉汗国札尼王朝实际上已经是名存实亡了。它分别由布哈拉、撒马尔罕、塔什干、巴尔赫、巴达克山等地区的埃米尔统治着。

在这些埃米尔中，穆罕默德·拉希姆势力最强大。他在得知纳迪尔沙赫被杀的消息以后，立即赶到布哈拉，杀掉了原汗阿布尔·费兹。一年之后，他又除掉了幼主阿布穆明，"把他扔进遗忘之井"，他立阿布尔·费兹的另一个儿子奥贝杜拉(ʿUbaydullāh，1751—1752年)为汗。奥贝杜拉也是一位有名无实的统治者。穆罕默德·拉希姆在确保自己已经取得了宗教界牧师、世俗贵族和曼格特部诸首领的支持之后，于1753年篡位称汗，因穆罕默德·拉希姆出自曼格特部，有的学者认为他称汗一事标志着札尼王朝的终结和曼格特王朝的开始。

---

〔1〕C. Adle Irfan Habib: *History of Civilizations of Central Asia*, Vol. 5, p. 55.

·欧·亚·历·史·文·化·文·库·

穆罕默德·拉希姆于 1758 年 3 月 24 日去世。他死后,曼格特人推选他的叔叔丹尼雅尔为他的继承人(1758—1784 年)。丹尼雅尔在形式上仍继续保留札尼王朝的最后两位汗,即费兹尔·土拉汗(Fāzil Tura)和阿布尔·哈齐汗(Abū'l Ghāzī,1758—1785 年)。在他统治时期,拉希姆所取得的集权政治丧失了,布哈拉呈现出衰落的迹象。据塔吉克历史学家阿赫麦德·丹尼希(1826—1897 年,Ahmad Dānish)记载,当时的清真寺和宗教学院弃而不用,成为废墟。居民们承受着繁重的苛捐杂税,生活十分悲惨。布哈拉城于 1784 年爆发起义,在布哈拉市民的反对下,丹尼雅尔把权力转交给他的儿子沙赫·穆拉德(Shāh Murād)。

沙赫·穆拉德在统治期间(1785—1799 年),正式废黜了札尼王朝的傀儡汗,自己取埃米尔称号,因此,布哈拉汗国又被称为布哈拉埃米尔国。沙赫·穆拉德把注意力集中于国内的改革,在行政等方面加强了布哈拉的中央政权,处死了汗国职位最高的两位官员,即首相道刺和大法官尼札穆丁(Nizāmu'ddin)。他这样做,一方面平息了其父在居民中所造成的不满情绪;另一方面向世人表明了他改变统治阶层成分的决心。在经济上,沙赫·穆拉德做了许多有益的工作。他兴建灌溉工程,使耕地面积扩大,促使一部分游牧居民转向定居。他改革税制,取消了与伊斯兰教法相违背的许多税种,如牙尔库(yārqu),巴杰(bāj),塔尔赫(tarh),吐斯迈尔(tushmāl),牙沙克(yāsak),阿鲁克(āluk),沙鲁克(sāluq),其中有对手工业者强行征收的劳动税。为了弥补因这些措施而减少的国家税收,他征收货币税(jul)。他实行了货币改革,发行了足值的金、银币。在法律方面,他改革了法律程序,并赋予市场监督官(muhtasib)较大的权力,他们有权检查度量衡的精确度,有权视察市民们遵守萨里法律令的情况。这些改革不仅使汗国的经济得到了恢复和发展,而且还促使宗教界人士对平民生活的关注。由于这些改革,他在位时期是后期布哈拉汗国最稳定的时期。

沙赫·穆拉德在位时期还积极发动对外战争。他即位之前,巴尔赫已经独立出去,由一位名叫帖木儿·沙赫的人统治着。沙赫·穆拉德在巴尔赫鼓动并积极支持反帖木儿·沙赫的起义,使之最终签署条约并承认了布哈拉埃米尔对巴尔赫和阿姆河以南附近的地区的宗主地位。沙赫·穆拉德对莫夫发动了一系列的战争,于 1785 年杀其统治者贝拉姆·阿里汗(Bayrām ʿAli Khān),掠夺了绿洲,摧毁苏丹大坝(Sultanbent,Sultān band),使依靠大坝拦水浇灌的耕地长期得不到灌溉。以后他又进攻波斯领地马什哈德,在未能夺取该城的情况下,他破坏了附近的村庄。他在这些战争中俘虏了不少波斯人,把他们作为奴隶在布哈拉市场上出售。据说,在他统治时期,布哈拉奴隶市场上的奴隶很多,价格很便宜,一个强壮的奴隶才值几个银币。

总的来说,沙赫·穆拉德是一位很有作为的统治者。他于 1799 年被杀。王位由其子海达尔(Haydar)继承。海达尔在位期间(1800—1826 年),国内发生了一系列大起义和内乱。地处米安卡勒(在布哈拉和撒马尔罕之间)的契丹—克普恰克部于 1821—1825 年间也爆发了起义,乌拉特佩和其他地区的首领纷纷反叛。海达尔在处理这些内乱的同时,还与浩罕、希瓦两汗国发生战争。

海达尔热衷于神学知识,自认是神学领域内的专家。他在布哈拉雅克城堡的王室清真寺内附设了一所宗教学院,亲自在该学院中担任教师。对于他在神学领域内的地位,欧洲旅行者曾经有过介绍。在海达尔死后 6 年,英国旅行家亚历山大·伯恩斯访问了布哈拉。他说:布哈拉"是一个充满着宗教狂热和偏见的时代。他(指海达尔)取信仰之统帅(或 Ameerool Momeneen)的称号;行使的是一位教士而非国王之职责。他为死者颂祷文,参加清真寺的辩论,管理服务机构,到学院讲课"[1]

海达尔以荒淫享乐而著称,在他的后宫中大约拥有 100 名妇女,他豢养着为后宫提供美丽少女的专门仆役。关于海达尔在经济上的用度,他的同胞兄弟穆罕默德·雅库比说,海达尔之所以出名是因为以下

---

〔1〕Burnes,A,*Travels into Bokhara*,*together with a Narrative of a Voyage on the Indus*(1831—1833).London. Vol.1,p.312.

事实,即他的收入是其父收入的两倍,而他的支出却是他自己收入的两倍。[1] 换句话说,海达尔的岁入仅能够满足他年开销的一半。因此,在海达尔统治时期,他采取紧急的财政措施搜刮钱财,由此导致了汗国居民的贫困。

海达尔于1826年10月6日病逝。他死后,他的长子胡赛因(Husayn)即位,但不满3个月就被首相哈希姆毒死。他在临死之前召回在克尔米涅的兄弟倭玛尔,让他继承布哈拉汗位。但是,倭玛尔在位3个月之后也被首相逐出了布哈拉。有的记载说他去麦加朝觐了,有的记载说他先逃到马什哈德,后又逃到巴尔赫,最后逃到浩罕并在那里病故。倭玛尔最后归葬于布哈拉城。

曼格特王朝的王位最终由海达尔的次子卡尔施城主纳斯鲁拉(Nasrullāh)继承。纳斯鲁拉在他的长期统治(1827—1860年)中,无情地打击了乌兹别克封建贵族的势力。在继位之初,纳斯鲁拉就处死了擅自废弑汗王的骄横跋扈的首相哈希姆。接着,为了消除隐患,他又处死了自己的3个弟弟。之后,他逐渐更换了宫廷的全部侍从。1858年他处死了乌拉特佩总督拉斯特姆贝(Rustambeg)和其他地区的几位总督。这些行为使他获得了"屠夫埃米尔(Amīr-i qassāb)"的绰号,但他正是通过这些措施才巩固了政权。

纳斯鲁拉创建立了一支常规军和一个炮兵团。这支军队是在一位具有西方军队科学知识的人的帮助下创建的。此人名叫阿不杜拉·萨穆特,曾经在阿富汗埃米尔多斯特·穆罕默德手下效力。1832年,他来到布哈拉,受雇于纳斯鲁拉,逐渐得到了纳斯鲁拉的信任。纳斯鲁拉在他的帮助下改造了旧军队的装备,配备了一些火枪和炮,并组织了炮兵团。以后,纳斯鲁拉利用这支军队进行了一系列征伐。

纳斯鲁拉统治下的布哈拉汗国给西方旅行家留下了不同的印象,曾于1832年访问过布哈拉的英国人伯恩斯对纳斯鲁非常称赞。伯恩

---

〔1〕Muhammad Yacqūb *Gulshan al-Mulūk* (The Flower-garden of Kings) ;引自 C. Adle Irfan Habib:History of Civilizations of Central Asia,Vol. 5. , p. 58.

斯估计当时布哈拉城大约有 15 万城民,[1]他认为布哈拉"因其统治者的公正而保持着不断扩大的势头,与古代相比,近代布哈拉可能还是要较大些"。据他说,布哈拉城有 366 所大小学院,全部都是学习神学的学生;还有一个庞大的市场,汇集着各国商人。他认为消费者在布哈拉可以得到最公平的待遇,布哈拉城内 300 个印度教教徒同样也享受平等待遇。他还提到了布哈拉所存在的奴隶现象,但却说奴隶没有受到虐待。伯恩斯发现纳斯鲁拉——这位伊斯兰国家元首——对世界上的事情很熟悉。他还谈到纳斯鲁拉的个人品质,说他不贪婪。伯恩斯认为布哈拉埃米尔的这些品质在其臣民中也是出类拔萃的。[2] 然而,与伯恩斯的记载相反,美国作者斯凯勒说,这一时期布哈拉经济萧条。据他报道,布哈拉在丰年粮食也不能自足。在 1810—1811 年间,布哈拉经历了暖冬和春季干旱,严重的饥荒使该城出现了卖儿童、虐待甚至杀死老人的现象。在 1835 年饥荒时期,斯凯勒在当地看到了卖人肉的现象。[3]

纳斯鲁拉去世以后,他的独生子穆札法尔(Muzaffar)继承了王位。在他统治时期(1860—1885 年),俄国军队开始向布哈拉汗国推进。他的军队与沙俄军队在伊尔扎(Irjan)进行了第一次大战(1866 年 5 月初),穆札法尔的军队在战争中遭受重创。在短短的时间内,俄国军队占领了忽毡、乌拉特佩、吉扎克,进逼撒马尔罕城。1868 年撒马尔罕陷落。同年,穆札法尔在泽拉布拉克(Zirabulaq)再次遭到俄军的沉重打击。之后,他与俄国签订了不平等条约。从此,布哈拉埃米尔国成为沙皇俄国的保护国。

由于军事上的这些失败,国内不满穆札法尔统治的情绪高涨。在这种情况下,一些部落首领和神职人员策划了一次反对穆札法尔的军

〔1〕Burnes,A., *Travels into Bokhara, together with a Narrative of a Voyage on the Indus* (1831—1833),Repr.,1973,London. Vol.1,p.238.

〔2〕Burnes,A., *Travels into Bokhara, together with a Narrative of a Voyage on the Indus* (1831—1833),Repr.,1973,London. Vol.1,pp.267 - 329.

〔3〕Burnes,A., *Travels into Bokhara, together with a Narrative of a Voyage on the Indus* (1831—1833),Repr.,1973,London. Vol.1,p.90.

事行动。这次行动的领导者是穆札法尔的长子阿布·阿哈德(ʿAbduʾl Ahad)。然而,这次叛乱行动没有任何结果,不久就被镇压下去了。

1885年穆札法尔之子阿布·阿哈德正式继承布哈拉埃米尔国的王位(1885—1910年)。在他继任的当年,俄国在布哈拉设立了"俄帝国政治代理处",加强了俄国对布哈拉汗国的控制。在他之后的继承者阿利姆汗(ʿĀlim Khān)是曼格特王朝的最后一位统治者,他的统治持续了10年(1910—1920年)。苏维埃军队在刚取得国内战争的胜利之后,就于1920年8月底进军布哈拉。在经过4天的炮轰之后,苏维埃军队于9月2日进入布哈拉城,苏俄红军推翻曼格特王朝,建立布哈拉苏维埃人民共和国,布哈拉汗国灭亡。苏维埃军队进入布哈拉城时,阿利姆汗逃亡希萨尔,后于1921年2月越过阿富汗边境,以流亡者的身份住在喀布尔。在其后的许多年中,他一直为重建布哈拉汗国而努力,但是都没有成功。他于1944年去世,葬在喀布尔郊外的公墓中。

6.2　希瓦汗国

17世纪末期,希瓦汗国走向衰落。1695年,希瓦汗国公开承认了布哈拉汗国的宗主国地位,此后,1697年即位的沙赫·尼雅兹(Shāh Niyāz)和1700—1701年在位的穆西(Musī)都是布哈拉汗苏班·库里任命的。按希瓦历史学家的记载,在阿奴什汗之后的40多年(1687—1728年)中,希瓦汗国经历了大约10位汗的统治,这些汗大多数是由地区乌兹别克贵族的代表人物(阿塔雷克和亦剌克)任意废立的。其中只有希尔·加吉汗当政时间比较长(1716—1728年),他在位期间,一直在与乌兹别克封建贵族的分裂势力进行着顽强的斗争,这些贵族企图削弱中央政权。

这一时期,希瓦汗国中的分裂势力有阿拉尔汗国,以及占据了希瓦汗国东北部边境地区的卡拉卡尔帕克人的势力。18世纪初,出身于曼格特部的乌兹别克代表人物希尔达里比扶持原希瓦汗后裔沙赫·帖木儿为王,希尔达里比将沙赫·帖木儿从布哈拉带到花剌子模,在希瓦汗国的北部建立了阿拉尔汗国(？—1736年)。希尔达里比以阿拉尔汗国为基地不断发起对希瓦汗希尔·加吉的攻击。在伊尔巴斯(Ilbārs)继位为希瓦汗期间(1728—1740年),在与阿拉尔汗国的斗争中取得了决定性的胜利。1736年,希尔达里比和沙赫·帖木儿被杀,独立政权阿拉尔汗国灭亡。

伊尔巴斯汗在国内政权稳定之后,远征波斯北部边区,这一行动成为波斯萨法维王朝纳迪尔·沙赫(1736—1747年)入侵中亚汗国的借口。伊尔巴斯为了巩固他在呼罗珊附近地区的统治,趁波斯国内发生动乱之机发动了对呼罗珊的远征,他的这一行动激怒了纳迪尔·沙赫。纳迪尔·沙赫于1740年10月向花剌子模进军,迫使伊尔巴斯的避难地汗卡(Khanqah)要塞投降。接着,纳迪尔·沙赫攻占了希瓦(11月)。希瓦人(特别是土库曼人)在查尔朱、哈扎拉斯普、皮特内克、汗卡等地与波斯人打了几仗,战争都以失败告终。纳迪尔·沙赫组织了一支由1100艘船组成的船队给在希瓦汗国打仗的波斯军队运去了大批大炮和给养,[1]因此,纳迪尔·沙赫成功地击溃了希瓦人的抵抗,进入了希瓦城。他在希瓦城杀了包括伊尔巴斯汗在内的20位大地主。[2]

纳迪尔·沙赫在希瓦汗国内扶植傀儡汗塔希尔·伯克(Tāhir Beg,1740)实施统治,并且向希瓦居民征收名叫马尔·依·阿曼(Mal-i amān)的保护税。与此同时,纳迪尔·沙赫还掳掠希瓦人,把他们编入自己的军队中。纳迪尔·沙赫解放了希瓦汗国内的所有奴隶,其中大部分是波斯人,其数达到了3万。在纳迪尔·沙赫返回波斯时,希瓦人于1741年爆发了反波斯统治的起义,波斯傀儡汗塔希尔·伯克及其支持卫队全部被杀,接着,乌兹别克贵族扶持哈萨克小玉兹汗阿布勒海尔之子努拉里登上希瓦汗位。努拉里继位不久,这些贵族听说纳迪尔·沙赫要对希瓦进行报复,他们又将努拉里送回草原。后来,在纳迪

---

〔1〕C. Adle Irfan Habib:*History of Civilizations of Central Asia*,Vol.5., p.68.
〔2〕C. Adle Irfan Habib:*History of Civilizations of Central Asia*,Vol.5., p.68.

尔·沙赫的认可下,伊尔巴斯之子阿布尔·哈齐登上了希瓦汗位。在他统治时期(1741—1746年),汗国中掌握实权者先后是亦剌克(宰相)阿尔吐克及其兄弟胡拉兹别克,他们都是乌兹别克曼格特部落的首领。阿布尔·哈齐为了摆脱亦剌克的控制,1746年杀死了阿尔吐克。不久,阿尔吐克的兄弟胡拉兹别克为了替哥哥报仇又杀死了阿布尔·哈齐。阿布尔·哈齐死后,波斯将军阿里·库里率军进抵花剌子模,立小玉兹汗阿布勒海尔的弟弟盖布为希瓦汗。盖布汗不仅得到了波斯人的支持,而且还得到了曼格特部乌拉兹别克人的支持。直到1747年纳迪尔·沙赫去世之时,希瓦汗一直是以波斯属臣的身份进行统治的。

波斯人在希瓦汗国的统治结束以后,希瓦汗国的内争又起,导致中央政权名存实亡和汗位频繁更替,历史学家把这一时期称之为"汗的游戏"[1]。由于汗的人选必须是成吉思汗后裔,因此,掌握实权的各部落首领极力在哈萨克人、卡拉卡尔帕克人和布哈拉汗国中寻找汗的人选,然后将其扶上希瓦汗位。这些具有成吉思汗血统的希瓦汗实际上仅仅是傀儡,掌权的是宰相(亦剌克)。

在1770至1804年的近半个世纪,希瓦汗国处于亦剌克统治时代。他们都是乌兹别克显贵部落的比。在这半个世纪中,相继掌权的亦剌克有昆格拉特部(Qonqrāt)的穆罕默德·阿明(1770—1790年)、艾兹维(1790—1804年)和艾利吐热尔(Iltuzer,1804—1806年)。昆格拉特部的领地在花剌子模绿洲的北部,该部所在地实际上一直是以昆格拉特城为中心的一块独立领地。17世纪建立的阿拉尔汗国就在其领地上。阿拉尔汗国被消灭后,昆格拉特部比的势力并没有因此而衰落,他们的势力一直很强大。昆格拉特部独立领地上的领主们对希瓦汗国的整个政治生活有着决定性的影响。

1755年,昆格拉特部比穆罕默德·阿明在获得教、俗两大势力的支持以后开始掌权,1770年自称亦剌克(宰相)。他毕生致力于希瓦汗

---

〔1〕指18世纪60—90年代昆格拉特部权臣操纵汗废立的时期。参见〔俄〕巴托尔德著:《中亚突厥十二讲》,罗致平译,中国社会科学出版社1984年版,第247页。伊万诺夫认为"汗的游戏"在60年代结束(见《中亚史丛刊》,1983年第1期,第65页)。

国的振兴,他在位时期希瓦汗国的政治秩序有所改善,经济生活逐渐繁荣起来,汗国在一定时期内保持了较为稳定的局面。在他掌权时,他更换了好几位汗,这些汗在国家事务中没有起到任何重要的作用。在穆罕默德·阿明以后担任亦刺克的是他的儿子艾维兹(1790—1804年),艾维兹统治期间仍保留了傀儡汗。他采取了一些发展农业的措施,如为了排干阿姆河下游三角洲的积水和在干旱地区建筑灌溉渠道,他做了大量的工作。但是,他的统治遭到了希瓦汗国境内约穆特土库曼人的反对,他们拒绝服从他。

艾维兹去世以后,他的儿子艾利吐热尔继任亦刺克。艾利吐热尔是一个很有作为的宰相,在他统治时期(1804—1806年),希瓦汗国的中央集权逐渐加强。他刚继任之时,就把哈萨克人的希瓦汗送回草原,声称要另找一位成吉思汗后裔继承希瓦汗位,实际上他根本不打算立汗,而是暗中积极加强自己的势力。他首先建立了一支由乌兹别克人组成的、忠于自己的军队。在力量雄厚之后,他把希瓦汗国的宗教首领和世俗显贵们召集起来,宣布自己为沙赫,建立了自己的王朝。艾利吐热尔声称自己是原大花刺子模王朝沙赫的继承人,由于他出身于昆格拉特部,所以他建立的王朝被称为昆格拉特王朝(1804—1920年)。他的王朝得到了乌兹别克人、卡拉卡尔帕克人和土库曼人的拥护。从此,昆格拉特部的首领不仅是王朝事实上的统治者,而且在名义上也得到了确认。

在3位亦刺克统治时期,希瓦汗国的版图实际上很有限,仅仅拥有以希瓦城为中心的希瓦绿洲南部。绿洲北部是以昆格拉特城为中心的独立领地。在以后的几十年中,随着国内局势的稳定,汗国的领土才逐渐地向外扩展。

艾利吐热尔在希瓦的统治并不长久,1806年,他在与布哈拉汗国发生的一场冲突中去世。他去世以后,希瓦汗国拥立他的堂弟麦哈穆·拉希姆(Muhammad Rahīm Khān)为汗。麦哈穆·拉希姆汗是一位有作为的汗。在他统治时期,他致力于加强中央集权。为了削弱封建割据势力,他实行打击老封建贵族的政策,将他们的大量土地置于自己的支配之下。除了为自己留下一些份地外,他把其余的土地赏赐给自己的亲信,这些亲信中有萨尔特人、土库曼人,甚至还有被释放的波斯奴隶。

在麦哈穆·拉希姆汗统治时期,统治阶层的成分发生了一些变化。麦哈穆·拉希姆汗吸收土库曼人、卡拉卡尔帕克人和哈萨克人中的上层人物到自己的政权中来,利用他们进行统治。希瓦历史学家讲了不少关于他在征服某个土库曼或卡拉卡尔帕克部落以后,分封土地和赏赐许多财产给酋长的事。他还广泛吸收土库曼人和其他部族人组成亲兵,这支亲兵成了汗国武装力量的基础。此外,宗教界人士在他的统治机构中也有着举足轻重的作用,他们参加国家的管理并享受很多特权。这些政策加强了王权,使希瓦汗国最终完成了统一的任务。

麦哈穆·拉希姆汗在经济方面也有建树。他建立了海关所,铸造了金币(Tillias,Tallās),还关注灌溉工程的建设。1815年,在他的指挥下,希瓦修筑了克里奇尼亚孜拜大运河,该运河起于古尔连,向南一直抵达汗国南部的农业区,它的开凿不仅使沿途大片土地得到了灌溉,而且畅通了沿途的运输,加强了汗国内经济文化的交流,促进了汗国经济的发展。

麦哈穆·拉希姆汗在国家稳定的情况下开始了一系列征服战争。据希瓦汗国的历史学家说,1811年他结束了咸海南岸卡拉卡尔帕克人的独立地位,这些卡拉卡尔帕克人最初企图从布哈拉埃米尔海达尔处寻求支持,但是在没有得到任何实际援助的情况下,只好臣服于麦哈穆·拉希姆汗。

从1813年起,麦哈穆·拉希姆汗开始征服汗国西南部的土库曼人。他发动频繁的战争征服了帖克、约穆特、撒累克(Saryk)和其他土库曼诸部。在19世纪初期,伊木里利人(Emreli)、阿尔·埃利(Āl-eli)和卡拉塔什利(Qaradāchli)诸部重新被纳入希瓦汗国。乔都儿(Chaudur)和伊格迪儿(Igdir)部中的一些人迁到曼吉什拉克半岛,这些土库曼部落也承认了与汗的臣属关系,他们向汗缴纳规定的赋税和派人到汗的军队中服役。

麦哈穆·拉希姆还多次远征哈萨克人。希瓦历史学家关于希瓦人从哈萨克草原掳走战利品的记载，证明这些远征是掠夺性的。麦哈穆·拉希姆汗对布哈拉汗国的战争一直打到莫夫。1822 年，莫夫转归希瓦汗国统治。1824 年希瓦人在此建成了名为新莫夫的城市，即今土库曼斯坦的马雷市。同年，麦哈穆·拉希姆的兄弟库特鲁格·穆拉德亦刺克打算修复原穆尔加布河上的苏丹大坝，但是没有成功。以后，莫夫被土库曼人占领，到麦哈穆·拉希姆于 1825 年去世以后，希瓦还在为争夺莫夫进行战争。

　　麦哈穆·拉希姆去世后，他的儿子阿拉·库里汗（Allāh Qulī Khān）继承了汗位。在阿拉·库里汗统治期间（1825—1842 年），希瓦城迎来了它的最繁荣时期。阿拉·库里汗致力于发展农业，当时修筑的灌溉设施可以灌溉阿姆河左岸，以及乌尔根奇老城的耕地。他在锡尔河南岸支流库完河左岸建筑了几个要塞，在要塞设置关卡，向哈萨克人和过往商队征收扎卡特税。

　　阿拉·库里也发动了对外征服战争。1832 年，阿拉·库里汗进攻莫夫，向该地的帖克土库曼人索取贡赋。他在撒洛尔土库曼人的居住地设置了一个关税征收所，向经过该地区的来往商队征税。19 世纪 40 年代，希瓦汗国进攻查尔朱，希瓦军队在此大肆抢劫财物和掳掠人口。被希瓦军队带回希瓦汗国的俘虏很多，以致希瓦汗国建立了好几个新村以安置他们。1842 年 9 月，锡尔河畔的哈萨克人举行起义反抗希瓦的统治。他们袭击了江和卓堡，夺取希瓦的一些要塞，杀死当地的希瓦税吏。为此，希瓦汗国派军队前往镇压。军队对这些哈萨克人进行了野蛮的屠杀和抢劫。

　　阿拉·库里汗在位时，他在希瓦城内建造了一些有意义的建筑物，如塔什·哈乌斯宫（Tash – Khawus，1832 年）、帕赫拉文·沙赫土达陵（Pahlavān Shāhtuda，1835 年）和阿拉·库里汗宗教学院（1835 年）。希瓦城在东西主轴线两端分别建有宫殿，它们是阿拉·库里汗在位时修建的。希瓦城内的宫殿、清真寺、神学院、商栈等建筑构成了一幅反映花刺子模文明与伊斯兰文明融合的画卷。其中，最具历史意义的建筑物是1835年建造的尼亚滋·沙里卡清真寺和阿拉·巴尔坎·伊山清真寺。此外,希瓦城内还建筑了许多曾经培养出优秀学者的神学院,富有花刺子模建筑风格的库图卜·拉德·伊奈克神学院就是其中之一,它见证了花刺子模文明。

希瓦汗国的繁荣是短暂的,到19世纪中叶,希瓦汗国开始衰落下去。阿拉·库里汗于1842年11月23日去世,他的儿子拉希姆·库里继承了汗位。他在位时期(1842—1845年),俄国人对中亚的威胁已经逼近,他曾派使者到哈萨克人中,企图与哈萨克肯尼萨尔联合抗击俄国。但是,当一切还未来得及实施时,他就去世了(1845年)。他的兄弟穆罕默德·艾明(Muhammad Amīn)继承了汗位。

在穆罕默德·艾明统治时期(1846—1855年),希瓦统治者与土库曼人之间的矛盾尖锐起来。在希瓦汗国内,乌兹别克人与约穆特土库曼人的矛盾尖锐起来,为了解决这一矛盾,穆罕默德·艾明曾将后者的一位首领从高塔上抛下去摔死,结果激起了约穆特土库曼人的反抗。在汗国西南边界,为了与土库曼人争夺呼罗珊诸城市,穆罕默德·艾明向撒累克土库曼人发动了6次战争,最终夺取了莫夫城及其附近地区。以后,穆罕默德·艾明汗又进行了3次战争平息帖克土库曼人的起义。

1855年,穆罕默德·艾明在与波斯萨拉赫斯人的战争中兵败被杀。自此以后,希瓦汗国经历了一个极其不稳定的时期,1855年,土库曼人举行了长达12年(1855—1867年)之久的起义,1856年,卡拉卡尔帕克人也爆发了起义。这些起义使汗国陷入混乱,在两年中(1855—1856年)希瓦有三位希瓦汗去世。[1]

1856年2月12日,赛义德·穆罕默德继承了汗位。他在位期间(1856—1865年)继续镇压土库曼人和卡拉卡尔帕克人的起义。汗国军队费了很大的力气才将起义镇压下去。据希瓦历史学家说,在1858年,除了土库曼人外,还有乌兹别克人、萨尔特人、卡拉卡尔帕克人、哈

---

〔1〕Howorth, H. H., *History of the Mongols from the 9th to the 19th Century.*, Vol. 2, pp. 941 – 942, 918 – 920, 941 – 943.

萨克人及汗国其他民族都与汗政府签订了和平协定。然而,尖锐的阶级对抗和汗国诸部落之间的残酷斗争并没有因为这些和平协定而真正停止下来。约穆特土库曼人中的骚乱和昆格拉特人于 1858 年的起义都证实了这一点。1865 年,赛义德·穆罕默德去世,其子赛义德·穆罕默德·拉希姆继位。

在赛义德·穆罕默德·拉希姆汗统治时期(1865—1873 年),约穆特土库曼人在首领阿塔·穆拉德的领导下继续反对希瓦汗的政权。这一斗争得到了俄国人的支持。阿塔·穆拉德于 19 世纪 50 年代末就开始与俄国的奥伦堡总督有来往。为获得俄国人的支持,他曾许诺将率领所有服从于他的居民接受俄国国籍。1866 年,赛义德·穆罕默德·拉希姆汗命令关闭扎瓦特水渠,不给水渠下游的约穆特人的耕地供水。这种办法不仅未能使约穆特土库曼人屈服,而且更激起了他们的反抗。他们于第二年侵袭了汗国都城的近郊,汗国军队在另一支土库曼部落的帮助下最终驱散了约穆特人,大部分起义者同意停战。约穆特首领向汗国派去人质,以表示真诚归顺。

正是在他统治期间,希瓦汗国面临了来自俄国的日益严重的威胁。俄国政府在征服塔什干城和布哈拉汗国以后,把目标对准了希瓦汗国。赛义德·穆罕默德·拉希姆汗在内外危机的情况下曾逃到约穆特土库曼人中避难,他的叔叔赛义德·异密·乌勒·奥马尔被拥立为汗。1873 年俄国征服希瓦汗国,俄国不承认新汗。赛义德·穆罕默德·拉希姆于同年 6 月 2 日返回希瓦城,被俄国人重新扶上汗位。他与俄国签订了一系列条约,这些条约使希瓦汗国沦为俄国的保护国。1920年,苏联红军进军希瓦汗国,苏维埃政权废黜了希瓦汗国的末代汗赛义德·阿拉,建立了花剌子模苏维埃人民共和国,希瓦汗国灭亡。

6.3　哈萨克 3 个玉兹

在民族融合的过程中,16 世纪末期在哈萨克人中逐渐形成了被称为"玉兹"(zhuz ,或 zhus ,复数是 shuzder,zhuzler)的三大集团,即大玉兹、中玉兹和小玉兹。玉兹是有血缘关系的部落联盟。在一个玉兹内包括了若干部落,每一部落中又包括了若干氏族;每一氏族内又有许多阿乌尔(即父系家族),家族族长叫阿乌尔巴斯。一个阿乌尔一般由3～10个数目不等的家庭组成。1730年哈萨克汗国瓦解以后,哈萨克人的历史主要是这3个玉兹的历史。

　　1718年头克汗去世,哈萨克汗国又陷入了争夺汗位的分裂之中。在此分裂时期,准噶尔人开始了大规模进攻,尤其是1723—1728年,准噶尔的策旺阿拉布坦等遣精锐部队在额尔齐斯河征集到大量兵力之后,当哈萨克牧民季节转场,马匹瘦弱的时候,向塔拉斯河一带的哈萨克牧地进军。在哈萨克人全然不知的情况下,准噶尔人袭击了哈萨克人的主要牧地,牧民四处奔逃,大量牲畜遭掠夺,人员伤亡惨重。这次进攻成为哈萨克人历史上的大灾难时期(1723—1728年)。一些人被准噶尔人屠杀,更多的人在渡塔拉斯河、博罗尔德河(Borolday)、阿雷西河(Arys)、奇尔奇克河(Chirchik)和锡尔河时丧生。[1] 准噶尔人赶走哈萨克人后,占领了他们的牧场,夺取了他们的牛群和财产。这次战争在哈萨克人的口头传说中被称为"阿克塔班·苏比里大灾难"(Aq-taban-shubirindi)。瓦里汉诺夫(Valikhanov)描述了大灾难时期哈萨克人的情况:"他们的领土受到四面八方的威胁,他们的牛群被赶走,整家整家地被准噶尔人、伏尔加河畔的卡尔梅克人、牙昔河畔的哥萨克人和巴什基尔人俘虏。"[2] 俄国使者伊凡·翁科夫斯基上尉在1722—1723年中曾逗留在准噶尔首领策妄阿拉布坦的营地,他报道说,哈萨克人、乌梁海人、特利乌特人、明噶特人、卡玉特人(Kayuts)和色乌特人(Kosheuts)、叶尔羌的布哈拉人、布鲁特人(吉尔吉斯人)和巴拉宾人(Barabins,Baraba-Tatars)都成了准噶尔部的臣民。霍渥斯评论说,哈萨克人经历了历史上最危急时期,准噶尔人的势力已经控制了中亚,他们粉碎了哈萨克汗国,并把哈萨克人赶出了故地,哈萨克汗国瓦解了。

---

〔1〕Howorth,H. H. , *History of the Mongols from the 9th to the 19th Century.* , Vol. 2 , p. 642.

〔2〕Valikhanov,ch. ch. *Sobrannie sochineniya*,Vol. 1. ,p. 426, Alma-Ata. 1961.

准噶尔人在打败哈萨克人以后,于1723年夺取了哈萨克汗国首府突厥斯坦城,还占领了塔什干城和赛兰城,迫使大玉兹诸部和中玉兹的一部分部落臣属于他们。[1]

哈萨克人所面临的严峻局势使3个玉兹再次团结起来,小玉兹汗阿布勒海尔被推选统帅军队。1726年,3个玉兹的军队开始采取统一行动,在图尔盖草原的东南地区进行了有组织的反抗。1730年,哈萨克人在以后被命名为安拉凯(Anrakay,即敌人呻吟之地)取得了反准噶尔人的重大胜利。

联合作战所取得的重大胜利并未使3个玉兹的团结持续下去。3个玉兹之间,特别是中、小玉兹与大玉兹之间的关系,未能牢固到维系这一联盟。1730年,中、小玉兹的首领及速檀在奥里阿塔召开了一次会议。会议的主题是确定哈萨克汗国大汗的人选和汗国的前途。会上,小玉兹汗阿布勒海尔想继续担任3个玉兹的首领。阿布勒海尔是创建汗国者札尼别的七世孙,18世纪20年代成为小玉兹汗。在大灾难时期,他曾统率3个玉兹军队,在哈萨克人中有一定威望。但是,阿布勒海尔生性"狡猾、虚伪、利欲熏心",性格暴躁,[2]加之,他的能力不足以获得这一位置。博拉特汗之子阿布勒班毕特性情温和,平易近人,因而赢得了与会速檀的认可。[3]但从以后3个玉兹的发展来看,阿布勒班毕特的权威未真正实施。

奥里塔阿会议以后,哈萨克汗国分裂的局面最终形成,统一的哈萨克汗国实际上已经不复存在了。在18世纪下半叶至19世纪中叶,哈萨克人的历史是3个玉兹的独立发展史。3个玉兹的汗王也未能有效地管理自己的领地,一些势力较强的部落首领不听从汗的命令。在这种分裂的形势下,小玉兹及中玉兹统治者投靠了俄国,在俄国的保护下实施统治;大玉兹先后在准噶尔汗国和中国清王朝保护下维持着统治。

在准噶尔人入侵期间,小玉兹的大多数人从下游越过锡尔河迁入

---

〔1〕Howorth,H. H. , *History of the Mongols from the 9th to the 19th Century*. Vol. 2, p. 642.
〔2〕哈萨克族简史编写组:《哈萨克族简史》,第157页。
〔3〕哈萨克族简史编写组:《哈萨克族简史》,第157页。

布哈拉汗国和希瓦汗国。在这些人中,无法在当地立足的人继续向西北迁徙,进入乌拉尔河和伏尔加河流域,从此,小玉兹哈萨克人再也没有返回乌拉尔以东的哈萨克草原。新来的小玉兹哈萨克人与当地牧民哥萨克人、巴什基尔人和早期迁来的土尔扈特人发生冲突。在这些冲突中,小玉兹汗阿布勒海尔不得不求助于俄国。在1730年召开的奥里塔阿会议上,阿布勒海尔争夺哈萨克汗位失败。第二年(1731年),阿布勒海尔宣誓臣属于俄国。此举在小玉兹哈萨克人中遭到抵抗。

1741年,准噶尔噶尔丹策零出兵攻哈萨克中玉兹和小玉兹。阿布勒海尔向俄国求援,俄国没有给予实质性的帮助,只允许阿布勒海尔"在危急时刻,带领其家属和仆从,进入奥伦堡要塞"。[1] 为了避开准噶尔人,阿布勒海尔率部迁到了与俄国的边界地区。小玉兹以后的历史更多地与俄国人联系在一起。

1748年,小玉兹汗阿布勒海尔被中玉兹汗巴拉克杀死,其长子努拉里继位。俄国在批准努拉里汗的时候,未在努拉里汗前上加"小玉兹"一名,俄国企图利用已臣属于自己的小玉兹汗逐步控制中玉兹和大玉兹。然而,努拉里汗不仅无力统一哈萨克,而且还未能统治整个小玉兹,在他统治期间,一部分哈萨克人立速檀巴图尔为汗。这部分哈萨克人反对努拉里亲俄的政策。在努拉里汗期间,准噶尔洪台吉遣使前来,要求努拉里遵照其父的意愿,将其妹嫁给洪台吉,两国联姻,并允诺把突厥斯坦城送给他。此事被俄国知道,俄国认为"准噶尔人和哈萨克人结成姻亲对俄国不利",于是,"下令采取一切相应的办法阻止这个联姻"。[2] 此事因阿布勒海尔之女于1751年去世而不了了之。

1751年,准噶尔汗国爆发内讧,中国清王朝利用这一形势开始了平定准噶尔汗国的战争,1757年,清朝统一伊犁河流域,努拉里决定与清朝建立关系。1762年,努拉里向清朝派出使团,1763年初,乾隆皇帝接见了小玉兹的使者。努拉里汗的行为被俄国知道后,他们开始加强

---

〔1〕哈萨克族简史编写组:《哈萨克族简史》,第158页。
〔2〕哈萨克族简史编写组:《哈萨克族简史》,第160页。

对小玉兹的控制,对哈萨克民众的反俄斗争采取了军事高压政策。1763 年 5 月,奥伦堡当局接到命令,可向越界的小玉兹哈萨克人直接开火。与此同时,鼓动卡尔梅克人和巴什基尔人对哈萨克人进行武装挑衅。随后,小玉兹哈萨克人被俄国人赶回小玉兹的中部地区。[1]

1790 年,努拉里汗去世,俄国扶持他的兄弟艾拉里速檀为汗。1794 年,艾拉里去世,俄国又扶持努拉里汗的长子伊施姆速檀为汗。1797 年 11 月,伊施姆汗在俄国的一个要塞中被哈萨克起义军击毙,努拉里汗的兄弟艾瓦楚克速檀继承汗位,同时组成了一个由俄国控制的 6 人参议会辅佐他管理小玉兹事务。

1805 年,俄国免去艾瓦楚克的汗位,宣布艾瓦楚克之子丘列速檀继承汗位。1811 年,俄国开始在小玉兹哈萨克草原北部沿伊列克河修筑要塞线。1814 年,俄国扶持丘列速檀之弟希哈孜登上汗位。1822 年,沙俄利用伊列克河沿线要塞侵占了小玉兹哈萨克人在伊列克河与乌拉尔河之间的牧地,激起了小玉兹哈萨克人的反抗。1824 年,俄国镇压了哈萨克人的反抗,同年,颁布了《奥伦堡哈萨克人条例》,小玉兹哈萨克人由奥伦堡督军直接管理。

奥里塔阿会议以后,中玉兹分裂为两部分,分别由巴拉克汗和赛买克汗统治。赛买克汗与小玉兹的关系密切,在 1731 年阿布勒海尔宣誓臣属于俄国之时,他也带领着一批中玉兹速檀和比与小玉兹汗一起向俄国人宣誓臣属于俄国。此举导致了中玉兹哈萨克人的反俄起义,最后,连赛买克汗本人也加入到反俄斗争之中。

1736 年,中玉兹赛买克汗去世,汗位由头克汗的次子阿布勒班毕特汗继承,他以突厥斯坦城为统治中心。阿布勒班毕特汗年事已高,实权掌握在他的助手速檀阿布赉(Ablai)手中,领导抗击准噶尔入侵和统一中玉兹的历史重任将落到速檀阿布赉的肩上。阿布赉出身于贵族之家,有学者认为他是杨吉尔汗的五世孙。他曾流落于希瓦汗国,阅历甚广,也积累了一定的社会经验,在与准噶尔入侵者的斗争中崭露头角,

---

〔1〕哈萨克族简史编写组:《哈萨克族简史》,第 161 页。

并成为哈萨克人中的著名汗。1741年,阿布赍被准噶尔人俘虏,哈萨克速檀率90人的使团前往准噶尔汗国谈判,1743年,阿布赍获释返回中玉兹。阿布赍开始在西部中玉兹中树立自己的权威。随着声望的上升,亲属、速檀都归顺于阿布赍,他可以支配的地域很广阔。在地位巩固之后,阿布赍将自己凌驾于贵族会议之上,把判处封建主死刑的权力从贵族会议转到自己手中。

到50年代,阿布赍已经独立地统治着中玉兹的大部分地区。阿布赍对年迈的阿布勒班毕特汗十分尊敬,一直只保持速檀之名而不称汗。对内,他实施温和的政策,并且任命自己的兄弟和儿子为氏族的比。对外,他调整了与准噶尔人和俄国的关系。准噶尔汗噶尔丹策零趁机改变了对待哈萨克人的态度,将自己的女儿嫁给了阿布赍,并答应把塔什干城作为阿布赍的世袭领地。与此同时,阿布赍主动与俄国联系,双方达成协议,从1750年起,在俄国的特罗伊茨克要塞开设交易市场。

阿布赍在巩固了西部中玉兹以后,开始统一中玉兹东部。奥里塔阿会议以后,中玉兹速檀巴拉克是独立于赛买克汗的中玉兹汗,他最初的领地可以在西方。在赛买克汗臣属于俄国之时,巴拉克汗统治的哈萨克人拒绝臣属于俄国,"他们不愿放弃他们的独立,他们在这种臣服中看到的只不过是奴役和压迫,而不是应有的后果:平静和安宁。他们竭力反对那些支持俄国的吉尔吉斯(即哈萨克)人"。[1] 这些哈萨克牧民不时地对俄国人发起袭击。1748年,巴拉克汗击毙小玉兹汗阿布勒海尔,由此引发了两个玉兹哈萨克人之间的冲突。为了避开小玉兹,巴拉克汗求助于准噶尔人,迁入锡尔河北岸准噶尔人控制下的伊卡奈、奥特拉尔、塞格纳克3城之间的空隙地带,与大玉兹哈萨克人的牧地毗邻。在历史上,他被称为中玉兹东部汗。

1750年,巴拉克汗与他的两个儿子在出访一位和卓之时被人毒死,巴拉克汗是中玉兹中有影响的统治者,他的去世引起了中玉兹东部局势的混乱。原巴拉克汗势力推举库恰克速檀为汗,然而,库恰克汗的

---

〔1〕〔俄〕A.D.列夫申:《吉尔吉斯—哈萨克各帐及各草原的叙述》(摘译本),第57页。

统治控制不了局势,他依靠准噶尔人维持着自己的统治。一部分速檀企图乘乱夺取中玉兹的统治权,而阿布勒海尔之子、小玉兹汗努拉里也借助俄国的势力企图报杀父之仇,中玉兹东部面临严峻的形势。在此期间,阿布赉将东部中玉兹纳入自己的统治,中玉兹统一。

在清朝平定准噶尔汗国之时,阿布赉在1757年写给清朝的文书中说:"我等哈萨克有三部落,我系鄂尔图玉斯(即中玉兹)头目,奇齐玉斯、乌拉玉斯皆我族兄为长。"[1]此后,阿布赉侵占了大玉兹西部领地,其西北牧地归他本人统治,包括突厥斯坦城和塔什干城在内的西南牧地成为阿布勒班毕特的次子阿布勒比斯的领地。

1769年,中玉兹汗阿布勒毕特去世,1771年,阿布赉称汗。俄国当局派遣官员劝说阿布赉向俄国政府呈文申请批准他的可汗头衔,阿布赉乘机要求俄国承认他为哈萨克3个玉兹的大汗。1778年,俄国批准了他的呈文,承认了他的大汗地位。1780年11月,阿布赉汗在突厥斯坦城病故,其长子瓦里继位。

瓦里汗没有绝对的威望统一哈萨克人,于是,大玉兹哈萨克人侵占了中玉兹南部的游牧地。瓦里汗在位的最后几年,中玉兹的分裂趋势加剧了,一些自称汗的首领公开与他对抗。在此过程中,俄国干预了中玉兹内政。1816年,俄国政府扶持前巴拉克汗之子布克依为第二可汗,企图在年迈的瓦里汗去世之后控制中玉兹。然而,1818年,布克依与瓦里汗都先后去世。在两位汗去世之后,中玉兹四分五裂,4年以后,俄国将中玉兹纳入了自己的统治。

大玉兹人的牧地在哈萨克草原东部,在大灾难时期,他们的领地首当其冲地被准噶尔人占领。1729年战争以后,大玉兹的一些牧民返回锡尔河以北草原。18世纪30年代,大玉兹汗卓勒巴尔斯(1730?—1740年)的驻地在塔什干。这一时期,大玉兹哈萨克人实际上臣属于准噶尔汗国,他们向准噶尔人缴纳皮毛税,同时还要将部族首领之子送到准噶尔汗国为人质,这种状况一直持续到40年代初。奥伦堡总督塔

---

〔1〕〔清〕傅恒等:《平定准噶尔方略》,乾隆三十七年殿刻本,第42卷,第2页。

吉谢夫于 1739 年曾派以著名历史学家米勒中尉为首的商队前往塔什干,商队还未到达目的地,就遭到大玉兹哈萨克人的抢劫。据逃回来的人说,在卓勒巴尔斯统治时期,大玉兹实行的是双重统治。除了卓勒巴尔斯外,还有一个名叫梯乌勒的长老,他与卓勒巴尔斯共同执掌政权。

1740 年,塔什干市民起义,杀死了卓勒巴尔斯汗,大玉兹部群龙无首,没有一个公认的统治者,内部势力分散,各自为政。此后,大玉兹的一些领地被中玉兹哈萨克人侵占,大玉兹哈萨克人的牧地实际上只限于七河流域。在此时期,名为比梯乌勒的人成了大玉兹统治者,然而,其掌权不久就被库西雅克比赶走,库西雅克可能是准噶尔汗噶尔丹策零任命的总督。在他的统治下,塔什干向准噶尔人交纳贡赋。在此后的 8 年中,大玉兹每年送人质到准噶尔汗国。1749 年,大玉兹的实际统治者是原来头克汗时期派到大玉兹的人图列比,在与俄国奥伦堡当局的往来信件中,俄国人称他为哈萨克大帐贵族,尊敬的图列比。

准噶尔汗国被清朝平定以后,大玉兹内部并未形成统一的局面。18 世纪后半叶,费尔干纳的浩罕汗国强大起来,大玉兹又面临着新兴浩罕汗国的入侵。在浩罕汗额尔德尼比统治期间(1751—1769 年),浩罕军队向锡尔河北岸扩张,攻占了塔什干城。不久,中玉兹阿布赍率部加入了争夺塔什干城的斗争。1767 年,阿布赍击败浩罕军队,夺取了塔什干城。阿布赍在 1780 年返回哈萨克草原之时,留下原中玉兹汗阿布勒班毕特汗之子阿布勒比斯统领大玉兹。

1783 年,阿布勒比斯汗去世,他的两个儿子博普与杭和卓争夺大玉兹汗位,大多数首领推举杭和卓为汗,清朝政府正式册封杭和卓为汗:"尔杭和卓系阿布勒比斯长子,加恩将尔父王爵令尔承袭。今将袭封敕书并大缎四匹一并发往,尔平素善能协助尔父输游牧事务,朕亦深知。今尔袭爵,应感朕恩。"[1]同年,杭和卓遣其子阿布赍素勒坦入朝,乾隆皇帝设宴款待,并予以厚赐。

18 世纪末,浩罕汗爱里木向北扩张,于 1808 年攻占塔什干城。爱

---

[1]《清高宗实录》,卷 1189。

里木宣布大玉兹及其所属哈萨克人为浩罕臣民。浩罕国派到塔什干的统治者在此进行残酷统治,他们的横征暴敛很快激起了当地哈萨克人的起义。在起义遭到浩罕军队的镇压以后,大玉兹哈萨克人开始向外迁徙。一部分人进入我国新疆境内,归属了清朝;另有数千帐迁往俄国边界,被安置在乌斯季卡缅诺哥尔斯克要塞附近,接受了沙皇的统治;还有几千帐进入靠近中国边界的中玉兹领地,即七河流域、科克芬河和卡拉塔尔河一带,他们接受了中玉兹汗的统治,在1819年,进入中玉兹领地的这部分大玉兹哈萨克人臣属于俄国;留在塔什干附近的那些哈萨克人继续归属于浩罕汗国的统治。

哈萨克大玉兹的领土分别被俄国和浩罕汗国占领。1854年5月,俄国颁布了《谢米巴拉金斯克省管理条例》,大玉兹归俄国人管理。

6.4　浩罕汗国

18世纪初期,费尔干纳地区摆脱了布哈拉汗国的宗主权地位,乌兹别克族明格部在这里建立了独立的明格王朝。该王朝存在了167年(1709—1876年),史学界以浩罕王朝(Khoqand)称呼这一政权,我国史书名为霍罕国,尽管浩罕城是明格王朝第三位统治者阿卜都尔噶里木在位时(1733—1746年)才建的。[1] 浩罕汗国以费尔干纳地区为核心,包括了浩罕城、纳曼干、马尔格兰(Marghilan)、坎德·巴达姆、伊斯法拉及其周边地区。浩罕汗国的基本居民是乌兹别克人和突厥族诸部落,还有塔吉克人和吉尔吉斯人。

费尔干纳盆地在发源于锡尔河及其他许多小河的山麓下,是中亚的定居中心之一。费尔干纳绿洲内有远古时代就修建的市镇。在15世纪中叶至16世纪中叶这100年中,费尔干纳经历了帖木儿后王、东察合台汗和布哈拉汗3方的争夺,最终纳入布哈拉汗国版图。15世纪

---

〔1〕在明格王朝创建者沙鲁赫及其子阿卜都尔热依姆统治时期,王朝的首府是在马尔格兰(今马尔吉兰),史料记载明格王朝的第三位统治者阿卜都尔噶里木统治期间(1733—1746年)曾筑新城浩罕,然后都城从他的封地忽毡迁到浩罕城。

中叶,费尔干纳是帖木儿王公巴布尔的祖父卜赛因·米尔咱(Abū Saʿīd Mīrzā)的领地,当时,他的统治中心并不在费尔干纳而是在呼罗珊,宫廷设在赫拉特城。1469 年,卜赛因·米尔咱去世以后,巴布尔的父亲乌玛尔·谢赫·米尔咱(ʿUmar Shaykh Mīrzā)继承了费尔干纳领地,他的驻地在费尔干纳第二大城市阿赫昔(Akhsi)。当他于 1494 年去世之后,年仅 12 岁的巴布尔成为费尔干纳的统治者。

巴布尔于 1483 年 2 月 14 日出生于费尔干纳,不满 20 岁时,在其堂兄弟之间的斗争中,他从堂兄拜孙哈尔(Bāysunqur)手中夺取了撒马尔罕。在乌兹别克人征服河中地区的战争中,巴布尔于 1500—1502 年被昔班尼赶出了撒马尔罕,接着,费尔干纳领地又被速檀·阿黑麻·檀巴勒(Sultān Ahmad Tambal)夺走,1503 至 1504 年间,他被迫逃离费尔干纳,投靠了赫拉特统治者速檀·忽辛·拜哈拉。速檀·阿黑麻·檀巴勒在费尔干纳的统治是短暂的,1504 年昔班尼汗推翻了他的统治,将费尔干纳并入布哈拉汗国版图。

昔班尼在费尔干纳的统治很不稳定,东察合台诸汗不断与布哈拉汗国争夺费尔干纳。为了确保对费尔干纳的统治,昔班尼汗于 1509 年杀死了来费尔干纳寻求避难的察合台马哈木汗及其儿子们。在昔班尼汗于 1510 年战死于莫夫之后,马哈木汗的侄儿萨亦德汗夺取了费尔干纳,但是,萨亦德汗在费尔干纳的地位也不稳定。在布哈拉汗阿布杜拉二世时期,该地区又被并入布哈拉汗国。之后,布哈拉汗国对该地的统治持续了 200 年。在此期间,费尔干纳几乎没有自己独立的政治史。

札尼王朝从昔班尼王朝那里继承下来的领土,除了花剌子模、河中地区、巴尔赫和巴达克山外,还有费尔干纳谷地。在札尼王朝统治的前100 年中,札尼王朝诸汗实际上完整地保住了这一领土;而在札尼王朝统治后期,由于中央集权的衰落,费尔干纳只是在名义上归属于布哈拉汗国,而实际上该地区被几个和卓家族瓜分了。

在奥贝都拉统治时期(1702—1711 年),费尔干纳宣布独立,建立了以伯克为首的地方政权明格王朝。1709 年,察拉克城的和卓们起而推翻了伊斯兰宗教上层的政权,宣布脱离布哈拉汗国。明格部首领沙鲁赫比（Shāhrukh Bī）在费尔干纳建立了一个乌兹别克人的国家，他没有称汗，而是取伯克称号，表明他对布哈拉汗国的依附关系仍然存在。1721年，沙鲁赫比去世（享年40岁），其长子阿卜都尔热依姆（ʿAbduʾl Rahīm Bī）继承了王位。在他统治时期（1721—1733年），他积极对外扩张，先后征服了忽毡（Khujand）、安集延、撒马尔罕、卡塔库尔干（Katta-kurgan）和吉扎克。他把忽毡作为封地给了他的弟弟阿卜都尔噶里木（ʿAbduʾl Karīm Bī），在身患重病之时，他到忽毡养病，在此，他被亲信所杀。

阿卜都尔热依姆有一个儿子额尔德尼伯克（Irdāna）和3个女儿。但是，他的弟弟阿卜都尔噶里木夺取了王位。阿卜都尔噶里木是一位很有作为的统治者。在他统治时期（1733—1746年）建筑了新城浩罕，并把统治中心从忽毡封地迁往浩罕城。根据《速檀王统与可汗世袭》（Ansāb al-salātīn wa tawārīkh al-khawāqīn）一书的作者阿利姆·拉希姆·塔什干迪（Mullā Mīrzā ʿAlī）的记载，阿卜都尔噶里木开始规范和重新组建骑兵。在他统治期间，布哈拉汗国被波斯纳迪尔·沙赫占领，浩罕汗国趁机摆脱了与它的依附关系，成为一个完全独立的政权。

在阿卜都尔噶里木统治时期，浩罕汗国面临准噶尔人的入侵。准噶尔人于18世纪40年代频繁地进攻费尔干纳盆地，他们一度夺取了奥什、马尔格兰、安集延，并且逼近浩罕城。浩罕城民起来保卫城市，乌拉特佩统治者比·法兹尔率一支军队赶来援助浩罕市民。在他的援助下，入侵者被击退。阿卜都尔噶里木与准噶尔人的斗争在1745年已经十分尖锐。在此之前，阿卜都尔噶里木曾杀害了准噶尔汗国前往"看视行兵之路"的回人，准噶尔汗噶尔丹策零怒而派遣色布腾和曼济领兵3万前往问罪。[1]

---

〔1〕此事在《清高宗实录》乾隆十年（1745年）"十一月乙亥"条中有详细的记录："噶尔丹策零在阿卜都尔噶里木看视行兵之路。遣回子巴克达呼逊、雅都喇呼沙、巴勒宾等四十人前往。彼处人猜疑，杀死三十三人，惟七人遁归。噶尔丹策零愈怒，派布彦特兵二万四千、哈萨克兵四千、吉尔吉尔兵二千，令伊族台吉策卜登图拉尔满积图拉尔、衮都尔图拉尔，于今年正月内起程前往。"

155

　　阿卜都尔噶里木于 1746 年[1]去世。之后,浩罕汗国政权更迭频繁。除了王朝内部的争权夺利外,准噶尔人操纵了费尔干纳王位的继承。阿卜都尔噶里木去世之后,他的儿子继承了汗位。但是,他的儿子继位 6 个月后就被赶下台,降为马尔格兰城的统治者,权力移到阿卜都尔热依姆之子额尔德尼之手。然而,额尔德尼的统治也不长久,在准噶尔人的操纵下他很快失去了王位。准噶尔人扶持一位名叫巴巴伯克的人登上了王位。[2] 巴巴伯克统治了一年就被谋杀,额尔德尼于 1751 年重新登上了浩罕的汗位。

　　额尔德尼复位后在位近 20 年(1751—1769 年)。其间,中国清王朝于 1757 年灭亡了准噶尔汗国,额尔德尼向中国遣使朝贡并承认了中国的宗主国地位。在他统治期间,费尔干纳分裂成 4 个伯克领地,它们分别是浩罕、安集延、纳曼干和马尔格兰。

　　额尔德尼死后,他的堂兄弟绥拉满伯克(Sulaymān Beg)被扶上浩罕王位(1769 年)。但是,他仅仅统治了 3 个月就在一次阴谋中被杀害

---

　　〔1〕*History of Civilizations of Central Asia*,Vol. 5. 第二章中记阿卜都尔噶里木死于 1746 年。《清高宗实录》乾隆十二年(1747 年)"二月己丑"条记:"正月初九日,所郡主颇罗鼐告称,访得策卜登台吉已获罪被杀……新立台吉年幼,同事之人,彼此不合,唯恐阿卜都尔噶里木、哈萨克、土尔扈特、喀尔喀等处发兵袭之,所以防范卡座甚严。"由此观之,阿卜都尔噶里木在 1747 年时仍未去世。《东方全史》和《沙鲁赫史》认为他死于希吉勒历 1164 年(即公元 1750/1751 年)。

　　〔2〕C. Adle Irfan Habib:*History of Civilizations of Central Asia*,Vol. 5. ,p. 73:阿卜都尔热依姆只有一个儿子额尔德尼伯克。潘志平在《中亚的地缘政治文化》第 290 页(新疆人民出版社,2003 年)的世系表中注明阿卜都尔热依姆有两个儿子巴巴伯克(Bābā Beg)和额尔德尼伯克。按《沙鲁赫史》的记载,巴巴伯克是阿卜都尔热依姆的长子,以后作为人质在准噶尔人手中。而《吉尔吉斯与吉尔吉斯人史料集》(俄文版),第 233 页(莫斯科,1973 年)上说,1745—1746 年,准噶尔军队还包围着浩罕城。阿卜都尔噶里木只得交出儿子做人质(引自吴筑星:《沙俄征服中亚考叙》,贵州教育出版社,1996 年,第 86 页)。从逻辑上分析,阿卜都尔噶里木交出的人质者应该是他自己的儿子,在他去世后,其侄儿额尔德尼夺取王位,而准噶尔将其儿子巴巴伯克扶上王位。

了。浩罕汗国的贵族们在 1769 年[1]邀请原浩罕汗阿卜都尔噶里木之孙那尔巴图(Nārbūta,另译纳禄博图)出山,拥立他为汗。

在绥拉满和那尔巴图统治时期(1769—1799 年),浩罕汗国曾遣使到中国朝贡。成书于 1772 年的《回疆志》卷 4"菁汉"条对此记载说:"回目额尔德尼遣头目拜默德等,为使觐内附贡纳方物以来,嗣立之酋长绥拉满、那尔巴图亦俱节年差使入觐贡物,至今不绝。"可见,当时的清朝政府已正式承认了那尔巴图的继位。在他统治时期,浩罕汗国物资丰富,价格低廉。他还发行了在流通中面值最小的铜币(fals, fulūs)。那尔巴图在 1770—1798 年间征服了安集延、纳曼干和奥什,攻占了忽毡和乌拉秋别,统一了浩罕汗国。[2]

那尔巴图于 1799 年去世,此后,王位由其子爱里木伯克(ʿĀim Beg)继承。爱里木伯克于 1805 年正式称汗,发行了自己的钱币,但钱币上他的称号仍是伯克。爱里木汗在浩罕修建了大清真寺马德拉沙·依·贾米(Madrasa – i Jāmiʿ)。爱里木在位时期(1799—1810 年)创建了一支主要由塔吉克高地人组成的雇佣军。利用这支军队,他对内进行统一战争,对外与布哈拉争夺两国边境上的一些重要城市。

爱里木统治期间,致力于浩罕汗国的统一。继位之初,地方反对势力强大;伊斯法拉、楚斯特等城镇的统治者都蔑视汗的权威,甚至发展到以武力与他对抗的程度。在这种形势下,他采取了强硬手段,将反对者或者杀掉,或者驱逐,在不长的时间便统一了费尔干纳。

爱里木与布哈拉汗国为争夺乌拉秋别城和吉扎克城进行了长期的

---

[1]关于额尔德尼与那尔巴图交替之中还有个绥拉满短暂的政权一事所记时间出入较大。《沙鲁赫史》和《东方全史》都认为是希吉勒历 1176 年(1762—1763 年)。别伊谢姆比耶夫据此认为额尔德尼死于 1762/1763 年,那尔巴图在希吉勒历 1177 年(1763 年)即位,而绥拉满在希吉勒历 1176—1177 年(1762/1763 年)做了些日子的伯克。罗莫金认为额尔德尼统治一直延续到1770 年,只是在 1763/1764 年中有 3 个月或 6 个月的中断,其时政权归绥拉满。巴托尔德依据一位俄国军士的报告断定那尔巴图是在 1774 年才即王位的。潘志平先生认为,额尔德尼和那尔巴图交替在 1769—1770 年间,在这个交替中有个绥拉满的短命政权。(参见《中亚的地缘政治文化》,第 282 – 283 页。)

[2]关于那尔巴图及其与中国的关系,见 Howorth, H. H., *History of the Mongols from the 9th to the 19th Century*, Vol. 2, pp. 817 – 819.

战争,他对乌拉秋别进行了 15 次征讨。乌拉秋别城领主采取灵活的外交手段,时而投靠布哈拉汗国,时而投靠浩罕汗国,以此保持着自己的独立。除了这些城市外,爱里木还夺取了一些由地区统治者控制的北部要塞,它们是安格连谷地、奇姆肯特、赛拉姆等。爱里木汗最大的成功是于 1808—1809 年间吞并了塔什干,至此,他的领土比他刚继位时扩大了一倍。在爱里木汗攻占塔什干一年以后,哈萨克人起义反对浩罕汗国的统治。爱里木汗两次派其弟爱玛尔伯克(ʿUmar Beg)及其母舅率军前去镇压。他命令浩罕军队消灭所有遇到的哈萨克人,哈萨克人被迫投降。

爱里木在位时期还征服过阿姆河上游达尔瓦兹地区,领土得到进一步扩大。到他统治末期,浩罕汗国的版图是:西北方抵达锡尔河下游;东北方侵占了中国清朝的大片领土,抵达伊塞克湖;南部抵达帕米尔高原。

1810 年,塔什干传出爱里木汗被杀的谣言,于是,其弟爱玛尔伯克在浩罕城被扶上汗位。当爱里木汗得知这一背叛行为之后,匆匆赶往浩罕城,途中在阿尔提·库什(Alti-Qush)附近被杀[1]。中国史书详细记录了这一情况,喀什噶尔参赞大臣铁保在报告(嘉庆十六年三月初五)中说:"探得爱里木暴虐贪残,原已众心不附。昨于上年十二月十八日自带夷兵至塔什谦地方驻扎,差头人海特黑带人至披斯堪萨木拉等处掳掠。于正月十七日抢得人畜物件,回到塔什谦地方,并未歇息,云将该头人痛加责打,以致激变众心。海特黑及爱里木之母舅雅满库里、依底斯库里、巴杂巴图尔、色得黑等倡率群夷,在塔什谦将爱里木及其长子沙鲁克并其妻妾亲丁共计七口,全行害,即拥立爱里木之弟爱玛尔为该处阿奇木。爱玛尔即将掳到人畜送还各本处,委任伊父旧日亲信头人,通好诸夷部落,尽反爱里木所为,该处人心颇为悦服。"[2]

1811 年 2 月 11 日,爱玛尔正式继位。在浩罕汗国的历史上,爱玛

---

〔1〕Howorth, H. H., *History of the Mongols from the 9th to the 19th Century* Vol. 2, pp. 817 – 819.

〔2〕中国第一历史档案馆档案,军机处录件,民族类,嘉庆十六年三月初五日铁保为差人探查霍罕酋长情形片。

尔是一位很有作为的统治者。汗国在他及其子玛达里的统治下达到了极盛,成为中亚的一个大国。爱玛尔的统治得到了浩罕汗国的大封建主的支持。在他们的支持下,爱玛尔从中央到地方建立起一套完备的国家机构。他统治的基础是乌兹别克族明格部的贵族和以和卓家族为首的宗教上层人物、大封建主和宗教上层人物,这些贵族在国家政权内掌握着重要职务。

在爱玛尔汗时期(1811—1822 年),浩罕汗国兴建了一系列大型灌溉渠,开凿了大运河纳赫尔·依·汗(Nahr-i Khan Say),引卡拉河(Kara Darya)河水到在安集延西部的沙赫里汗城;耗时 3 年建成了新阿雷克渠,实现了引锡尔河水灌溉的目的。汗国内的农业、畜牧业、手工业和贸易都得到了发展。爱玛尔统治时期的另一个显著特征是浩罕汗国的文学、艺术和教育得到了很大的发展。

在他统治期间,浩罕汗国拥有一支 1 万匹马的常备军,但由于给养不足,骑兵作战时间不能超过两个月;此外,各部落有 3 万民兵,这些民兵每年为汗服务一个月,他们的主要武器是戈和矛。与爱里木一样,爱玛尔也与布哈拉汗国争夺对乌拉秋别和吉扎克城的统治权。他重新夺取了突厥斯坦城(1814 年)和塔什干北部的一些小城镇,使浩罕汗国的领土得到扩展。当时汗国的疆域范围是:西北方濒临咸海,包括锡尔河下游附近的哈萨克草原;东北方与巴尔喀什湖以南的中国清王朝属地相邻;南达卡拉捷金山区。他在位时期,费尔干纳的城市生活达到了相当高的水平,大城市有浩罕、安集延、纳曼干和马尔格兰。

1813—1814 年,俄国翻译家纳扎罗夫访问了浩罕,据他的记载,浩罕城的面积很大,他还报道了当地繁荣的手工业和商业活动。纳扎罗夫说,浩罕城和整个浩罕汗国种了很多棉花和蚕桑树,到处都可以看到种植着棉花的土地。浩罕人以棉织布,将布运到布哈拉市场上换回俄国货物。从他的描述中可以看出,费尔干纳城市的特征是没有城墙,而城墙却是布哈拉和希瓦城市不可缺少的。尽管当时浩罕汗国已经强大,但爱玛尔在位时期仍承认清朝的宗主国地位。

·欧·亚·历·史·文·化·文·库·

1822年秋,爱玛尔病逝,[1]其子玛达里(1822—1841年,Muham-mad ʿAli,汉语又译为迈买底里汗)继承了汗位。玛达里继续其父扩张的政策。1834年,塔什干大臣写给俄国的信中说:"迈买底里汗…已经夺取了乌拉秋别、卡拉捷金、库拉伯(Kulab)和达尔瓦兹诸城,并使诸城各族臣服,任命了他亲自为各城挑选的统帅,又进一步征服了许多城镇和居民。"[2]玛达里征服卡拉捷金之后,他的军队在其手下穆罕默德·沙里夫(Muhammad Sharīf)的率领之下于1839年进军达尔瓦兹。达尔瓦兹统治者速檀·马哈穆德战败并承认臣属于浩罕汗国。

在玛达里统治期间,浩罕汗国不再承认清朝的宗主权,在长达半个世纪(1820—1876年)中,它以独立国家的身份成为中国清代西北部的邻国。浩罕汗国脱离了与中国的藩属关系之后开始干涉喀什噶尔的内政,其统治者竭力支持该地和卓后裔进行反清的叛乱活动。更有甚者,玛达里汗还亲自侵犯喀什噶尔地区,在1826—1831年间他还发动了对喀什噶尔的远征。在统治后期,玛达里汗还唆使张格尔侵扰喀什噶尔。

1829—1830年间,到过费尔干纳的俄国少尉波塔宁在描述浩罕城时说,这一城市周长大约25俄里(约27公里),除了女性,有3000户,1.5万人。城里有6个市场和大约100座美丽的建筑和清真寺。[3]浩罕的手工业主要有造纸业和丝绸纺织业。这里手工生产的书写纸销路广,除满足国内的需要外,还远销国外。波塔宁在谈到浩罕时说,这里有火药工厂,但没有说明它是属于政府还是属于私人所有。[4]玛达里在位时期修建了一些有名的建筑,其中著名的有塔什干的伯格拉尔格吉(Beglarbegi)宗教学院和塔什干汗哈里克(Khan Harik)运河。

在玛达里汗统治时期,浩罕汗国与布哈拉汗国之间的关系在原来

[1]Howorth,H. H., *History of the Mongols from the 9th to the 19th Century.* Vol. 2, pp. 821 - 823.

[2]*Tsentral'nye Gosudarstvennye Arkhivy*, fol. 1265, op. 1, pp. 123 左右两面;引自 C. Adle Irfan Habib:*History of Civilizations of Central Asia*,Vol. 5., p. 75.

[3]〔俄〕伊万诺夫:《中亚史纲(16—19世纪中叶)》,载《中亚史丛刊》,1983年第1期,第104页。

[4]〔俄〕伊万诺夫:《中亚史纲(16—19世纪中叶)》,载《中亚史丛刊》,1983年第1期,第104页。

敌对的基础上朝着更坏的方向发展。当玛达里汗的残暴统治在国内遭到强烈反对之时,他于 1841 年将汗位让给其弟速檀·马木特(Sultān Mahmūd)。布哈拉埃米尔纳斯鲁拉趁新汗继位之机进军浩罕,于 1842 年 4 月夺取了浩罕城,处死了玛达里和新汗马木特等人,任命布哈拉总督伊布拉依木(Ibrāhīm Dād - khwāh)统治浩罕汗国,当时布哈拉汗国曾将此事禀报了清朝。[1]

然而,浩罕人不服从布哈拉总督伊布拉依木的统治。他们把他赶走,立已故爱里木汗和爱玛尔汗的堂兄弟希尔·阿里(Shīr ᶜAlī,1842—1845 在位)为汗,伊布拉依木逃往忽毡。布哈拉埃米尔纳斯鲁拉对浩罕再次发动远征,但是没有成功。在希尔·阿里汗统治时期,浩罕汗国在西部面临着布哈拉埃米尔的威胁,在北部正承受着征服了哈萨克斯坦的俄国人的武力入侵。

1845 年,浩罕汗国经历了内乱。由于汗国的苛捐杂税,各地人民纷纷起义反抗浩罕的统治。乌兹别克克普恰克部的千夫长(ming - bāshī)木素满库里(Musulmān Qul)于 1845 年率军前往奥什镇压当地人民的起义。爱里木汗之子木拉特汗(Murād)利用木素满库里率军外出的机会,夺取浩罕汗权,处死了希尔·阿里汗。木素满库里在镇压了起义之后,在纳曼干将自己的女儿嫁给了希尔·阿里之子胡达雅尔(Khudāyar),然后以岳父身份与胡达雅尔一起进军浩罕城,抓获并处死了木拉特汗,宣布胡达雅尔(当时还未成年)为汗,自己成为摄政王。

在胡达雅尔统治的第一个时期(1845—1853 年),国家政权基本上掌握在其岳父手中。1852 年,他与专横的岳父产生了分歧,他免去了岳父的职务。1853 年,俄国军队夺取了浩罕北部锡尔河畔的阿克麦切特要塞(Ak-Mechet, Āq-Masjid,或者说白清真寺),俄国官员威尔雅米诺夫·哲尔诺夫(Velyaminov-Zernov)秘密会见了木素满库里。胡达雅

---

〔1〕《清实录》道光二十二年(1842 年)"七月癸酉"条记载说:"布噶尔(即布哈拉)伯克夺占霍罕地方,差人进卡递禀。"布哈拉埃米尔的禀文如下:"我们托上天的福,遵经典上的礼,信兵的气力,今年三月卅日我们虎年好日子,我们将浩罕地方得了,我就在浩罕居住,因此事,我差我的心腹人密拉尔伯克伊布拉依木、帕尔察罕卓二人来与参赞大人禀知道。"(中国第一历史档案馆档案,军机处录件,民族类,图明额道光甘日奏折,附件二。)

·欧·亚·历·史·文·化·文·库·

尔在得知此事之后,怀疑克普恰克人阴谋推翻他,于是,采取了血腥大屠杀,包括木素满库里在内的两万多克普恰克人惨遭杀害。

从此,胡达雅尔汗开始了他的独立统治时期(1853—1858年)。1858年,汗的兄弟迈里伯克(Mallā Beg)集结了一支军队,武装夺取了浩罕城。胡达雅尔逃往布哈拉汗国避难。在此时期,克普恰克人首领木素满库里之子阿林沽开始了他的政治活动,对新汗迈里施加了重要的影响。然而,迈里汗的统治并不长久。克普恰克部千夫长努尔·穆罕默德(Nūr Muhammad)和沙德曼和卓(Shādmān Khwāja)等阴谋家于1862年2月25日冲进宫中,杀死了他,并于次日(2月26日)清晨宣布迈里汗之子沙木拉特为浩罕汗。

1863年5月,逃亡布哈拉的胡达雅尔率领一支军队返回浩罕,恢复了汗位。然而,当布哈拉军队撤走之后,阿林沽于1863年7月9日又把沙木拉特扶上了浩罕王位,胡达雅尔再次逃亡布哈拉。以后,胡达雅尔又恢复了他的统治,他的统治一直持续到1875年,即俄国征服浩罕汗国前夕。胡达雅尔汗在其统治后期,对内实行暴虐统治,史书记载说:"他对其人民开始了十年的浩劫,这十年中充满了各种掠夺和谋杀。"[1]对外,他屈服于俄国,不仅承认沙皇的最高权威,而且向俄国支付赔款。在1873—1874年间,他的统治激起了国内人民的起义。汗的军队对起义军进行了残酷镇压。乌兹根城民曾要求俄国帮助他们反抗胡达雅尔汗。这种混乱形势给俄国提供了彻底消灭浩罕的条件。1876年,俄国征服了浩罕汗国。

在18世纪,浩罕汗国经济处于繁荣时期,到19世纪上半叶,汗国的经济和文化生活都到达了鼎盛。由于建筑了一些大规模的灌溉工程,汗国内灌溉区的面积得到了相当大的拓展。塔什干统治者米尔咱·阿赫默德(Mīrzā Ahmad,1853—1858年)曾把灌溉工程从塔什干一直修到了楚河流域。因此,农业(特别是植棉业)以及养蚕业和园艺业都得到了极大的发展。农业发展的原因还有大批贫困牧民转向农业

---

〔1〕Howorth,H. H.,*History of the Mongols from the 9th to the 19th Century* Vol.2,p.836.

这一因素,那些因牧群太小而不能继续以畜牧业为生的牧民以雇工身份到大土地所有者的土地上从事农业。

汗国国家机构在爱玛尔汗统治时期日臻完善,无论是世俗的还是宗教职位都已确立。汗一身兼有世俗和宗教权力,他被授予伊斯兰世界的最高称号"有正统信仰的人的君主"。在汗国内,世俗的职务有明哥巴希,即介于内务大臣与国家首相之间的职位;地区统治者埃米尔(列什克巴希),最大的省份通常任命享有全权的省长(库什别吉)管辖。尽管存在着这些职位,但是,浩罕汗国也像其他中亚国家一样,各种官吏职权之间没有严格的界限。官员权力的大小取决于他个人在汗廷中的影响程度。和卓和伊斯兰主教是宗教界最高职位,他们管理全部宗教活动。浩罕历史学家穆罕默德哈基姆在叙述爱玛尔汗的政府时说,汗的国库供养着总数为 4 万的人,[1]这些人大多是官员和军人。

19 世纪 30 年代,浩罕汗国的势力已经扩大到喀什噶尔边界的伊塞克湖区域。19 世纪 40 年代,帕米尔西部的什克南、卡拉捷金、鲁珊和达尔瓦兹曾附属于浩罕汗国。但是,正如专门研究帕米尔历史的前苏联学者伊斯坎达罗夫所说:"浩罕汗早就通过向山地的半独立政权的进攻来扩大自己的领土。但是,这些进攻并不是顺利的,通常是暂时性的;山区军民在浩罕军队进犯的整个过程中积极地进行抵抗。正是这个原因,使得浩罕在其暂时占领地区的地位不稳固。"[2]事实上,浩罕在南部虽然有很大扩展,但汗国的边界从来没有越过阿赖谷地。在玛达里的统治时期,在巴尔喀什湖南岸之间游牧的大玉兹哈萨克人已经承认了浩罕汗国的宗主权,哈萨克人占据的突厥斯坦城也承认臣属于浩罕汗国。然而,浩罕汗国的鼎盛局面没有维持多久,俄国的南侵使浩罕汗国领土不断退缩,最终全部被俄国征服。

〔1〕〔俄〕伊万诺夫:《中亚史纲(16—19 世纪中叶)》,载《中亚史丛刊》,1983 年第 1 期,第 105 页。

〔2〕〔前苏联〕伊斯坎达罗夫:《19 世纪下半叶的东布哈拉和帕米尔》,杜尚别,1962 年,第 39—40 页;引自杨建新:《评所谓"继承浩罕遗产"论》,载《西北史地》,1984 年第 3 期,第 98 页。

6.5　俄罗斯帝国

1584 年,伊凡四世去世,他的儿子费多尔即位。费多尔无子,在他于 1598 年病逝后,统治俄罗斯 700 年的留里克王朝覆亡。1613 年,年仅 16 岁的米哈依·费多洛维奇·罗曼诺夫被推举为沙皇,从此,罗曼诺夫王朝对俄罗斯 300 多年(1613—1917 年)的统治开始了。罗曼诺夫王朝经历了 18 个沙皇的统治,其中最有作为的沙皇是彼得一世、叶卡捷琳娜二世和亚历山大二世。

米哈依在位 32 年(1613—1645 年)后去世,他的儿子阿列克塞即位为沙皇。阿列克塞 1669 年丧妻,留下几个女儿和两个儿子。大儿子名费多尔,体弱多病;小儿子名伊凡,不仅身体很差,而且智力低下,近乎白痴。阿列克塞于 1671 年再度结婚,次年生下彼得。1676 年,阿列克塞病死,长子费多尔即位,王权实际上被其母亲的米洛斯拉夫斯基家族操纵。彼得和母亲离开克里姆林宫,迁居到莫斯科郊外的普列奥勃拉任斯科耶村。费多尔在位 6 年后于 1682 年病死,阿列克塞的另外两个儿子伊凡和彼得共立为沙皇,分别称为伊凡五世和彼得一世(1682—1725 年)。由于伊凡愚钝,而彼得又年幼(仅 10 岁),因此,伊凡的姐姐索菲亚摄政。彼得和母亲继续住在莫斯科郊外的普列奥勃拉任斯科耶村,一直到他满 17 岁。

普列奥勃拉任斯科耶村曾是沙皇的行宫。村子周围有田野、森林、池塘和河流。彼得在此与日耳曼村的外国侨民广泛交往,由此,获得了有关西欧先进文化的最初印象。在其兄伊凡五世于 1696 年病逝以后,他开始独掌实权。独立执政的第二年,他以一名普通下士的身份率领一个“高级使团”出访西欧。使团到过奥地利、荷兰、英国、普鲁士等许多国家,参观了英国的手工工场、博物馆、大学、剧院和港口,彼得还到英国的议会去旁听,考察该国的政治制度。这次出访回来时,他聘请了国外的一批人才为他以后的改革服务。

在西欧的游历,使彼得认识到俄国社会不仅政治、经济和军事都落后于西欧,而且文化、教育、科学、技术也很落后;然而,俄国贵族们还在盲目排外,拒绝西方文化。这种状况窒息了人们奋发向上、弃旧图新的精神。这一现实迫使彼得下决心改变俄国的现状,回国后,他立刻开始按西方模式在俄国实行改革。

彼得一世在政治方面的改革是进一步完善中央集权。他在中央设立了参政院,废除了领主杜马。领主杜马产生于 10 世纪的古罗思时期,当时它是隶属于大公的最高会议,一直是俄国的最高统治机构。领主杜马可以在沙皇不出席的情况下召开会议,管理国家事务,充当最高立法和司法机关。杜马成员中绝大多数出身名门望族,或者是拥有大地产的贵族,非名门贵族出身者只占少数,他们是立有战功的人。领主杜马在一定程度上限制了沙皇的权力。1698 年,彼得指定 8 个亲信组成“近臣办公厅”,作为领主杜马的办事机构;之后,他又建立参政院直接取代了领主杜马。在地方行政上,彼得实施省、州、区 3 级管理模式,突出了中央政府的治理权威。

为了打开“一扇敞向欧洲的窗户”,以利于俄国与欧洲的联系,彼得一世下令在俄国最靠近西欧的地方建造新都。1700 年,俄国在“北方战争”中挫败了北方劲敌瑞典,夺取了濒临芬兰湾和里加湾的一些地区。1703 年 5 月 27 日(俄历 5 月 16 日),彼得选择离莫斯科 800 多公里、地处涅瓦河畔、密林和沼泽密布的一个小村庄为新都地址,开始建设被命名为圣彼得堡的新城。仅仅 9 年时间,新都就建成了,1712年,彼得发布了圣彼得堡作为帝国新都的通告。

在用人制度上,彼得颁布了“官职等级表”,以它作为考核和选拔人才的标准。他将文武官员分成 14 个等级,各级必须经过考核才能录用或晋升,无论贵族或贫民皆一视同仁。武官从最低级的准尉和炮手起一直到最高级的大将、元帅,都必须论功晋升。非贵族出身的平民甚至农民,只要获得八等军衔,就可跻身于贵族行列。这一用人制度打破了以往按门第论资排辈的传统,使一批旧贵族丢掉了官职,而让一批出身卑微而有作为的人得到了提拔和重用。

在军事方面,彼得一世模仿西欧军制改组俄国军队。1699 年,俄

·欧·亚·历·史·文·化·文·库·

国历史上第一次建立了正规的陆军和海军。俄国正规陆军分步、骑、炮、工4个兵种。他还建立了海军基地,并创建了波罗的海舰队,使俄国跻身于波罗的海海上强国之列。10年以后,即1709年,俄国的军事改革基本完成。接着,俄国又颁布了《陆军条令》和《海军条令》,进一步完善征兵制度。他还建立了各种军事院校,培养了一批俄国自己的军事技术人才和指挥人员。经过改革后的俄国军队,为彼得一世打开了通往欧洲的"窗口",为俄国打破封闭、参与世界竞争奠定了坚实的基础。在彼得一世主政的37年中,他共发兵35次进行军事扩张。17世纪的俄国是一个远离海洋的内陆国家,但在彼得实行改革以后,俄国凭借强大的军事力量最终成为几面临海的强大国家。通过与北欧强国瑞典进行了长达21年的"北方大战",俄国夺取了波罗的海的出海口;通过与波斯人的战争,俄国夺取了里海沿岸据点。

彼得一世在经济方面的改革最初是围绕着军事目的进行的。彼得一世大力发展军事工业,减少俄国对进口武器的依赖。在军工产业的带动下,一批像乌拉尔、圣彼得堡这样的工业区和工业中心发展起来。在18世纪最初的25年中,俄国的生铁产量比以前增加了5倍多,达到了80万普特(1普特等于16.38公斤),不仅能够满足本国的需要,而且还能向国外输出。工业的发展促进了生产组织的变化,俄国在18世纪初进入了手工工场时期。俄国在法律上承认了逃亡农奴在工场劳动的权利,为手工工场提供了迫切需要的劳动力,促进了手工工场的发展。尽管这一时期俄国的手工工场还不能算是资本主义性质的,但是,它毕竟具有某些资本主义的成分,客观上为俄国资本主义生产关系的发展创造了条件。

彼得一世重视发展贸易。彼得一世意识到对外贸易是俄国吸收外国先进技术,发展本国经济实力的一种有效手段。因而采取了一些鼓励对外贸易的措施,如让商人组织贸易公司同外国建立商务关系等。到1715年时,俄国在伦敦、里斯本、阿姆斯特丹等地分别建立了领事馆,以保证商务的发展。彼得一世还指定波罗的海沿岸的几个海港专门从事对西方的贸易。为了保护了本国工业的发展,他通过并实行了关税保护政策、奖励输出、限制输入政策。在彼得一世执政末期,俄国年输出额达到 420 万卢布,[1]出现了对外贸易的增长和顺差。

在宗教方面,彼得一世自任"最高牧首"。为了削弱教会的影响力,他采取没收教会财产的措施打击和削弱教会,此外,还采取各种措施对教权加以限制,使教权完全服从于世俗政权。

在文化教育领域,彼得一世改革了斯拉夫文字,翻译并出版了一些西方著作。为了培养俄国自己的专门人才,彼得建立了一系列学校:算术学校、造船学校、航海学校、炮兵学校、医护学校、工程技术学校、矿业学校以及海军学院等。俄国还从阿姆斯特丹预定教材,并从国外聘请学者到俄国授课,如爱丁堡大学教授、数学家兼天文学家安德烈·法尔瓦松和海洋学家斯捷潘·格温、理查德·格雷斯等。俄国也派留学生到西欧去学习。彼得规定贵族必须上学,必须学会算术和一门外语,否则剥夺其贵族的全部特权。1703 年,俄国创办了第一份全俄报纸——《新闻报》,彼得亲任主编。1724 年,俄国开始筹建科学院。

彼得一世改革是俄国社会发展史上的重要转折点。改革实质上是俄国从传统农业社会向现代工业社会的过渡。彼得一世改革以后,俄国走上了富国强兵之路。在国内,中央集权制在俄国扎根,俄国从等级代表君主制向绝对专制君主制的过渡基本完成。在国外,俄国走向了征服与侵略的殖民道路。在统一的俄国形成 200 年之后,彼得一世于1721 年被尊称为彼得大帝,俄国成为俄罗斯帝国。"俄罗斯"这个新词是古代斡罗思(Pycb)这个旧词拉丁化的形式,西方人称斡罗思(Pocur),斡罗思人逐渐接受了这个称呼,并以此为国名,汉名"俄罗斯"是由蒙古语音转译而来的。

彼得一世去世(1725 年)以后,其妻叶卡捷琳娜一世即位。但是,两年后她也去世了,彼得一世之孙彼得二世即位,他在位 3 年去世。以后,彼得之女伊丽莎白继位为沙皇。她在位期间(1741—1761 年)继续

---

[1]李骏阳:《从短缺到加入 WTO——中国商品市场发育和成长》,上海大学出版社,2002年,第 23 - 28 页。

执行父亲的国策。这位女沙皇在文化上很活跃,她接受罗蒙洛索夫的建议,于1755年在俄国设立了第一所大学,即以后著名的莫斯科大学。伊丽莎白成为俄国女皇之后,把她的侄儿,即她嫁到德国的姐姐之子彼得·费多罗维奇召回圣彼得堡,宣布他为俄罗斯王位的继承人。伊丽莎白死后,彼得即位,是为彼得三世。彼得三世从小在德国生活,是普鲁士军事制度和德国文化的狂热崇拜者。他对俄国没有感情,他的统治不受俄国人欢迎。在他即位不到半年,他的妻子就在宫廷卫队的支持下逼他放弃了皇位,自立为沙皇,即叶卡捷琳娜二世。她的统治(1762—1796年)是俄国综合国力最强盛时期之一,也是俄国在欧洲国际事务中影响最大的时期。

叶卡捷琳娜二世原名索菲娅·奥古斯特,出生于普鲁士一个家境没落的贵族之家,从小接受过良好的欧洲式教育。她曾随父母游历欧洲各城市,参观了各国宫廷和拜访了诸侯大公。1744年,索菲娅被俄国女皇伊丽莎白选为彼得的妻子。在母亲的陪同下,她来到了圣彼得堡。在此,她改信东正教,取教名叶卡捷琳娜。1762年,彼得三世继位。彼得三世上台后所推行的一系列对内对外政策都遭到了社会各阶层的强烈不满,叶卡捷琳娜利用这一机会,在政界和军队中扶植自己的亲信。1762年,她在宫廷禁卫军的支持下于6月24日发动政变,推翻了彼得三世的统治,于7月18日就任沙皇。

叶卡捷琳娜二世上台之时正值俄国历史上的动乱之际。雄才大略的彼得一世去世后,俄国陷入了混乱之中。在随后的37年(1725—1762年)的时间里,俄国先后换了6位沙皇,造成国内政局不稳、经济衰退的局面。在对外政策方面,伊丽莎白女皇和彼得三世都采取了亲普鲁士的政策,导致俄国在欧洲极度孤立。在这样的背景下,叶卡捷琳娜二世为振兴俄国在政治、经济和对外政策等方面都做了重大的调整。

在政治上,叶卡捷琳娜加强了中央集权,1763年12月,她颁布法令,把枢密院分为6个院,其中3个院,即陆军院、海军院和外交院直接由她负责。她还设立了直接向她负责的总检察官一职,总检察官代沙皇监督和处理枢密院的事务。1775年11月,她颁布了关于全俄帝国各省管理体制的法令,该法令取消原来地方的3级(省、州、县)管理体制,代之以二级(省、县)管理体制。全国设50个行省,省长及副省长都由沙皇直接任命。省、县设议会,议员均由贵族代表担任。为防止省长专权和拥兵自重,她在地方设立总督一职。总督由沙皇直接任命,一个总督管辖两个至3个省。总督既是地方驻军的最高长官,又是地方的行政长官,同时还是中央枢密院的成员。她的改革极大地强化了沙皇个人的独裁权力,使沙皇能够通过枢密院、各院、省长、省议会更直接有力地控制中央和地方。

在经济上,叶卡捷琳娜采取措施鼓励发展经济。她颁布法令,宣布工商业自由,取消对贸易的限制,鼓励向国外出口俄国的农副产品。在她执政时期,俄国的对外贸易比彼得一世时期有增无减。1762年的对外贸易额是2100万卢布;1780年时增至3000万卢布。在她执政时期,俄国的工商业获得较为迅速的发展,俄国的手工工场的开工数目从1762年的984家增加到1796年的3161家。俄国生铁的年产量从1760年的6万吨增加到1800年的16万吨[1]。工商业的迅速发展,增强了俄国的国力,壮大了工商业阶级。

叶卡捷琳娜统治的社会基础是贵族和工商业阶级。尽管如此,她努力团结各派政治力量,对他们采取了安抚政策,使俄罗斯社会得以平稳发展。对贵族阶层,她颁布《俄国贵族权利、自由和特权诏书》,从法律上确定了贵族是俄国的特权阶层。贵族不承担国家义务,除去图谋反对沙皇的罪名之外,贵族不受任何法律的限制和处罚。这一政策得到贵族的极力拥护,叶卡捷琳娜因此被尊称为"贵族女皇"。对新兴的工商业阶级,她赋予了较高的政治权力和社会地位,她颁布《俄罗斯帝国城市权力和利益诏书》,规定城市实行自治,城市的官员和议员从工商业阶级中选举产生,她赐予工商业阶级免受体罚、免服兵役和免交人丁税等特权。以上这些措施稳固了她的统治基础。

为了提高俄国人的素质,叶卡捷琳娜大力发展俄国的文化教育事

---

[1]张建华:《叶卡捷琳娜二世的治国方略》,载《俄罗斯文艺》,2001年第4期,第69-70页。

业。叶卡捷琳娜曾受过正规的欧式教育,对西方民主思想耳熟能详。她在执政后,与启蒙思想家建立了频繁的联系,并自称是伏尔泰、狄德罗等人的学生。她不遗余力地向俄国介绍西方先进思想,甚至介绍民主和自由思想。她拨巨款建立俄国科学院,兴办各类学校,鼓励贵族子女入学。她还提倡文学创作,甚至亲自动手创作剧本和登台演出。1783年,她取消了国家对出版业的垄断,准许私人开办印刷所和出版社。在这种开明政治环境的影响下,俄罗斯社会文化生活十分活跃,涌现出大批俄罗斯族科学家、教育家和发明家,他们的活动对俄国社会的发展做出了重要的贡献。

叶卡捷琳娜二世纵横捭阖于欧洲列强之间,极大地提升了俄国的国际地位。18世纪,俄国是欧洲的弱国,尽管彼得一世大力扩充了军备,并且在北方战争中打败了欧洲强国瑞典,但总的来讲,当时,俄国无论是在军事实力方面,还是在国际地位方面都居于普鲁士、奥地利、法国等国之后。叶卡捷琳娜二世执政以后,采取了灵活的外交政策。她充分利用欧洲各国宫廷之间的矛盾和纷争,周旋于普鲁士、法国、奥地利和瑞典等国之间,及时调整对策,拓展俄国的国际空间。她制定的扩张计划是:瓜分波兰、占领黑海北岸、兼并巴尔干,建立一个有圣彼得堡、莫斯科、柏林、维也纳、君士坦丁堡和阿斯特拉罕6个都城的欧亚大帝国。为了实现这一梦想,她进行了6次大的侵略战争。1772、1793、1795年,她与普鲁士、奥地利共同瓜分了波兰,俄国从中获得了立陶宛、库尔兰、西白俄罗斯一线,把边界推进到了涅曼河—布格河一线,获得领土12万平方公里。为了夺取黑海出海口,她组建了俄国黑海舰队,并通过两次与土耳其的战争(1768、1787年),将克里米亚划入俄国版图,最终夺取了自彼得一世以来,俄国统治者梦寐以求的南部出海口—黑海出海口。在她统治时期,俄国还兼并了北高加索和格鲁吉亚的大片土地,将摩尔达维亚并入俄罗斯。因此,叶卡捷琳娜二世在晚年曾经非常得意地说:"当初,我只身一人远嫁俄国的时候,两三套连衣裙,一打衬衣,一打袜子和手绢就是我的全部嫁妆。而现在,波兰、克里米亚汗国和黑海就是我送给俄国最好的嫁妆。"[1]她还曾不无遗憾地说:"假如我能活到200岁,那么全部欧洲都将匍匐在俄国脚下。"[2]

彼得一世的改革是在器物技术层面上向西方学习,叶卡捷琳娜女皇比彼得一世进了一步,她的"开明专制"是在思想层面上向西方学习。以后,于1856年继位的亚历山大二世将在制度层面上进一步向西方学习。

叶卡捷琳娜二世于1796年突然中风身亡,其子保罗一世继位。在母亲执政时,保罗一世一直被排斥在政坛之外。他在位5年后于1801年的一次宫廷政变中被杀,保罗一世之子亚历山大一世继位。亚历山大一世是由祖母叶卡捷琳娜二世抚养长大的,他也是一位主张依照西方国家模式改革俄国的沙皇。在其统治时期(1801—1825年),他委托斯佩兰斯基拟订了一个名为《国家法典绪论》的详尽而庞大的国家改革计划。在该计划中,俄国将实行特殊的议会制度——国家杜马。国家杜马是具有现代议会特征、拥有立法权的杜马,"任何法律不经国家杜马通过不得生效"。[3] 然而,由于当时俄罗斯的客观条件不具备,斯佩兰斯基的改革方案未能付诸实施。亚历山大一世于1802年设立了各部大臣制,于1803年颁布了自由耕作法,宣告被束缚在土地上的农奴可以获得解放。

亚历山大一世在位时期,俄国爆发了反拿破仑的第一次卫国战争。在抗击拿破仑大举入侵俄国的战争中,俄国人响应沙皇亚历山大一世的号召英勇战斗,直至把法国军队赶出俄国领土。1825年11月19日(公历12月1日),亚历山大一世在南方塔甘罗格军港检阅军队时突然病逝,王位传给了他的二弟尼古拉一世(1825—1855年)。

尼古拉继位才一个多月,在1825年12月24日,俄国国内爆发了一场由自由分子领导的革命,这些自由分子被史家称为"十二月党人",他们要求俄国现代化,希望俄国的工业和国内建设赶上欧洲的其

〔1〕张建华:《叶卡捷琳娜二世的治国方略》,《俄罗斯文艺》,载2001年第4期,第70页。

〔2〕张建华:《叶卡捷琳娜二世的治国方略》,《俄罗斯文艺》,载2001年第4期,第70页。

〔3〕〔俄〕M.M.斯佩兰斯基:《草案与笔记》,莫斯科·列宁格勒,1961年,第227页。

他国家。尼古拉一世迅速镇压了这次革命。之后,针对许多青年参与了此次革命,他加强了对教育的监控,取消了大学的自治权,增加了宗教课和学生的军事训练。尼古拉一世统治时期,俄国的军事行动频繁,国家收入的一半用于军队和警察开支,而教育经费的支出不及百分之一。1853年开始的克里米亚战争使俄国的落后暴露无遗。在战争还未结束之时,尼古拉一世便去世了,其子亚历山大继位为沙皇,即亚历山大二世(1856—1881年)。

亚历山大二世是罗曼诺夫王朝第15任沙皇。他在位时期,对外面临着克里米亚战争失败所带来的危机;对内,俄国的农民运动正蓬勃发展。

俄国在克里米亚战争的失败加剧了俄国国内的危机,《现代人》杂志上的一篇文章指出:"克里木(克里米亚)战争暴露了农奴制俄罗斯的腐败和衰弱。俄罗斯好像从睡梦中醒了过来……人人都感觉有一根神经破裂了,回到旧时代的道路已经封锁。这是……由几个世纪所造成的历史时机之一,而且这些时机像山中的雪崩,像赤道附近的骤雨一样不可避免的……人人都觉醒了,人人都开始思索,人人都充满着批判精神。"[1]

亚历山大二世在少年和青年时代曾经从他的老师茹科夫斯基和斯佩兰斯基那里接受了一些欧洲的自由主义思想,后来又游历了欧洲一些资产阶级政治制度的国家。在1846年当皇太子时,他就担任了枢密委员会主席的职务,该委员会专门研究农民问题。他在登基之后,开始在制度层面上按照欧洲模式对俄国实行改革。他改革的内容主要是解放农奴、设立地方自治议会、修订司法制度、充实初等教育和改革军制等等。

亚历山大二世在其登基五周年纪念日(俄历1861年2月19日,公历3月3日)的这一天,他签署了《关于农民摆脱农奴制依附地位的总法令》(其中包括《关于赎买法令》、《地方法令》等),宣布自法令颁布

---

〔1〕张建华:《尼古拉二世的改革与反改革》,载《学习时报》,2004年第230期。

之日起农民可以以自己的名字拥有动产和不动产,可以自由迁徙、择业、婚配,可以缔结任何合同、进行诉讼。地主必须尊重农民的人身自由和人格权利,不得随意处置、买卖农民。1861年的法令使俄国自上而下地废除了农奴制度,促进了工商业和农业中资本主义的发展。农奴制改革以后的时期是俄国资本主义大发展的时期。之后,俄国工业总产值跃居世界第五位。

在"农奴制改革法令"颁布以后,亚历山大二世在陆军大臣德·阿·米柳京等人的建议下,又进行了国家机关改革和军事改革,加速了俄国转轨走向资本主义道路的步伐。1864年,亚历山大二世进行了省和县地方自治改革,设立了地方自治局,1870年颁布了城市自治法,建立了城市杜马。同年,亚历山大二世进行了司法改革,建立了资产阶级性质的司法制度和诉讼程序。与此同时,他制定了新兵役法,兴办新式军校,大力扩军,对外兴师动武。在经济上,他的政府出售建筑铁路的专利权,增加铁路建设投资;在教育上,他实行普及教育,加强中学教育,并于1863年颁布了新的大学法令,授予大学广泛的自治权。

在国内改革取得一定成绩之后,1858—1864年间俄国用武力和其他手段先后迫使清政府签订瑷珲条约、天津条约、北京条约、中俄勘分西北界约记,割占了我国150多万平方公里土地,还获取了多处通商口岸,并享有特权。1865、1868、1873年,俄国先后出兵征服了中亚的浩罕、布哈拉、希瓦3个封建汗国。1871年,俄国舰队获得了在黑海的停泊权。1873年,俄国与德、奥建立了三皇同盟。1877—1878年,俄国发动了对土耳其的战争,获得了多瑙河口岸,占领了南高加索。

尽管俄国在1861年改革以后得到了快速的发展,然而,1861年的农奴制改革是一次保守的改革,俄国的广大农民对于改革并不满意,改革并未平息各地声势越来越大的农民暴动。1866年,主要由大学生组成的莫斯科青年组织的成员季·弗·卡拉科佐夫在圣彼得堡刺杀亚历山大二世未遂,被处以绞刑。1880年2月20日,亚历山大二世召开了专门会议,策划反对日益高涨的革命运动的措施。2月24日,俄国成立了维护国家秩序和社会安全的最高治安委员会。亚历山大二世在指

·欧·亚·历·史·文·化·文·库·

示中强调,这个委员会的任务是"制止近来不断发生的歹徒以谋杀手段扰乱国家和社会秩序的行为"。军事法庭判处大批革命者及进步人士死刑和流放。在亚历山大二世日益走向反动之后,民粹主义者的恐怖组织"土地与自由社"将沙皇列为暗杀的目标,1881年3月1日,民粹派终于将亚历山大二世炸死在圣彼得堡的大街上。

亚历山大二世的努力被他的继承人亚历山大三世(1881—1896年)彻底否定了,亚历山大三世开始实行保守路线。他重新确认了古代君主的专制特权,把中央集权牢牢地抓在自己手中。当时俄国社会正在加速现代化,工业化大潮正改变着城市和乡村,新知识快速地向新的社会阶级传播。1896年,亚历山大三世因酗酒去世,年仅49岁。

亚历山大三世的继承人、尼古拉二世(1896—1918年)是罗曼诺夫王朝最后一位沙皇,他于1896年5月18日登基。按照传统,俄国宫廷在莫斯科为尼古拉二世举行了加冕典礼。尼古拉二世继位后,在国内大力扶植新出现的垄断资本组织,促使工业资本与银行资本联姻。1897年,俄国实行了币制改革。8家大银行于1899年时掌握了全部银行资本的半数以上,大力投资于石油、冶金、煤矿等产业中的托拉斯和辛迪加组织。仅1896—1900之间,俄国就建立了190家股份公司。俄国还大举借贷西欧多国资本,因而外资企业激增,这使俄国与西欧诸帝国主义更紧密地连为一体。

俄国自1856年的克里米亚战争失败后,把目标转向了东方。1859—1895年间,俄国征服了中亚3个汗国及中亚两侧土库曼斯坦和帕米尔地区。1896年俄国强行在我国东北修建中东铁路;1898年俄国正式逼迫清政府签了条约,"租借"旅顺和大连港。1903年,数万名华工参与修建了全长1121公里的中东铁路和从哈尔滨至大连的长达1129公里中东铁路的南满支线,实现了沙俄在太平洋获取不冻港和称霸太平洋的目标。1900年,沙俄派兵参加八国联军侵华,镇压中国的义和团运动。1911年,沙俄与英国勾结,出兵镇压波斯(今伊朗)革命,并在其北部驻军;同年又策划了外蒙古脱离中国并独立。

1917年3月3日(俄历2月18日),俄国爆发了第二次资产阶级民主革命,即二月革命。在民主浪潮的冲击下,沙皇尼古拉二世被迫于俄历3月2日宣布退位。他在日记中沮丧地写到:"我把已签署的退位宣言交给了他俩……深夜一点,我带着沉重的心情离开了普斯科夫。周围尽是背叛、胆怯和欺骗。"[1]统治俄国300多年的罗曼诺夫王朝(1613—1917年)结束了。

---

[1]张建华:《尼古拉二世的改革与反改革》,载《学习时报》,2004年第230期。

7 中亚汗国与俄罗斯帝国的关系

18世纪以后,俄罗斯帝国开始加紧对哈萨克草原的扩张,哈萨克人的政治分裂和准噶尔人的长期入侵有利于俄国的扩张。18世纪下半叶,哈萨克3个玉兹臣属于俄国和中国清王朝,哈萨克人企图利用这种双重臣属身份在欧亚大陆东西两大势力之间求得生存。然而,到19世纪上半叶,哈萨克3个玉兹最终被俄国兼并,俄罗斯帝国在哈萨克草原实施统治。18世纪,俄国的勘察队来到希瓦汗国边境,两国之间发生了第一次武力冲突,这次冲突以俄国的失败告终。此后,俄国开始在恩巴河与里海东北岸之间的草原上建筑要塞。19世纪上半叶,俄国征服希瓦汗国的野心因英国在中亚的活动而变得迫切起来,并于1839年远征希瓦,此次军事行动也半途而废。俄国征服希瓦汗国的野心在19世纪中叶未能实现。18世纪至19世纪中叶,在布哈拉汗国的对外关系中,与俄国的关系最为密切。两国之间在政治上基本上保持着和平交往,商业贸易上的互相需要是这一时期关系的基础。然而,与16—17世纪相比,18世纪以后的布哈拉汗国在双方关系中已经丧失了主动权。俄国兼并哈萨克3个玉兹以后,与浩罕汗国领土相邻,双方之间始终处于敌对状态。在19世纪中叶以前,浩罕汗国占据了主动;此后,俄国采取了攻势,浩罕汗国在一再失利的情况下,丧失了19世纪初期占领的哈萨克大玉兹的一些领地,遂退守浩罕汗国的统治中心费尔干纳盆地。

7.1 哈萨克3个玉兹臣属于俄国

18世纪以前,俄国基本上是一个内陆国家,其四周水域要么四季冰封,要么是被其他国家控制。北部是常年冰冻、人迹罕至和无法航行的河流;西部的波罗的海为瑞典所控制;南部的黑海是奥斯曼帝国的内湖;东部由西伯利亚通向太平洋的黑龙江是中国的内河。为了争夺波罗的海,俄国与瑞典争战20余年(1700年—1721年)。尽管如此,俄国对外战略的主要目标并不是大西洋,而是印度洋。1725年彼得一世临终前在遗嘱中明确了他关于世界地缘政治的思想及争霸世界的战略目标:"尽可能迫近君士坦丁和印度,谁统治那里,谁就将是世界真正的主宰。在波斯衰败之际,突进到波斯湾,如有可能应重振古代与黎凡特(今中东和巴尔干南部)的贸易,推进到印度,它是世界的仓库。达到这一点,我们就不再需要英格兰的黄金了。"[1]中亚地区是俄国实现进入印度洋战略目标的必经之路,而横在俄国与中亚南部诸汗国之间的哈萨克草原首当其冲地成了俄罗斯帝国实现战略目标的对象。

如果哈萨克人成为俄国属民,那么,哈萨克草原自然就成了俄罗斯帝国的领地,对于俄国来说,这一目的很容易实现,因为哈萨克人正无力抵抗准噶尔人的入侵。1717年,头克汗与包括小玉兹阿布勒海尔汗在内的部分速檀致书俄国政府,希望俄国能帮助哈萨克人抵御准噶尔汗国的进攻。[2] 1718年,头克汗遣使给沙皇彼得一世带去了一份文书,表示愿意与俄国方面"保持持久的和平与结盟"。[3] 俄国政府指示西伯利亚总督加加林亲王与哈萨克人建立联系,在可能的情况下可以帮助哈萨克人抗击准噶尔军队的进攻。头克汗去世以后,哈萨克人的3个玉兹彻底地分裂了,分裂更加削弱了哈萨克人抵抗准噶尔人的力量。俄国利用了哈萨克人内忧外患的局面,诱使他们加入俄国国籍。1722年,俄国政府指示外交委员会派使团前往哈萨克,使团首领穆尔扎捷夫凯列夫接到的出使命令是"想尽一切办法使哈萨克人同意成为俄国的臣民","如果那个金帐汗国(指哈萨克汗国)不希望真正地入籍,那么就尽最大努力,不管付出多么大的代价,哪怕付出无法估量的

〔1〕李际均:《军事战略思维》,军事科学出版社,1988年版,第145页。
〔2〕《哈萨克共和国史》,俄文版,第112页,引自厉声:《哈萨克斯坦及其与中国新疆的关系(15—20世纪中期)》,第71页。
〔3〕〔俄〕A. D.列夫申:《吉尔吉斯—哈萨克各帐及各草原的叙述》,新疆社会科学院历史研究所汉译稿本第三章。

花费,只要能弄到一张签署接受俄国帝国保护的证书就行。"[1]

在遭受 1723—1728 年的大灾难之后,一部分哈萨克汗和速檀开始考虑寻求俄国的保护,以维护他们的统治。在 18 世纪 30 年代,以哈萨克小玉兹阿布勒海尔汗为首的一些首领对俄国做出了臣属的表示。

哈萨克小玉兹的牧地在乌拉尔山和乌拉尔河以东,与俄国的领土相邻,小玉兹是最早与俄国发生联系的哈萨克政权。1726 年,俄国使者穆拉·马克斯优塔·优努索夫(Mullā Maksyuta Yunusov)与小玉兹汗阿布勒海尔在卡拉卡尔帕克草原举行了一次会晤。此后,阿布勒海尔派出以科巴加尔·科别科夫(Koybagar Kobekov)为首的使团到圣彼得堡,希望得到俄国的军事援助以对抗准噶尔人,并向沙皇提出愿意加入俄国籍。1730 年 9 月 8 日,阿布勒海尔派遣以色特库尔·科达古罗夫(Seitkul,Seyed-Qul Koydagulov)和库特鲁姆伯特·科什塔埃夫(Kut-lumbet Koshtaev)为首的使团到乌法城,请求俄国女皇安娜·伊凡诺夫娃(1730—1740 年)同意小玉兹归并入俄国。1731 年 2 月 19 日,女皇签署了致阿布勒海尔汗和"全体哈萨克人"证书。同年 4 月 30 日,以捷夫凯列夫(A. I. Tevkelev)为首的俄国特别使团带着这一证书来到了哈萨克草原。在宣读证书之后,捷夫凯列夫要求哈萨克人向俄国宣誓效忠。10 月 10 日,捷夫凯列夫召集哈萨克统治上层开了一次会。会上,阿布勒海尔签署了关于小玉兹归并于俄国的合法法案。接着,布肯贝(Bukenbay)、伊萨特(Iset)及其兄弟穆拉·库岱·纳扎尔(Mīrzā Khudāy Nazar)等哈萨克首领在法案上签了字。

同年 12 月 15 日,阿布勒海尔汗派使者陪同捷夫凯列夫前往中玉兹,去说服中玉兹西部汗赛买克归属俄国,赛买克汗表示中玉兹愿意加入俄国国籍。捷夫凯列夫敦促赛买克汗向俄国宣誓效忠,并"盖了印"。[2] 此举引起中玉兹哈萨克人的反对,他们举行了起义。起初,起义者只是针对捷夫凯列夫的外交使团,不让捷夫凯列夫出中玉兹境。

〔1〕《哈萨克共和国史》,俄文版,第 112 页,引自厉声:《哈萨克斯坦及其与中国新疆的关系(15 世纪—20 世纪中期)》,第 72 页。

〔2〕C. Adle Irfan Habib:*History of Civilizations of Central Asia*,Vol. 5. ,p. 99.

然而,随后准噶尔人的入侵使中玉兹哈萨克人的反俄情绪平息下来。赛买克汗的代表来到乌法"表示要重新臣服于俄国"。[1] 俄国远征军首领基洛夫带来了女皇的信函,信中说:"朕,崇高的君主,女皇陛下,本着朕的君主的权力,特别是本着对吉尔吉斯—哈萨克人的怜悯,十分仁慈地宽恕你,赛买克;宽恕那些长老们和中玉兹的吉尔吉斯(即哈萨克)全军违背了你们的第一次誓言。只要你们本着你们自己的志愿,置身于并保留在朕的统治之下。"[2] 在中玉兹西部向俄国表示归顺之时,中玉兹东部的哈萨克始终未臣属于俄国,他们不时地对俄国人发起袭击。

1732 年 10 月,小玉兹哈萨克人也爆发了大规模的武装斗争反对小玉兹内部的亲俄势力。这一斗争得到了卡尔梅克人的声援,一位卡尔梅克王公曾两次专门派代表前往小玉兹,与反俄斗争中的哈萨克人进行联络,并向他们提出了一些有益的建议,邻近的中玉兹哈萨克人也纷纷响应。阿布勒海尔无力控制局面,与俄国使团一起逃往锡尔河中下游地区避难。这次反俄起义后来被以布肯贝为首的哈萨克贵族镇压下去。[3]

哈萨克大玉兹的领地远离俄国,大玉兹卓勒巴尔斯汗从未做过臣属于俄国的任何表示。大玉兹一些速檀和伯克,如科达尔(Qodar)、托勒(Tole),勇士萨特(Satay)、坎格尔迪(Qangeldy)和波勒克(Bolek)等人曾经向女皇提出过要求加入俄国国籍,俄国女皇在 1734 年 7 月 10 日给他们捎去了一封信,信中说:"我们的臣民阿布勒海尔向我们报告说,作为一个忠实的臣民,他已经把你们纳入我们的臣民之列,并且为此把你们的代表阿拉尔拜和阿拉斯赫尔·迪巴图尔派到我们的宫廷来。"然而,由于卓勒巴尔斯汗从未表示过臣服俄国的要求,奥伦堡当局未把此信转给他。

1735 年,俄国在今奥尔斯克地址上建奥伦堡要塞,奥伦堡要塞逐

〔1〕厉声:《哈萨克斯坦及其与中国新疆的关系(15 世纪—20 世纪中期)》,第 84 页。
〔2〕〔俄〕列夫申:《吉尔吉斯—哈萨克各帐及各草原的述叙》,第 68 页。
〔3〕厉声:《哈萨克斯坦及其与中国新疆的关系(15 世纪—20 世纪中期)》,第 77 - 78 页。

渐发展成哈萨克人与俄国人贸易的聚集城市。卓勒巴尔斯汗开始调整与俄国的关系,他在给俄国的信中表示可以臣服,条件是保障大玉兹与奥伦堡之间的商业关系。1738年9月19日,女皇给大玉兹的卓勒巴尔斯汗颁发了批准大玉兹并入俄国的证书。由于卓勒巴尔斯汗根本就没有打算臣服于俄国,所以,俄国为此准备的各种文书和证书,至今仍作为档案保存在奥伦堡地方当局。[1] 大玉兹哈萨克人真正接受俄国宗主权是在中、小玉兹被俄国兼并了大约100多年以后,即1846年。

18世纪中叶,哈萨克中、小玉兹虽然签订了臣属于俄国的证书,但是臣属关系仅仅是名义上的,在哈萨克3个玉兹内实施统治的仍然是他们的汗王,俄国从未在哈萨克人中实行应有的制度和管理,也没有征收赋税。3个玉兹的政治、经济和文化也未受到俄国的影响。

18世纪下半叶,特别是在中玉兹于1757年向清朝表示臣属以后,俄国加强了对哈萨克人的控制。此前,中玉兹在遭到准噶尔人入侵之时曾多次请求俄国保护。1751年,中玉兹遭到准噶尔3万人的攻击,一部分哈萨克人向俄国边界西迁,来到奥里河和穆古扎尔山一带游牧,企图进入俄国避难,然而,遭到俄国当局的断然拒绝。1754年,在准噶尔人的压力下,一部分哈萨克人再次要求到俄国境内避难,"如不能允许他们本人,至少允许他们的妻子儿女进入俄国边界线内。有些人恳求在边界划给他们土地,许诺只在那里从事农业生产和建设村庄。"[2]这一请求再次遭到俄方的拒绝。俄国当局只同意部分哈萨克人在外乌拉尔地区游牧,只有在受到攻击时才可进入俄国境内,条件是哈萨克人要向俄国派出人质。

由此可见,俄国并没有把哈萨克人作为自己的臣民看待。然而,中玉兹内附清朝,接受清朝的保护以后,俄国对哈萨克人的态度发生了变化,他们开始拉拢中玉兹哈萨克人。1760年初,阿布赉所属哈萨克500多人劫掠了中国科布多所属的乌梁海蒙古人,清朝一方面抽调兵力加

---

〔1〕〔俄〕A.D.列夫申:《吉尔吉斯—哈萨克各帐及各草原的叙述》,新疆社会科学院历史研究所汉译稿本,第44页。

〔2〕厉声:《哈萨克斯坦及其与中国新疆的关系(15世纪—20世纪中期)》,第94页。

强防范,另一方面向阿布赉提出查询。俄国行动起来,奥伦堡当局得到的指示是:千方百计地讨好所有的哈萨克人,慷慨地赐予他们礼品和奖赏。18世纪70年代,俄国政府给个别投靠俄国的哈萨克速檀发放津贴,收买这些人以换取俄国在哈萨克草原上的影响,并邀请这些速檀到奥伦堡居住。

1762年,俄国女皇叶卡捷琳娜二世继位,阿布赉与小玉兹努拉里汗再次宣誓效忠于俄国。[1] 此后,俄国允许中玉兹的一些部落在靠近俄国边境地带的优良牧场上放牧,同意他们在俄边境的要塞中贸易,并帮助哈萨克人开展农业生产等等。奥伦堡当局还给阿布赉设计和建筑了一幢带围墙的房子。围墙内设施齐全,甚至还有一个贸易商店。[2]

1769年,中玉兹汗阿布勒班毕特汗去世,阿布赉称汗。对此,以阿布勒班毕特汗之子博拉特和阿比里斯为首的一部分速檀和比不服,求助于俄国,希望成为俄国臣民。俄国当局认为中玉兹已经宣誓臣服于俄国,不能再接受其中一些首领的个人的臣服要求,对他们的要求予以拒绝,但是,赐给他们礼品,以示安抚。[3]

俄国当局派官员到中玉兹,要求阿布赉向俄国政府呈文申请批准他的汗的称号,阿布赉乘机要求俄国承认他为哈萨克3个玉兹的大汗。1778年2月,阿布赉递交了呈文:"阿布勒海尔汗和阿布勒班毕特汗均已去世,他们是我们同族的祖先。当他们不在人世的时候,按照次序,汗的头衔就应该授予我。他们死后,整个吉尔吉斯—哈萨克各帐,即大玉兹、中玉兹和小玉兹的汗、速檀以及塔什干的大小城镇、突厥斯坦地区,于1771年在突厥斯坦城我们穆斯林圣徒、和卓阿合买德的陵墓地,按照我们的习惯念颂祈祷时,一致同意我为整个哈萨克3个玉兹的汗,并真正把这个称号授给了我。"[4]同年,俄国批准了他的呈文,承认了他的汗位。

〔1〕厉声:《哈萨克斯坦及其与中国新疆的关系(15世纪—20世纪中期)》,第169页。
〔2〕厉声:《哈萨克斯坦及其与中国新疆的关系(15世纪—20世纪中期)》,第170页。
〔3〕厉声:《哈萨克斯坦及其与中国新疆的关系(15世纪—20世纪中期)》,第170页。
〔4〕《18—19世纪(1771—1867年)哈萨克与俄国关系(文件与资料集)》,俄文版,阿拉木图,1964年,第87页。

1780年11月,阿布赉汗病故,长子瓦里速檀继位为汗。在瓦里的请求下,1782年,俄国当局在彼得洛巴甫洛夫斯克对他进行了正式册封。此后,瓦里依靠俄国人实施统治,"除了瓦里之外,阿布赉的其他儿子和近亲很少与俄国人来往,其中有几个明确地自认是中国的臣民"[1]。

中玉兹内部的不团结以及周邻吉尔吉斯人的侵扰,一些哈萨克牧民开始向外迁徙,俄国把成批的哈萨克人迁入俄国境内,向他们分发土地,赠送白银。以后,瓦里汗巩固统治以后,对俄国的态度强硬起来,制裁了忠实于俄国的一些长老。为了增强与俄国抗衡的力量,瓦里汗加强了与清朝的臣属关系。瓦里汗3次(1787年、1790年、1791年)分别派其弟哈咱木和多索里,以及其子阿弥载前往清朝朝觐。俄国不能容忍这种做法,1792年,俄国以解救战俘为名派一个军团占领了中玉兹,对此,瓦里汗提出强烈谴责。俄国政府扬言说可以赔偿他的损失,但要他亲自到圣彼得堡陈述他的要求。瓦里汗担心被俄国扣留,始终未去。1795年,两名哈萨克速檀和19名长老向俄国当局递交了一份要求脱离瓦里汗,臣属于俄国的申请,俄国批准这一申请。此事以后,瓦里汗恢复了与俄国的关系。1798年,俄国在靠近中玉兹领地的彼得洛巴甫洛夫要塞内建立了一个民事法庭,处理俄属边境居民与哈萨克人之间的诉讼和纠纷。

在瓦里汗统治的最后几年中,中玉兹加速分裂,一些首领自称汗,公开与他对抗。1816年,俄国扶持前巴拉克汗之子布克依为第二可汗。1818年,两位汗去世,俄国控制了中玉兹。1822年,俄国率先在中玉兹实行新的统治制度,废除汗号,将中玉兹置于西伯利亚当局的统治之下。

7.2 俄罗斯帝国兼并哈萨克草原

俄国对哈萨克草原的兼并没有采取大规模的军事入侵,而是采取

---

[1]《(钦定)皇舆西域图志》,卷44。

步步为营的蚕食方式。俄国人采取了两个步骤:建筑要塞和推行"民政建制"。

俄国蚕食哈萨克斯坦的第一项措施是在哈萨克草原修筑要塞。在接受哈萨克人臣属的同时,俄国开始在哈萨克人牧地上建筑一些军事要塞。1724 年,俄国参政院秘书处五等文官基洛夫将有关治理哈萨克人的两个方案呈交给政府。基洛夫建议,为了保证哈萨克地区属于俄国,应该在奥里河上建一要塞,这就是奥伦堡要塞的由来。基洛夫还建议在奥伦堡与咸海之间陆续地建筑 45 个要塞。"现在很明显,对当时的俄国来说,吉尔吉斯汗国(即哈萨克汗国)是一个既危险又令人讨厌的邻邦,而不是附庸国;如何同这个汗国相处,如何对付它,以免遭受侵扰,……每个行政长官当然都清楚地知道,要塞和军队是使民众驯服的最好手段……"[1]他认为这些要塞不仅有利于俄国控制哈萨克人,而且还可以作为俄国以后进攻中亚南部的基地。从此以后,俄国人开始在哈萨克人牧地上沿乌拉尔河、伊施姆河和额尔齐斯河 3 条大河建筑要塞。

从把西伯利亚汗国都城西伯尔城改建成托博尔斯克要塞(1587 年)起,到 1865 年新浩罕线形成的近 200 年中,俄国陆续建筑了亚梅什要塞(1715 年,其后被准噶尔人赶走,1716 年重建)、鄂木斯克要塞(1716 年)、热列金斯克要塞(1717 年,位于鄂木斯克与亚梅什湖之间)、塞米巴拉金斯克要塞(1718 年)、乌斯季卡缅诺哥尔斯克要塞(1720 年,在额尔齐斯河中上游斋桑湖北岸)等。"所有这些要塞成了额尔齐斯河军事边界线的起点,这条边界线以后成为沙皇军队向哈萨克斯坦逐步推进的可靠基地"[2]虽然俄国从 16 世纪末期起就开始建筑要塞,但是直到 1726 年之前,俄国在西伯利亚建筑的要塞质量都很差,它们是用高大的圆木垒起来的,在城角设有望楼,环绕城墙挖了壕

〔1〕〔俄〕捷连季耶夫:《征服中亚史》(第 1 卷),武汉大学外语系译,商务印书馆,1980 年,第 74 页。

〔2〕《哈萨克共和国史》,俄文版,第 113 页,引自厉声:《哈萨克斯坦及其与中国新疆的关系(15 世纪—20 世纪中期)》,第 73 页。

沟并设了大栅栏。[1] 当时一个俄国使节报告说:"整个西伯利亚尚无一座正式的要塞……只不过有些用木料筑成的劣质要塞,此种要塞可以立时被焚。"[2]到18世纪中叶,俄国政府开始在伏尔加河流域、乌拉尔河流域、西伯利亚和哈萨克斯坦建筑了一些质量较好的新要塞和改善旧的要塞。1735年,俄国在奥里河流入乌拉尔河处建奥伦堡要塞,奥伦堡要塞以后成为哈萨克斯坦的一个军事、政治和经济中心。18世纪30年代以后,俄国在乌拉尔河、额尔齐斯河和伊施姆河沿岸建筑了许多要塞。

俄国在哈萨克人牧地上修筑要塞之事引起了哈萨克人的强烈反抗。1743年,哈萨克人对俄国边境村庄大肆抢劫。1744年,哈萨克人进攻俄国边境,抢劫了从阿斯特拉罕去希瓦的商队,又拘押了从奥伦堡到卡拉卡尔帕克人那里去的格拉迪舍夫中尉。针对这种情况,俄国煽动土尔扈特人、巴什基尔人攻打哈萨克人。俄国外交事务委员会在1734年指示远征队官员基洛夫说:"在发生骚乱时,要利用一个民族去对付另一个民族,以便保存俄国实力。"[3]俄国人用这种手段达到了两个目的,一是借巴什基尔人之手削弱了哈萨克人,并驱使他们离防线更远;二是借哈萨克人之手制服了巴什基尔人,使他们从此以后寂然无声,默默无闻。[4]

俄国要塞都是沿河而建,呈南北纵向排列的,要塞与要塞之间没有联系。因此,它们既不能阻拦哈萨克人向北游牧,又不能阻止哈萨克牧民劫掠俄国商队。于是,俄国政府决定把沿额尔齐斯河构筑的、从鄂木斯克到乌斯季卡缅诺哥尔斯克的要塞连接起来,形成西伯利亚要塞线。此后,俄国又把沿乌拉尔河建筑的古里耶夫、乌拉尔斯克、奥伦堡、奥尔斯克等要塞连起来,形成了奥伦堡要塞线。以后,俄国又把奥伦堡要塞

---

〔1〕〔前苏联〕沙斯季娜:《十七世纪俄蒙通使关系》,北京师范大学外语系译,商务印书馆,1977年,第100页。

〔2〕〔法〕加斯东·加恩:《彼得大帝时期的俄中关系史》,江载华等译,商务印书馆,1980年,第341页。

〔3〕〔俄〕捷连季耶夫:《征服中亚史》,第1卷,第60页。

〔4〕〔俄〕捷连季耶夫:《征服中亚史》,第1卷,第47、61页。

线向东延伸,与西伯利亚要塞线连起来,形成了一条西起里海北岸古里耶夫,经乌拉尔斯克、奥伦堡、奥尔斯克、彼得罗巴甫洛夫斯克、鄂木斯克、乌斯季卡缅诺哥尔斯克的 n 形要塞线。这条 n 形要塞线从西、北、东 3 面把哈萨克草原罩住。这种方式确实奏效。要塞线建立起来以后,哈萨克人"像碰上避雷针一样被这些草原新工事弹了回去。携带抢劫的财物很难通过这些工事,因为工事恰好都坐落在活水旁的要道上。而要想从旁绕过去,那驻防军也是不会放过机会夺回牲畜及其掳获物的。"[1]这条 n 形要塞线不仅成了俄国与哈萨克人之间的新边界,而且还成为俄国向南扩张的进军线。

19 世纪 20 年代,俄国开始在哈萨克人中推行"民政建制",将哈萨克人纳入俄国的统治范畴。18 世纪初期,西伯利亚总督斯佩兰斯基秉承沙皇旨意,开始搜集哈萨克人的习惯法和判例,根据俄国统治者的需要对之作了修订和补充。1820 年,俄国政府成立了一个新的亚洲委员会,委员会成员中有外交大臣、内政大臣、陆军总参谋长及西伯利亚总督。1822 年,委员会出台了《西西伯利亚吉尔吉斯[2]人条例》,即《斯佩兰斯基条例》。该条例的内容,一是推行所谓"民政建制",即在哈萨克草原上设置一系列类似当时俄国国内建立的机构,把哈萨克牧民纳入俄国的国家制度之中;二是"分而治之",将哈萨克草原划分为州和乡,将大汗王的领地分为若干小汗王的领地。条例首先在中玉兹实施。俄国在中玉兹废除了汗的统治,设立行政区(Okrugs),并建立区政府。中玉兹领地被分为 8 个区和卡尔卡拉林斯克、科克切塔夫、阿亚古兹、阿克摩林斯克边区,归西西伯利亚所属的鄂木斯克州管辖。每个行政区由一位年长的速檀领导,速檀的命令要得到俄国当局的批准才能生效。1838 年,俄国对 1822 年的条例进行了修订后颁布了《关于对西伯利亚吉尔吉斯人进行单独管理的条例》,以军事殖民的方式强化对中玉兹的管理。其中规定,设立西伯利亚吉尔吉斯(哈萨克)边防管理总

---

〔1〕〔俄〕捷连季耶夫:《征服中亚史》,第 1 卷,第 112 页。

〔2〕指哈萨克。

局,管理中玉兹和部分大玉兹的领地。边防管理总局设在鄂木斯克,由俄国边防军将校担任局长、主任及高级文官,只给中玉兹哈萨克人在高级文官中保留了一名陪审员的职位。中玉兹的领地依部族的分布和速檀的势力范围划分为东部、中部、西部3个区域,分别由俄国当局任命的3名执政速檀管理。俄国当局在每个区域派驻了一支人数在100～200人不等的俄国哥萨克军人,以维护俄国在此的统治。

1824年,俄国颁布了针对小玉兹的《奥伦堡哈萨克人条例》。废除了小玉兹汗,哈萨克人由奥伦堡督军直接管理。小玉兹被分成西、中、东3大区,各区由15～20伏勒斯特(小区)构成,每个小区有10～12阿吾勒(村),每个阿吾勒由50～70帐(户)组成。阿吾勒由哈萨克长老管辖,小区由速檀管辖,大区由公职人员管辖,公职人员中有一位大速檀和4位助手(其中两位必须是俄国人)。另有5万小玉兹哈萨克人被迫迁到乌拉尔和伏尔加河下游一带居住。1844年,俄国政府又颁布了针对小玉兹哈萨克人的《奥伦堡哈萨克人管理条例》,对1824年的条例做了增补。该条例与1822年的条例没有实质上的区别,只不过是由奥伦堡督军改为奥伦堡边防委员会负责而已。

1848年以前,俄国在大玉兹的领土上修建了科帕尔、谢尔基奥波尔、列普辛斯克等行政中心,在这些行政中心管辖下的大玉兹哈萨克人每年必须向俄国交纳赋税和服各种劳役。1848年1月,俄国颁布了针对大玉兹的《大玉兹吉尔吉斯人的管理及谢米列契边区的监督条例》,条例规定:在大玉兹领地建立隶属于西西伯利亚总督的警察部队,以维持当地治安。1854年5月,俄国将大玉兹领地、南哈萨克草原独立出来,建立了谢米巴拉金斯克省,并颁布《谢米巴拉金斯克省管理条例》,任命俄国人直接管理,大玉兹哈萨克人的首领只是他的副手而已。

各项条例的实施和新的管理体制的建立,使俄国政权机构取代了相沿300多年的哈萨克汗国体制。而《西西伯利亚吉尔吉斯人条例》与《奥伦堡哈萨克人条例》的公布和实施则标志着俄国基本上完成了对哈萨克草原的兼并。条例的贯彻受到了哈萨克人的强烈抵制,反俄起义不仅在下层民众之间爆发,而且在哈萨克贵族中也掀起了高潮。

1825 年,阿布赉汗之孙萨尔赞·喀齐莫夫和额贝都拉瓦里卡诺在中玉兹领导了反俄起义。俄国从乌拉尔地区调来哥萨克军团镇压了起义。起义失败以后,两位领导人逃到了浩罕汗国境内。1831 年,萨尔赞在浩罕汗国组织了力量重返哈萨克草原,袭击俄国驻军。1834 年,在俄国的围剿下起义最终失败。

1833 年,以伊萨泰·泰曼诺夫(Isatay Taymanov)和马哈姆别特·乌捷米斯诺夫(Mahambet Utemisov)为首的抗俄运动演变成哈萨克人大规模的反殖民起义。起义军提出"人民自己支配自己的财产、自己管理自己及任何人无权加重我们的负担"等要求。起义军一度包围了封建首领江格尔的驻地,但是,在俄军与哈萨克贵族的联合剿杀下,起义军于 1838 年失利,被迫撤往小玉兹领地。

1837 年,哈萨克贵族速檀肯尼萨里·卡西莫夫(Kenesari Kasymov)及将领瑙拉兹贝(Naurazbey)发动起义。起义爆发的原因可以从肯尼萨里于 1841 年 6 月写给奥伦堡边界委员会主席的信中反映出来。信上说:"1827 年,……少校明林夫率领的 200 人摧毁了阿里克区和楚布尔特帕利区的村庄,残杀了 58 人,掠走无数的财产。1830 年,……某部又屠杀了 190 人。1831 年,……中校阿列克塞·马克西莫维奇率领 500 人屠杀了 450 人,并拐走了(沙尔姜·卡西莫乌里的)一个孩子。1832 年,……彼得尼古拉伊维奇·库拉可夫率领 250 人杀死了 60 人。1836 年,……少校替梯克率领 400 人屠杀了 250 人。"[1] "这样的掠夺性袭击在 1836 年有四次以上,它们是由俄国人或任沙皇官员的哈萨克人领导的。这些官员带领由 1600 人组成的各种分队,抢劫和骚扰了几千个哈萨克村庄,杀死了 854 人,并且劫持了 180 多人。"[2]

肯尼萨里起义持续了 10 年,3 个玉兹的哈萨克人都投入到起义之中。在起义中,肯尼萨里号召建立统一的哈萨克汗国,并于 1841 年复

---

〔1〕〔美〕爱德华·阿尔窝什主编:《俄国统治中亚百年史》,载《中亚史丛刊》,1985 年第 3 期,第 6 页。

〔2〕〔美〕爱德华·阿尔窝什主编:《俄国统治中亚百年史》,载《中亚史丛刊》,1985 年第 3 期,第 6 页。

兴了哈萨克汗国。但是,肯尼萨里于1847年被吉尔吉斯人杀死之后,起义失败。

通过要塞与"民政建制",俄国人在19世纪50年代中期基本上实现了对哈萨克3玉兹的统治。1824—1839年的15年内,俄国在哈萨克草原逐步建起了一系列外边区,随着外边区的向南推进,俄国把奥伦堡线延伸到七河流域,形成了锡尔河线,把西伯利亚要塞线延伸到维尔内,形成了新西西伯利亚线。

1831年,俄国把1718年建筑的塞米巴拉金斯克要塞向南延伸到谢尔基奥波尔要塞(今阿亚古兹附近)。1846年,俄军在巴尔喀什湖东南建科帕尔要塞(今塔尔迪库尔干附近);1854年,在阿拉木图村附近建设维尔内要塞(现阿拉木图)。科帕尔和维尔内要塞所建地域当时属于中国的领土,对此,清政府理藩院曾向俄国枢密院提出质问。由于清政府正处于鸦片战争后的内外交困,无力西顾,因此,此事不了了之。俄国将额尔齐斯河畔的塞米巴拉金斯克要塞与谢尔基奥波尔要塞、科帕尔要塞和维尔内要塞连起来,形成了新西伯利亚要塞线。新西伯利亚要塞线全长700多公里,从塞米巴拉金斯克到伊犁河,每隔大约21~27公里(20~25俄里)建一个驿站,全程共有近40个驿站,驿站备有足够的哥萨克骑兵和战马。

1854年,俄国在沙皇的指示下设立了中亚军事问题特别委员会,该委员会提出把锡尔河要塞线和新西伯利亚要塞线向前延伸,在锡尔河畔合围的问题。这一决定因克里米亚战争的爆发推延了10年。

1864年5月,俄军从维尔内出发在托克玛克和麦尔克设立了两个兵站。6月,俄军在控制了突厥斯坦城之后,开始把锡尔河线和新西伯利亚线合围起来形成"新浩罕线",即突厥斯坦城—奇姆肯特—奥利阿塔(今哈萨克斯坦江布尔城)一线。奇姆肯特是新浩罕线最南端的城市。囊括在新浩罕线内的地区成为俄国进攻中亚河中地区的基地,基地上的补给是俄国军队继续推进的经济保障。呈钳形的奥伦堡线和西伯利亚线,经新浩罕线连接后,约有270万平方公里的哈萨克领土被俄国吞并了。

哈萨克人在这一时期与俄国在经济上的联系也有所加强。在 18 世纪期间,哈萨克人被准噶尔人从巴尔喀什湖和锡尔河赶走后,溃散于哈萨克草原北部,控制了中亚和俄国之间的大段贸易路线。他们开始为横穿大草原的商队带路,并到额尔齐斯河与奥伦堡沿途要塞进行贸易。奥伦堡要塞建筑以后,哈萨克与俄国的贸易量增加,他们在奥伦堡一年大约可以卖出 20 万只绵羊(在 1782—1785 年其价值相当于 25 万卢布)。[1] 据哈吉格麦斯特说,在 1837 年,哈萨克人销往俄国的牛、马的数量是销往希瓦、布哈拉、浩罕和中国数的总和。[2] 哈萨克人不仅出售自己的产品,还进行着转手贸易。哈萨克商人常常到布哈拉市场购进真丝长袍、厚棉布、小麦、燕麦、高粱和豌豆等货物,这些货物部分转卖给俄国,每年大约要卖出 250 ~ 300 幅布哈拉窗帘。[3]

从 1798 年起,一些哈萨克部落频繁地对俄国商队发起袭击;或者抢劫商人的货物,或者把商队引入歧途。他们的这些活动使俄国商人或是彻底放弃他们的长途贸易,或是把他们的货物托付给鞑靼代理商。

15 世纪末建立起来的哈萨克汗国,以及以后形成的哈萨克 3 个玉兹在俄国征服中亚的大规模战争之前就被俄国吞并了。哈萨克人失去了自己独立的国家,哈萨克草原成了俄国的领土。

7.3　希瓦汗国与俄罗斯帝国的关系

在希瓦汗国与俄国的交往中,从两个世纪前就开始磋商的俄国奴隶问题在这一时期内仍然未得到妥善解决,俄国政府在这一问题上曾采取过极端手段。在希瓦汗拒绝释放俄国奴隶的情况下,俄国曾于 1754 年逮捕了在奥伦堡的所有希瓦商人,迫使希瓦释放俄国使节伊古里耶夫和丹尼拉路卡夫钦。1836 年,俄国政府再次采取报复行为,逮捕了在俄国的所有希瓦商人。570 名以上的希瓦商人被拘留在俄国,

---

〔1〕C. Adle Irfan Habib:*History of Civilizations of Central Asia*,Vol.5.,p.416.

〔2〕C. Adle Irfan Habib:*History of Civilizations of Central Asia*,Vol.5.,p.421.

〔3〕C. Adle Irfan Habib:*History of Civilizations of Central Asia*,Vol.5.,p.416.

他们价值140万卢布的货物被没收。[1]

18世纪初期,希瓦汗国与俄国有过几次使节往返,俄国奴隶已不再是双方谈论的主要问题。来往信件反映了双方交往的意图,希瓦汗国关心的是贸易;俄国关系的是将希瓦汗国纳入俄国版图。希瓦汗尼雅兹·伊斯哈克曾于1700年1月派使者多斯特·伯克·巴哈杜尔访问莫斯科,带去了给彼得一世亲信波里斯·亚历山大·罗维奇哥里津亲王的亲笔信,信中提议双方签订条约,以及双方缔结防卫联盟的问题,信中还要求俄国取消有关铁和铅出口希瓦的禁令。沙皇在1700年6月30日写给希瓦汗的回信中,绝口不提贸易一事,而是强调"我们伟大的沙皇陛下,命你臣服于我们"。[2] 1703年,希瓦汗国向俄国通报新汗阿拉卜·马赫木德登基之事,并在信中回忆了两国的和平与友谊,当然,信中只字未提臣服于俄国一事。1703年,沙皇彼得一世在回信中承认了新登基的希瓦汗。

1714年,一支俄国勘察队来到希瓦汗国边境。此前,据在圣彼得堡经商的土库曼商人传言,在阿姆河的旧河床一带(即现在称为乌兹波伊的地区)发现了蕴藏量丰富的金砂矿床。于是,沙皇彼得一世开始筹备前往希瓦汗国的勘察队,勘察队以熟悉中亚语言、宗教和习俗的别科维奇·切尔卡斯基为队长。勘察队的使命是寻找金矿和探明重新开通阿姆河旧道(即流入里海的河道)的可行性。此外,勘察队还肩负着劝说希瓦汗和布哈拉汗接受俄国国籍,或者至少是承认俄国保护国的任务。彼得了解到,无论是希瓦汗还是布哈拉汗,都因饱受国内乌兹别克封建贵族分裂割据之苦,他提议从俄国派出一支由俄国士兵组成的禁卫军保护希瓦汗,条件是要希瓦汗承认俄国的宗主权地位。

---

[1]〔美〕爱德华·阿尔窝什主编:《俄国统治中亚百年史》,载《中亚史丛刊》,1985年第3期,第13页。

[2]〔美〕爱德华·阿尔窝什主编:《俄国统治中亚百年史》,载《中亚史丛刊》,1985年第3期,第22页。

1715 年,别科维奇率领着多达 6000 人的勘察队出发了。[1] 这支队伍以大炮武装,军备耗资 25 万卢布。队伍渡过里海在曼格什拉克半岛东端登陆,并在此建筑要塞,作为进一步前进的基地。到 1716 夏天,别科维奇在里海东岸已经建起了图克卡拉贡、亚历山大罗夫斯克和克拉斯诺沃兹克 3 个要塞。在此期间,别科维奇勘察了阿姆河旧河道,写了一份报告呈给沙皇。据当地人说,阿姆河原来是在克拉斯诺沃兹克(红水湾)入海的。此后,别科维奇留下一支队伍继续在此勘察,他本人返回伏尔加河畔。

　　1717 年,别科维奇从伏尔加河出发,取陆路前往里海海岸的古里耶夫。这一次他率领着由哥萨克人和诺盖人组成的庞大队伍,随行人员中还有一支约 300 人的商队。这支队伍在到达咸海海边时,别科维奇在咸海海边进行了 7 个星期的勘察。以后,别科维奇每天赶 20 英里(约 32 公里)以上的路程,于 1717 年 8 月 15 日,来到了阿姆河下游第一支流处,此地距希瓦城 100 英里(约 160 公里)。

　　这支庞大的武装队伍的到来,令希瓦汗十分不安。希瓦汗召集了 2.4 万人的军队,从希瓦城出发前往阻拦。两军相遇,希瓦军被哥萨克人的炮火击溃,经过 3 天的战斗,希瓦军被迫撤退,阻拦失败。希尔·加齐汗认识到自己的部队不是俄国武装部队的对手,于是,他决定采取另外的策略对付这支所谓的勘察队。他派使者带着他的亲笔信,高举着要求停战的旗帜来到俄勘察队驻地,谋求和谈。

　　在希尔·加齐的邀请下,别科维奇来到希瓦汗廷,受到热情招待。别科维奇也向希瓦汗呈上沙皇送给他的礼物。希瓦汗以古兰经起誓,说他事先不知道希瓦军队阻拦俄国勘察队一事,并表示他对俄国勘察队持欢迎态度。一番话获得了别科维奇的信任。接着,汗以供应食宿方便为由,建议将勘察队员分成几支,分驻汗国各城。尽管别科维奇手下的军官们对此持有异议,但是,别科维奇坚持按汗的建议将勘察队员

[1] Dunmore, *The Earl of the Pamirs*, 1894, 2 vols. p. 312;1717 年, 他(彼得大帝)派遣一支远征军讨伐希瓦的汗。这支军队有 3300 人,由别科维奇率领,在离希瓦 100 英里(约 160 公里)处,他与汗的军队相遇,在 3 天的战斗中,俄国人获得了胜利。

分驻在各城。不久,汗袭击了互相孤立的驻地,轻易地就把俄国军队一支支地消灭了。别科维奇被砍头,活下来的俄国士兵都成了奴隶,只有几个人得以逃回俄国。1717年9月,阿斯特拉罕城地方官员向俄国参政院报告了俄国勘察队的悲惨结局。

俄国人对中亚汗国的第一次军事行动就这样以失败告终了,彼得从西部进入中亚的第一次愿望也随之破灭,俄国放弃了勘察队所建筑的那些要塞。别科维奇远征导致了希瓦汗国与俄国关系恶化,两国之间断交达半个世纪之久。沙皇禁止俄国商人与希瓦汗国贸易,俄国的这一政策实际上没有给希瓦汗国的经济造成损害,反而使俄国处于不利的被动局面。1721年,据俄国派到布哈拉的使节报告,禁令对俄国很不利,南俄草原上的诺盖人和鞑靼人趁机进行走私活动,大批秘密商队把俄国货物从萨拉托夫和阿斯特拉罕运到希瓦,他们甚至走私俄国禁止出口的商品,如白镴和来复枪等等。

消灭俄国勘察队之后,希瓦汗长时期生活在可能遭到俄国人报复的恐惧之中,不断寻找机会与俄国缓和关系。1720年,希瓦汗遣使俄国,请求沙皇宽恕,要求重新与俄国建立友好关系。但是,俄国拒绝恢复友好关系,并把使者囚死狱中。希瓦汗希尔·加齐多次邀请在布哈拉住了4年的俄国使者、意大利人弗洛里奥·别涅维尼(Florio Beneveni)来希瓦,企图借此与俄国达成和解,但是,都被别涅维尼婉言拒绝。别涅维尼说他已经写信给圣彼得堡,请求批准他出使希瓦,但他至今未收到沙皇的指示,所以他不敢擅自行动。在他离开布哈拉的前夕,希尔·加齐汗又给他发了一封邀请信,这回别涅维尼终于同意到希瓦汗国访问。1725年4月7日,别涅维尼带着4峰骆驼离开布哈拉,走了11天的路程到达希瓦。在双方的交谈中,希瓦汗对别科维奇的遇害进行了辩解,并表示愿意释放在希瓦的俄国奴隶。别涅维尼于8月初离开希瓦,经古里耶夫城返回,在路上走了25天,于9月17日前抵达阿斯特拉罕城。当他回到俄国时,沙皇彼得一世已经去世。

19世纪初,俄国基本上完成了对哈萨克草原的兼并。但是,恩巴河与里海东北岸之间草原实际上是既不属于俄国,又不属于希瓦。在麦哈穆·拉希姆时期（1806—1825 年），希瓦汗国的势力抵达曼格什拉克半岛。在半岛上放牧的既有哥萨克人，也有分属于俄国和希瓦的哈萨克人。哈萨克人与哥萨克人之间经常发生冲突，在冲突中，以俄国为后盾的哥萨克人常常南下到希瓦境内抢劫，有时还向境内的游牧民强征赋税。哥萨克人的这些行为严重损害了希瓦的利益，引起希瓦政府的强烈不满，于是，希瓦政府支持该地的哈萨克人对抗这一地区的亲俄势力，并且支持哈萨克牧民袭击俄国商队，让他们在希瓦市场上出售俘虏的商人。

奥伦堡总督彼罗夫斯基开始在这一地区建立一些据点以防范哈萨克人。1834 年，他在凯达克海湾附近建筑了新的亚历山德罗夫斯克要塞，后来，该要塞因离商路和渔场较远等原因，于 1846 年拆除。1839 年，俄国在曼格什拉克半岛丘普卡拉甘建筑彼得罗夫斯克要塞（以后更名为亚历山德罗夫斯克炮台）。该要塞分上、下两层，下层作为民用，有商店、集市、水井等，上层驻军队。要塞装备有 14 门炮，守备军有 3600 人。亚历山德罗夫斯克炮台的建立，限制了希瓦人在这一地区的活动。

1838 年，英国人侵并占领了喀布尔。英国在中亚南部的这些活动使俄国沙皇尼古拉一世决心攻占希瓦汗国。1838 年，沙皇尼古拉一世借口希瓦汗国支持哈萨克牧民的反俄斗争命令奥伦堡总督彼罗夫斯基远征希瓦。1839 年秋，彼罗夫斯基将军率领俄军于一年中最寒冷的季节从奥伦堡出发。这支 5000 人的部队和拥有 1 万驼辎重的队伍，冒着严寒，踏着深深的积雪进入了乌斯特乌尔特沙漠中心。希瓦人展开了一连串的游击战，他们烧毁了在阿斯特拉罕城征集的、为俄军提供给养的船只；烧毁了从亚历山德罗夫斯克炮台起锚的渔船；赶走了俄国军队的给养、随行的羊群；俘虏了沙皇派来的负责新马补充的官员及其辎重队；怂恿哈萨克牧民不给俄国先遣队运送给养等等。这些活动，再加上恶劣的气候，致使许多俄国士兵死于饥饿和冻伤。俄国远征军还未到目的地一半路程的地方就于 1840 年 2 月 1 日撤退了。彼罗夫斯基损失了五分之一的士兵。然而，失败并没有使他气馁，他以后又组织了一支武装更加齐备的远征军，进行了第二次远征。希瓦汗阿拉·库里慑于俄国的决心和威力,于 1842 年派遣使团,带着 400 余名被释放的俄国奴隶前往奥伦堡求和。[1] 彼罗夫斯基同意与之和解,1842 年,双方签订了和平联盟条约。

尽管如此,"彼罗夫斯基的远征失败,加上流沙和无水的荒漠将希瓦与俄国分隔开来的自然条件,使得汗王自信俄国难以接近希瓦。因此,这个只有四十万人的小小汗国却能无所顾忌地执行冒险政策。汗王及其祖先二百年来延续这一政策竟未受惩罚。它开始袭击俄国的商队,捕捉俄国商人以及乘坐驿站马车的过往旅客。将俘虏解往希瓦出卖,而最大的买主就是汗王本人。"[2]关于希瓦人袭击前往布哈拉的俄商之事也令俄国很是头疼。1824 年,俄国尝试过让军队保护商旅的办法,第一支拥有卫队保护的商队在穿越沙漠时就遭遇了希瓦人的袭击,卫队被消灭,货物被劫,商人被卖为奴。

18 世纪,虽然俄国与希瓦汗国发生武力冲突,但是,双方贸易仍在进行着。俄国工商界人士详细研究了俄国与中亚"相互的商业要求"、"交货方式"、"中亚贸易物品的运输道路"。据他们的分析,俄国在希瓦的贸易是有优势的。希瓦汗国的产品,如布、棉制品、各种水果等等,无论是在波斯还是在布哈拉,或是在阿富汗都销不出去,只能卖给俄国人。[3] 而希瓦对俄国的金属、黑色软革和其他商品的依赖性,"随着居民的增加,对这些物资的需求将逐年扩大,因而希瓦和整个中亚定居人民对俄国的依赖性也将增加,至少是生铁和熟铁,中亚只能从俄国得到。"[4]

希瓦与俄国之间的关系又因希瓦汗的反对派走向亲俄道路而复杂化。在希瓦汗国内,约穆特土库曼人拥立自己的汗阿塔·穆拉德宣布独立。阿塔·穆拉德在 19 世纪 50 年代末开始与奥伦堡总督来往,二

[1]Skrine, F. H. and Ross, E, D, *The Heart of Asia*, pp. 243 – 245.

[2][俄]捷连季耶夫:《征服中亚史》,第 2 卷,第 65 页。

[3][俄]《工场手工业与商业杂志》,1843 年,第 4 期,第 162 页,载《中亚史丛刊》,1988 年第 4 期,第 32 页。

[4][俄]《工场手工业与商业杂志》,1843 年,第 4 期,第 162 页,载《中亚史丛刊》,1988 年第 4 期,第 32 页。

者联合起来反对希瓦政府。他还向奥伦堡总督许诺,他将带领所有服从他的居民接受俄国国籍,这一承诺鼓舞了俄国人。

19世纪中叶,访问希瓦汗国的使者有尼基福罗夫大尉(1841年)、达尼列夫斯基上校(1842年),达尼列夫斯基成功地与希瓦签订了睦邻关系的条约,然而这一条约的各项都是一纸空文。达尼列夫斯基在此行之后写了一部内容极其丰富的书,即《希瓦汗国纪事》。希瓦汗国派到俄国的使者有瓦伊兹尼亚兹、伊什巴伊巴巴耶夫和穆哈默德艾明。这些访问对两国之间的政治关系没有起到任何实质性的作用。

但是,俄国与希瓦的交往,使人们丰富了有关中亚西部的地理知识。17世纪末期,俄国开始探测里海东岸及通往希瓦和布哈拉的道路。1690年,杜布罗温访问了希瓦,绘制了突厥斯坦地图。1717年,俄国对希瓦的军事行动虽然失败了,但是,俄国勘察队对里海所做的科学考察却取得了很大的成就,第一次对里海绘制了正确的水域图。[1] 这次勘察之后,欧洲具有各学科知识的旅行家纷纷来到希瓦,他们对中亚的人文地理情况进行了勘察和研究。

19世纪中叶,俄国政府开始注意了解希瓦汗国各方面的情况。1842年,俄国使者详细调查了希瓦汗国的定居人口。据他报告说,汗国人口总数不超过30万。[2] 1844年,俄国从奥伦堡各处调来船只,对咸海做了全面的军事测量。1847年,俄国在咸海东北岸的锡尔河口修建了雷姆要塞(后改名阿拉尔斯克),该要塞以后成为俄国入侵中亚南部的主要基地。之后没过几个月,俄国已经在此锡尔河畔筑起一系列要塞,完全控制了这条大河的下游流域,[3] 并且开始了咸海通向锡尔河的航运。

1854年,沙皇在圣彼得堡召集了一次有政府高级官员以及奥伦堡和西西伯利亚总督参加的特别会议。会议决定成立"中亚细亚今后政

〔1〕Skrine, F. H. and Ross,E,D,*The Heart of Asia*, London, 1899,pp. 240－242.

〔2〕〔美〕爱德华·阿尔窝什主编:《俄国统治中亚百年史》,载《中亚史丛刊》,1985年第3期,第8页。

〔3〕Skrine, F. H. and Ross,E,D,*The Heart of Asia*,p. 245.

·欧·亚·历·史·文·化·文·库·

策问题委员会",会议还讨论了把新西伯利亚线和锡尔河线连接起来的问题,并且做出了武力征服中亚南部诸汗国的决议。这些决议因克里米亚战争而推迟。

1856年,高加索总督、高加索军队总司令巴里亚京斯基向沙皇亚历山大二世提出沿乌斯秋尔特从里海海岸到咸海修建铁路的方案。根据巴里亚京斯基的意见,建筑从里海到咸海的铁路将能够代替以往商队所走的路线,通过铁路可以汇集邻国的全部贸易,使俄国商品能够向更远的地区销售。由于运输距离的缩短和方便直达,俄国商人将会受益致富。他还认为,这条铁路还可以巩固俄国在东方国家中的政治影响。几个月后,由于英国军队占领波斯的布什尔港,巴里亚京斯基认为:"不列颠的旗帜出现在里海,不仅对我们在东方的势力和我国的对外贸易是一个致命的打击,而且对我们帝国的政治独立也是一个打击。"[1]他认为,这将危及俄国在达吉斯坦、外高加索、外里海草原的统治。他呼吁应该尽快在里海东岸占领一个据点,从此据点建筑通向咸海的铁路。他还主张装备一个考察团去研究从里海通往咸海的道路。亚历山大二世认为他的主张是极其重要和有益的,为此发给巴里亚京斯基所需要的一切必要的津贴。

两年后(1858年),俄国使者伊格纳季耶夫出访希瓦。他出使的目的是加强俄国在希瓦和布哈拉的影响,改善俄国与两个汗国的贸易。希瓦汗向他承诺"不再煽动土库曼人和哈萨克人反对俄国"。伊格纳季耶夫的出访是俄国派遣外交使团到中亚汗国去的最后一次,以后,军队取代了使团。1869年,俄国越过里海,占领了克拉什诺沃茨克湾,并以此为基地开始入侵希瓦汗国。1873年春天,俄国对希瓦发动了大规模进攻。1873年8月12日,在俄军的逼迫下,希瓦汗无条件地与俄国签订了条约。

---

〔1〕俄罗斯中央国家军事历史档案,馆藏《军事科学档案》,目录2,文件3,第1—12页,载《中亚史丛刊》,1988年第4期,第48页。

7.4　布哈拉汗国与俄罗斯帝国的关系

　　18 世纪至 19 世纪中叶,在布哈拉汗国的对外关系中,与俄国的关系最为密切。在这一时期,两国之间在政治上基本保持着和平交往,商业贸易上的互相需要是这一时期两者关系的基础。尽管如此,双方在政治上的交往仍然停留在互换代表团这一层面。中亚国家在俄国没有自己的常驻代表;俄国在中亚也没有设立大使馆或领事馆。布哈拉汗国热衷的是与俄国进行贸易谈判,除此而外,布哈拉统治者尽量回避签订条约和承担任何义务。布哈拉埃米尔以怀疑和担心的态度对待所有到中亚来的俄国代表团,他们在代表团的周围布下间谍网,因此,所有来到布哈拉的俄国使团都不会取得什么实质性的结果。

　　在双方使节往来中,两国继续商谈着上两个世纪就已经开始的俄国奴隶问题和经俄国前往麦加朝圣的问题。释放俄国奴隶的问题仍未见成效,俄国在这一时期对此采取了强硬措施。与对待希瓦汗国一样,俄国沙皇于 1767 年 1 月 28 日发布敕令,特准抓获来自布哈拉汗国的旅行者,以他们为被扣留在中亚的俄国俘虏和囚犯的人质。[1] 在 1750—1850 年间,俄国官方采取逮捕在俄国的中亚商人,没收中亚商人货物等手段,以逼迫布哈拉汗国就范。但是,这些措施没有达到预期的目的,反而引起了中亚人民的敌对情绪。沿边境捕捉俄国人的活动和奴隶贸易更加猖狂。

　　关于中亚诸国假道俄国去麦加朝圣的问题,也是布哈拉汗国与俄国在这一时期继续交涉的事情。在叶卡捷琳娜二世敕令颁布(1780 年 5 月 9 日)之后,俄国人对宗教的态度有所缓和。尽管如此,俄国政府对中亚朝圣者通过俄国的请求仍持谨慎态度,俄方坚持要个别申请,慎重审理。俄国外交部在 1842 年给浩罕汗希尔·阿里(1842—1845 年)的答复中说:"有必要向你声明,朝圣者的道路可能不但与浩罕臣民们

----

〔1〕〔美〕爱德华·阿尔窝什主编:《俄国统治中亚百年史》,载《中亚史丛刊》,1985 年第 3 期,第 16 页。

有关,而且还与中亚其他地区的居民有关。所以,就这个问题达成总的谅解首先是必要的。当满足这个请求而又不打破俄国现存政策的条文规定的两全齐美的办法被找到时,浩罕政府会得到通知。"[1]不难看出,中亚诸国与俄国在这一问题上直到19世纪上半叶也没有完全达成协议。

除了以上两个问题外,在这一时期,俄国到布哈拉的使者开始关心布哈拉汗国的国情。从18世纪上半叶起,俄国派往布哈拉的使者大多数是具有各种专门知识的学者,其中一些人担负着搜集布哈拉军事政治情报的任务。他们写了日记、外交文件和报告,记载了他们在布哈拉观察到的所有情况。他们的兴趣集中在诸如布哈拉汗国行政机构、军事力量、道路的变化以及动植物和矿产等等话题上。

在这些使者中,弗洛里奥·别涅维尼的报告突出地表现了俄国的意图。在1717年10月20日,沙皇彼得召见了布哈拉汗派到俄国的使者,在布哈拉汗写给彼得的信中说:"请派一个能干的人为使节前来布哈拉。"[2]于是,彼得任命俄国外交部雇员、通晓突厥语和波斯语的意大利人弗洛里奥·别涅维尼出使布哈拉。他的任务是确立俄国在布哈拉汗国的影响,"尽可能同它缔结防御同盟",并且建议汗王接受一支由俄国人组成的近卫队,保卫汗王。

1718年,别涅维尼从莫斯科出发,于1721年11月上旬到达布哈拉,得到了阿布尔·费兹汗的接见。别涅维尼在布哈拉住了近4年(1721年秋到1725年春),查明了中亚的矿藏情况,他派往巴尔赫和巴达克山的人员也收集到了有关这些地区的经济情况,在他们的报告中记载说,巴达克山的居民在夏季水落时就从阿姆河中淘取金子,喀什噶尔、马尔格兰、安集延和塔什干等地都有金银矿。别涅维尼在1725年3月16日写给沙皇的信中说,布哈拉很不稳定,所有的道路都被盗匪占据,巴尔赫的前统治者已重新夺取该城。别涅维尼向沙皇建议,如果

---

〔1〕〔美〕爱德华·阿尔窝什主编:《俄国统治中亚百年史》,载《中亚史丛刊》,1985年第3期,第2-3页。

〔2〕〔乌兹别克〕艾哈迈多夫:《16—18世纪历史地理文献》,第281页。

想获取厚利,充实国库,就不必瞻前顾后,一场争夺在所难免,应该向他所列举的这些地区开战。

18世纪对布哈拉汗国留下了记录的俄国人有尼古拉·格里戈利耶夫、菲利普·也夫列莫夫、提摩色伯尔纳硕夫、梅耶朵夫和布捷涅夫、伊格纳季耶夫等人。

尼古拉·格里戈利耶夫于1752年来到中亚,在布哈拉经商十多年,回国后写了关于中亚的报告,该报告直到1853年才公开发表。菲利普·也夫列莫夫是一名俄国军官,他于1774年在西伯利亚被哈萨克人俘虏,后来在布哈拉为奴。他在军中服役数年,参加过多次战斗,以后逃脱,取道喀什噶尔、叶尔羌、拉达克、克什米尔,经印度回到俄国。1786年,他在圣彼得堡出版了自己的回忆录。提摩色伯尔纳硕夫是俄国的一名矿业官员,他与伯尔诺西可夫于1794年来到布哈拉,次年返回俄国,回国后写了回忆录,回忆录的摘录发表在1818年的《西伯利亚通讯》上。旨在与布哈拉签订贸易条约的涅格里使团于1820年来到布哈拉,随行成员梅耶朵夫和艾维尔斯曼医生将留居布哈拉时的情况写成著作。

布捷涅夫是俄国矿业工程师。布哈拉埃米尔纳斯鲁拉听说俄国人能够采用新法勘察金矿,于是,向俄国政府请求派遣一个采矿专家来布哈拉帮助开采金矿。1841—1842年,由布捷涅夫率领的俄国代表团到达布哈拉汗国。布捷涅夫勘察的实际结果令埃米尔大为失望,他没有找到大型金矿床。然而,布捷涅夫之行却令俄国政府非常满意,因为他们广泛收集了布哈拉汗国的各种资料,对布哈拉汗国的生产力、居民的日常生活等等进行了研究。除布捷涅夫本人所写的文章和著作外,值得注意的还有哈内科夫的《布哈拉汗国记事》和其他人收集的关于布哈拉汗国的动植物资料。

最后一位出访布哈拉汗国的使者是伊格纳季耶夫。1858年,伊格纳季耶夫出使中亚诸国。他的任务是进一步了解中亚的情况,加强俄国对希瓦和布哈拉两个汗国的影响,改善俄国与两汗国的贸易。他率领着由83人组成的大使团从奥伦堡出发,7月抵达希瓦汗国。他在希

·欧·亚·历·史·文·化·文·库·

瓦汗国没有取得任何进展。之后,他率团前往布哈拉汗国。布哈拉埃米尔当时正关注布哈拉汗国与希瓦和浩罕汗国的战争,所以仅仅与伊格纳季耶夫签订了一项关于阿姆河航运的协定。伊格纳季耶夫在布哈拉提出了释放所有俄国战俘的要求,据说,他的出访为俄国获取超过英国的贸易优势打下了坚实的基础。也有人认为,伊格纳季耶夫所做的事情只不过鼓动了埃米尔的反英情绪而已。伊格纳季耶夫在访问报告中说,在他到达前不久,有两个乔装成阿富汗人的英国人访问过布哈拉,有三个伪装成印度人的英国人住在布哈拉城。

伊格纳季耶夫归国以后,俄国政府拟定了对布哈拉汗国的行动计划。这些计划主要出自中亚政治问题权威伊格纳季耶夫之手。他认为俄国应"大力发展阿姆河航运;巩固俄国与中亚最可靠和最强大的统治者——布哈拉埃米尔的友好关系,用一切办法预防英国对中亚事务的干涉;利用希瓦汗国的内部纠纷,利用希瓦汗国与布哈拉汗国之间的敌对;……尽力发展俄国与中亚和阿富汗的贸易,确立俄罗斯帝国对中亚市场的统治权,如有可能,应完全把英国人从中亚市场排除出去"。[1] 他的所有建议都是立足于俄罗斯帝国应该将英国势力排挤出中亚这一目标。

不难看出,在18—19世纪中叶,俄国与布哈拉汗国在政治交往的兴趣上已经与上一个时期不同,尽管双方就俄国奴隶问题和途经俄国领地朝圣等问题仍在交涉之中,然而,俄国的主要目标已经转移到布哈拉汗国本身。俄国迫切地想了解该国的政治和经济形势,这些动向反映了俄国对中亚的考虑已经超出了处理双方之间的关系这一层面。

如果说俄国与布哈拉汗国在政治交往中所发生的变化还不太明显的话,那么,在19世纪中叶以后,俄国与布哈拉汗国之间的经济交往出现的变化却是十分明显的。随着俄国手工工场的发展,双方之间的贸易已经不再是以往的自然贸易,双方之间的贸易被纳入了资本主义的

---

〔1〕〔前苏联〕哈尔芬:《中亚归并于俄国》,吴筑星、董兴森译,刘品大校,载《中亚史丛刊》,1988年第4期,第55-56页。

轨迹,布哈拉市场不仅成了俄国的原料供应市场,即棉花和棉纱的供应地,而且还成为俄国工业品的销售市场。

从 18 世纪起,布哈拉汗国与俄国的贸易地点增加。除了以往的阿斯特拉罕、喀山等城市外,哈萨克草原的军事要塞逐渐成为双方贸易的中心。奥伦堡在兴建(1735 年)后不久就成为俄国在东方的贸易中心,布哈拉商人除了继续前往阿斯特拉罕城贸易外,更多的是到奥伦堡贸易。他们从塔什干出发,顺锡尔河而下,再北上到奥伦堡,有的商人还继续北上莫斯科。塔什干之路日益成为布哈拉商人前往奥伦堡的要道。在这条路线上,布哈拉商人与塔什干商人展开了竞争。在 18 世纪上半叶,奥伦堡城基本上还只经营批发业,到 1752 年才批准经营一般的零售业。在俄国征服塔什干期间,奥伦堡集市一度曾对布哈拉商人关闭,而圣彼得堡却欢迎布哈拉商人,让他们在此卖珠宝,当局还给予他们很高的黄金兑换率[1]。

除奥伦堡外,西伯利亚地区的许多军事要塞都逐渐成为中亚与俄国的贸易中心。其中,谢米巴拉金斯克和乌斯季卡缅诺戈尔斯克分别于 1760 年和 1765 年开设了交易场所。西伯利亚当局为亚洲商人修建了商队货栈,繁华的市场吸引着哈萨克牧人和来自塔什干、布哈拉的商人。

为了贸易,迁居哈萨克斯坦东北部城市和要塞的塔什干和布哈拉人数增长。哈萨克人阿亚古兹在 1864 年 7 月 5 日寄给母亲的信中写道:“他们(中亚商人)搭起自己的布哈拉帐蓬,穿上各种各样长袍和短袄,正式拜访我们,喝我们的茶,像一般愿保持良好的风度的吉尔吉斯贵族一样说得很少。”[2]有资料记载,谢米巴拉金斯克海关在 1760 年和 1769 年两年向布哈拉和塔什干商人征收的关税数额分别是 330 卢布 2 戈比和 4003 卢布以上。[3] 根据这一数字判断,来到该地贸易的

〔1〕C. Adle Irfan Habib:*History of Civilizations of Central Asia*,Vol.5,p.415.

〔2〕〔俄〕卡塞木巴耶夫:《18—19 世纪上半叶额尔齐斯堡垒线在中亚同俄国贸易发展中的作用》,载《中亚研究》,1990 年第 3 期。

〔3〕〔俄〕卡塞木巴耶夫:《18—19 世纪上半叶额尔齐斯堡垒线在中亚同俄国贸易发展中的作用》,载《中亚研究》,1990 年第 3 期。

中亚商人在逐年增加。

在18—19世纪,俄国在与东方的贸易中组成了拥有数十万以至数百万卢布资金的公司。1754年,俄国设立贵族银行和商人银行,开始组建国际贸易公司。1762年,俄国官方批准在阿斯特拉罕城成立一个专门承办俄国与波斯、布哈拉、希瓦商务的公司。到19世纪,与东方贸易的俄国公司有萨克·莫洛佐夫父子公司、伊凡·赫鲁道夫父子公司、巴拉诺夫兄弟公司。1866年,这几家公司合并为"塔什干和中亚贸易协会"。这些集团贸易加强了俄国商人抵御风险的能力,可以垄断与中亚诸汗国的对俄贸易,包揽了货物进出口及原料产品的收购、转运等各项业务。在这一时期,中亚商人没有建立这种组织。

19世纪中叶以后,中亚市场逐渐成为俄国的原料市场和工业品销售市场。19世纪初,在布哈拉汗国已经形成了一些区域性大市场,如布哈拉市场。在布哈拉市场上有波斯商人、喀什噶尔商人、印度商人。

在此时期,布哈拉汗国成为俄国纺织业的棉花供应国。在18世纪80年代(1783年),从布哈拉发往阿斯特拉罕城的货物中,占据首位的是白棉纱,其次是布哈拉印花布和卡尔巴丝布,然后是产自布哈拉羔羊皮和软山羊皮。[1] 这种贸易比例一直持续到19世纪中叶,说明直到19世纪中期,中亚的纺织品(起码半成品棉纱)还是出品的重要商品。然而,俄国政府的财政大臣加格麦斯特尔1862年在《俄罗斯通报》上发表文章说,现在俄国无限地"需要布哈拉的棉花"。1865年,中亚与俄国的棉花贸易占俄国官方贸易的74%,到该年年底前,中亚的棉花出口总额已占整个贸易总额的74.1%,而棉制品的出口总额却由1840年的55.1%降到了8.7%。[2] 素以纺织业著称的中亚地区开始从俄国进口棉布;而一直向中亚进口棉布的俄国却只进口中亚的棉花。俄国纺织工业的发展最终导致中亚纺织品完全退出了俄国市场。

19世纪,中亚与俄国的贸易变化之二是中亚成为俄国工业品销售

---

〔1〕C. Adle Irfan Habib:*History of Civilizations of Central Asia*,Vol.5,p.415.

〔2〕〔美〕爱德华·阿尔窝什主编:《俄国统治中亚百年史》,载《中亚史丛刊》,1985年第3期,第15页。

市场。布哈拉商人在俄国购买的商品中,贸易额最大的是硬币和棉织品,其次是金属和金属制品,还有皮革等。[1] 在 19 世纪 40 年代,布哈拉商人从俄国买回的金属和金属制品占布哈拉购买总额的 16%,机制棉布占布哈拉购买总额的 20%,占希瓦购买总额的 34%。[2] 19 世纪中叶,俄国输出的金属有将近 60% 是流向亚洲,而且主要流向中亚。[3]可见,布哈拉成了俄国工商业产品的主要销售地。

19 世纪初期,英国加入了在中亚的竞争,频繁地派代表团前往布哈拉。这些英国代表团担负着研究中亚市场和拉拢布哈拉汗国统治者的任务。在 1809—1810 年,俄国人指控英国说,英国为了在布哈拉有一个立足点,在布哈拉廉价销售他们的货物。在 1830 年英属印度殖民当局呈送英国政府的一份报告中,详细列举了布哈拉所需货物的名单,如:宽幅优质布、印花布和其他棉制品、铸铁壶、玻璃瓶、玻璃镜子、茶叶、靛蓝、糖和纸,还有少量的剪刀、剃刀和削笔刀等。[4] 英国人认为,包括铁、钢、铜、锡在内的所有商品,英国和英属印度都能够以有竞争力的价格提供。从英国运"一吨铁(到中亚)的运费"远远低于俄国人"雇一匹骆驼从奥伦堡到布哈拉的花费"。[5]

英国人亚历山大·伯恩斯于 1831—1833 年访问了布哈拉。他的旅行是从信德逆印度河而上至拉合尔,经喀布尔转往布哈拉的。他非常具体地描述了布哈拉的商业情况:许多英国货物经俄国运抵布哈拉并且很受欢迎,印花布的销售利润高达 50%。[6] 而伯恩斯所说的英国货在布哈拉市场上畅销的情况与俄国人的报告大相径庭,1837 年拜访波斯的俄国人哈吉格麦斯特(Hagemeister)说:英国印花布在布哈拉不受欢迎,因为它不耐穿且非常昂贵。1841 年在布哈拉旅行的俄国人康

---

〔1〕C. Adle Irfan Habib:*History of Civilizations of Central Asia*,Vol. 5,p. 424.

〔2〕C. Adle Irfan Habib:*History of Civilizations of Central Asia*,Vol. 5,p. 424 – 425.

〔3〕〔俄〕涅鲍尔辛:《俄国对外贸易统计评论》第 2 集,第 438 – 439 页,载《中亚史丛刊》,1988 年第 4 期,第 32 页。

〔4〕这份报告是由 P. B. 洛德和 A. 伯恩斯呈送的。

〔5〕C. Adle Irfan Habib:*History of Civilizations of Central Asia*,Vol. 5,p. 420.

〔6〕C. Adle Irfan Habib:*History of Civilizations of Central Asia*,Vol. 5,p. 420.

科夫说:从马什哈德和喀布尔运到布哈拉的英国印花布,约 25 米长的一匹要售 2.5 ~ 3 提拉(Tillas,硬币),也就是说,比俄国印花布的每匹价格要高出 25% ~ 50%,而俄国印花布每匹比英国的还要长出 33%。[1] 在 1841—1842 年,据勒波尔欣(Nebol'sin)的报导:英国印花布由于价格特别低廉,在布哈拉市场特别畅销。不过,他解释说,英国印花布的价格到 1844 年时翻了一番,当时在布哈拉市场上出售的印花布有两个品种,一种是质量较好而价格昂贵到无人问津的地步;另一种布的质量不可靠,幅长不足、布面满是小孔、易褪色。[2] 上述互相矛盾的报道正好反映了俄国与英国争夺中亚市场的情况。

在 18—19 世纪,布哈拉汗国与俄国之间经济交往是十分频繁的,而且对中亚商人而言,这一贸易是有利可图的。在贸易中,中亚商人一直处于有利的地位。俄国西伯利亚边务当局鼓励中亚商人进入俄国要塞进行贸易,在俄国政策的鼓励下,中亚商人在对俄贸易中获得了重要的商业利益。在 1784 年前后,他们每年出售大约 200 万卢布的商品给俄国,而购进的俄国商品价值只是出售额的一半。这一比例的贸易一直持续到 19 世纪头 10 年。从表 7 – 1 中可以看出,直到 19 世纪中叶,这一贸易继续对中亚商人有利。

在 18—19 世纪之交,当法国爆发革命战争和欧洲大陆被封锁而阻断了海上航线之时,俄国给予布哈拉商人许多特权。如:俄国于 1808 年发布,布哈拉商人可以在阿斯特拉罕城和奥伦堡免税贸易,布哈拉商人在西伯利亚的货物将可以不再申报和提交检查。[3] 布哈拉商人为俄国抵抗欧洲经济封锁做出了重要贡献。他们为俄国提供了棉花和棉织品,以及转售来自克什米尔和波斯的羊毛披巾、来自印度的英国货物。这种服务受到了俄国的高度评价。

〔1〕Khanykov,N.,*Opisamie Bukharskogo khanstva. St. Petersburh.* 1843,pp. 173,174,177.

〔2〕Nebol'sin,N. N. *Ocherki torgovli Tossii so Sredney Aziey. In:ZIRGO*,Vol. 10. Moscow,1855,pp. 216 – 217.

〔3〕C. Adle Irfan Habib:*History of Civilizations of Central Asia*,Vol. 5,p. 416.

表 7 - 1　俄国与中亚的贸易（包括哈萨克斯坦）　单位:千卢布[1]

年代	俄国从中亚买进商品的总额	俄国卖给中亚的商品总额
1840	1655	1164
1845	1304	873
1850	1263	812
1855	1885	757
1860	2324	1920
1864	7699	4740
1865	4704	3775

在欧洲对俄海禁取消后的一段时期内,俄国改变了对布哈拉商人的态度,俄国官员指控布哈拉商人有压制俄国在亚洲贸易的嫌疑,因此,俄国境内发动了一场反对布哈拉商人的运动。一些俄国官员建议鼓励塔什干人与布哈拉人竞争,因为塔什干更靠近奥伦堡。另一些俄国官员则主张利用浩罕商人削弱了布哈拉商人,建议俄国不通过布哈拉商人而直接与浩罕商人贸易。

此外,俄国限制中亚商人购买某些商品,并通过海关进行监督。例如,1862 年 9 月 11 日,西伯利亚要塞视员拉夫洛夫少将指示谢米巴拉金斯克海关署长:查禁物品包括各类枪炮武器,俄国钱币和士兵呢;为了防止上述商品外流,要仔细地察看进入俄国要塞的塔什干和布哈拉人;对检查中隐藏自己商品的商人必须追究责任。

布哈拉商人也利用俄国的一些政策进行非法贸易,逃避税收。在俄国征服哈萨克人以后,布哈拉商人利用哈萨克人的俄国臣民身份,在奥伦堡进行非法贸易。布哈拉和希瓦商人不等前来中亚贸易的哈萨克商人抵达官方交易大厅,就以棉花等商品与哈萨克人的牲畜交换。然后,雇一位哈萨克人,以他的名义把这些牲畜群赶过俄国海关,他们在申报一些应付税很低的棉织品后,也随哈萨克人过关。当他们在奥伦

---

[1]〔美〕爱德华·阿尔窝什主编:《俄国统治中亚百年史》,载《中亚史丛刊》,1985 年第 3 期,第 14 页。

堡销售这些棉织品之时,会密切关注牲畜换取黄金的销售情况,以后他们把黄金带出俄国。另一种逃税的手段是:布哈拉商人来到哈萨克营地上,把昂贵的丝制品和长袍处理掉,然后以廉价的棉花填满大包。这样,在边境上核对的数字就与海关申报的数字一致。[1]

除了政治、经济方面的交往外,在这一时期,布哈拉汗国与南俄地区还有一些宗教和文化上的联系。布哈拉城是中亚最大的穆斯林神学中心,前来学习者不仅有中亚各地的学者,也有来自伏尔加河流域、印度西北部、阿富汗和其他国家的人。在 16 世纪 50 年代,伊凡四世(1530—1584 年)曾对伏尔加流域的穆斯林文化给予沉重的打击。在这种形势下,乌拉尔—伏尔加地区与河中地区的穆斯林的联系加强了。在叶卡捷琳娜二世统治时期(1762—1796 年),俄国实行了将伊斯兰教纳入行政统治的政策。随着 1782 年乌法"法律鉴定所"(Muftīyat)的设置和 1788 年奥伦堡宗教大会的成立,俄国统治下的穆斯林被迫与奥斯曼土耳其分离。因此,18 世纪末到 19 世纪初期,乌拉尔—伏尔加河一带的鞑靼学生和宗教界人士纷纷东移到俄国势力范围之外的布哈拉宗教学院,著名的鞑靼改革家阿布杜尔·纳斯尔·艾尔·库尔萨威(ʿAbduʾl Nasīr al-Qūrsāwī,1776—1812 年)教士便是其中之一。他返回自己在喀山附近的家乡以后,在当地的宗教学校当了一名教师。喀山学者希哈卜丁·马尔贾尼(Shihābuʾddīn Marjānī,1818—1889 年)于 1838 年和 1849 年之间也在布哈拉和撒马尔罕学习,他返回喀山以后,成为喀山大清真寺的讲演者(Mudarris)。

总的来说,布哈拉汗国在这一时期与俄国的关系无论是政治上和经济上都保持着和平交往,但是,与上一个时期相比,俄国在此关系中已经掌握了主动权。

7.5　浩罕汗国与俄罗斯帝国的关系

18 世纪初在费尔干纳盆地兴起的浩罕汗国由于远离俄国,除了与

---

[1]Nebolśin, N. N. *Ocherki torgovli Tossii so Sredney Aziey. In*: *ZIRGO*, Vol. 10., Moscow, 1855, pp. 287 – 288.

俄国有些经济交往(塔什干商人常到奥伦堡和经商)外,两国之间没有发生更多的联系。19 世纪中期,俄国兼并了哈萨克大玉兹领地,浩罕汗国开始与俄国有了直接的关系。

清朝灭亡准噶尔汗国以前,准噶尔人不仅侵占了哈萨克人的牧地,并威胁着浩罕汗国北部领土。清朝灭亡准噶尔汗国以后,哈萨克人陆续返回自己的故地,浩罕汗国在北方与大玉兹哈萨克人相邻。19 世纪初,浩罕国势强盛起来,逐渐向北侵入大玉兹哈萨克人的领地。19 世纪 40—50 年代,俄国兼并了大玉兹,大玉兹哈萨克人成为俄国臣民,浩罕汗国向北部的发展与俄国发生了冲突。双方在锡尔河中、下游一直到巴尔喀什湖以南的广大地区内展开了争夺。这一争夺以 19 世纪 40 年代为界可以划分为前后两个阶段,前一阶段是浩罕汗国向北挺进时期;后一阶段是俄国人侵浩罕汗国北部领地时期。

浩罕汗国的政治实力在 19 世纪头 10 年开始巩固。在爱里木汗统治时期(1799—1810 年),浩罕汗国于 1800 至 1809 年间征服了锡尔河中游以东的一些要地,主要的夺取目标是塔什干。塔什干是中亚最大的工商业中心之一,与哈萨克草原上的奥伦堡城及新疆伊犁地区有着广泛的贸易。当时塔什干是一个由地区和卓统治的独立领地,其统治者除了管辖该城市外,还统治着大玉兹哈萨克人放牧的广阔草原。为了夺取塔什干,浩罕汗国在本国军事力量不足的情况下,从塔吉克人中征集过士兵。在攻塔什干城之前,爱里木首先控制了塔什干水源之地,即地处忽毡和塔什干之间的尼亚孜伯克要塞。1808 年,浩罕军队攻打塔什干城。在双方伤亡都很大的情况下,浩罕军攻陷了该城。破城后,爱里木把大玉兹哈萨克各部的比和其他地区统治者召集起来,宣布大玉兹及其部属为浩罕臣民。一年以后,塔什干城民起义,爱里木派其弟爱玛尔镇压了起义。从此,浩罕汗国官员统治了在塔什干附近放牧的哈萨克人,向他们收取苛捐杂税,"每个帐户一年要交六头羊、二十四袋炭、四牛车盐木、一千捆芦苇,而伊金恰(贫苦农民)要交出收成的三分之一",此外,还要负担沉重的徭役。[1]

1809 年以后,爱里木陆续攻占了锡尔河中游流域的一些地区和城市,如安格连(Angren)谷地、奇姆肯特和赛拉姆等城,并于 1814 年夺取了突厥斯坦城。从 1817 起,浩罕汗国在锡尔河沿岸建筑了一系列要塞。1817 年,浩罕在距锡尔河河口约 300 英里(约 480 公里)的地方建造了阿克麦切季堡。该堡最初建在锡尔河左岸,一年以后又迁到右岸。浩罕汗国以该堡为关卡,对来往的商队和附近的牧民征税。在向北发展的过程中,浩罕汗国还侵占了原属于中国清朝管辖的一些地区,并在这些地区建筑要塞,如 19 世纪 20 年代建筑的奥里阿塔(今江布尔)、皮什凯克、托克玛克、麦尔克等等。

到 19 世纪 40 年代,浩罕汗国已经发展成为一个大汗国,其疆域广大:汗国的北部疆界是一条延伸的草原带,它将汗国与南西伯利亚隔开,汗国的西部分别与希瓦和布哈拉两个汗国接壤,汗国的南部是由地区王朝统治的卡拉捷金、达尔瓦兹和库拉伯,其东部是中国的喀什噶尔。当浩罕汗国以其强劲的势头向北扩张之时,俄国的武装部队也在从谢米巴拉金斯克和奥伦堡要塞分东、西两线朝巴尔喀什湖和伊犁流域与咸海和锡尔河方向南下,两国之间的冲突无法避免了。

在 19 世纪 40—50 年代,浩罕汗国北部的哈萨克大玉兹被俄国征服,哈萨克人成了俄国的臣民,浩罕汗国向北部的发展和对哈萨克人实施的征税行为都被视为对俄国的侵犯,俄国不能容忍浩罕汗国的北进。此外,浩罕汗国是俄国南下印度洋的障碍,俄国必须扫除之。在俄国的战略决策中,经帕米尔通向印度是俄国的一项重要的扩张政策。沙皇彼得一世认为从里海和额尔齐斯河两个方向南下是"控制俄国通向俄国商人尚未涉足的印度和中国这两个富国的唯一通道"。[2] 18 世纪初,他曾派两支远征军分别从东、西两个方向南下。东支远征军由布赫戈列茨中校率领,溯额尔齐斯河而上,以后因受准噶尔人的打击,南下

---

[1]〔俄〕捷连季耶夫:《征服中亚史》,第 1 卷,第 252 – 253 页。
[2]〔俄〕捷连季耶夫:《征服中亚史》,第 1 卷,第 29 页。

的任务没有实现。西支远征军由别科维奇·切尔卡斯基率领,企图从里海经希瓦汗国打通进入印度的道路,这一支远征军也遭到了失败。保罗一世继承了彼得一世的遗志,于1801年派出一支庞大的哥萨克远征军,企图沿阿姆河南下,经中亚的布哈拉进军印度,其中拟定的一条路线也是经帕米尔通往印度,由于保罗的突然去世,远征军半途而废,撤军返回俄国。为了实现经帕米尔南下印度的既定战略目标,占领帕米尔北部的费尔干纳是首要任务,因此,征服统治着费尔干纳盆地的浩罕汗国只是一个时间问题。即使浩罕汗国不向北部发展势力,俄国也要攻打和占领它。

在19世纪40年代以后,俄国开始在这一地区采取攻势。1844年,俄国人布塔科夫使用了从奥伦堡各处调来的般只,对锡尔河进行了详细勘察。1847年,在离锡尔河河口60俄里(约64公里)的地方建筑了雷姆要塞。1851年,雷姆要塞改名为阿拉尔斯克,称为一号炮台,以后又改名为卡扎林斯克。1853年彼罗夫斯基率军从阿拉尔斯克出发,逆流而上沿途筑了1、2号两个炮台。接着,彼罗夫斯基攻克了浩罕汗国在锡尔河畔建筑的阿克麦切季要塞,对此要塞进行修复后将其更名为彼罗夫斯基(今克齐尔—奥尔达)。以后,俄军又占领了浩罕人放弃的库凡河右岸的库梅什库尔干,改名为3号炮台。于是,以彼罗夫斯克为中心,阿拉尔斯克、1号炮台、2号炮台、彼罗夫斯克和3号炮台构成了锡尔河线,全长400多俄里(约460多公里)。俄国在锡尔河畔的这些活动引起希瓦汗国和浩罕汗国的反对,两汗国在这一地区不断与俄国发生冲突。在1847至1848年间,希瓦的土库曼骑兵在雷姆要塞(今阿拉尔斯克)附近示威。浩罕人开始骚扰俄国要塞的所在地。他们在离雷姆要塞50俄里(约53公里)的地方抢劫哈萨克人的牲畜,动则上万头。在1851年的一次抢劫中,浩罕人就抢走了7.5万头牲畜[1]。这次抢劫使拉伊姆(即雷姆)要塞司令官恩格曼少校向浩罕的小堡科

---

[1]〔俄〕捷连季耶夫:《征服中亚史》,第1卷,第252页。

什库尔干进行了一次搜索,占领并摧毁了这个只有 10 人守卫的小堡。[1] 但是,这一行动对于阻止浩罕人向北的活动完全无济于事。

1851 年,俄国侍从将军安年科夫向沙皇尼古拉一世呈上自己的著作《吉尔吉斯草原概论》。书中提到,早在 1837 年,俄国在阿亚古斯与阿克摩林之间曾设立过一些步哨,由于 1838 年哈萨克人的起义而废除了这道防线。他建议予以恢复,并将防线的左翼推进到伊犁河和楚河,右翼同锡尔河衔接。沙皇赞同这一建议,并把此事交给奥伦堡总督彼罗夫斯基和西伯利亚总督加斯福尔特负责。[2] 然而,彼罗夫斯基并不同意此方案,他认为只有攻占阿克麦切季要塞,才能制止浩罕的北进和影响。

1852 年 3 月初,浩罕汗国驻阿克麦切季要塞的司令官阿古柏伯克(突厥语 beg 的音译,指首领)集合了阿克麦切季、朱列克、库梅什库尔干、奇姆库尔干、科什库尔干,以及希瓦汗国的一些要塞守军组成了一支 1700 人的队伍向锡尔河下游推进,在距雷姆要塞 25 俄里(约 27 公里)的地方,抢劫了在艾佩里克盆地放牧的近 100 个哈萨克村庄。3 月 3 日,阿古柏的军队与俄军相遇并发生战斗,5 日,浩罕军失败后撤退。战后,彼罗夫斯基在报告中说:"如容忍浩罕人和希瓦人定居于锡尔河此岸或彼岸,则我方船只均将无法通航,陛下为连接阿拉尔斯克工事和西伯利亚防线边缘哨所而修筑的一系列中间哨所的意旨,亦将无法实现。"[3]

1852 年,浩罕汗国与俄国正式开战。4 月 16 日,阿古柏伯克拦截了俄国为解决新边界问题派来侦察锡尔河上游地区的测绘队。为了报复,彼罗夫斯基于 6 月初下令俄国军官勃拉拉姆贝格上校前往阿拉尔斯克,陈兵于阿克麦切季要塞前,并提示勃拉拉姆贝格不得与浩罕人进行任何书信联系。阿克麦切季要塞之战是俄国与浩罕汗国的第一次较量。7 月 19 日,俄军向该要塞发出通告:浩罕军队不得驻扎在锡尔河

---

〔1〕〔俄〕捷连季耶夫:《征服中亚史》,第 1 卷,第 252 页。

〔2〕〔俄〕捷连季耶夫:《征服中亚史》,第 1 卷,第 253 页。

〔3〕〔俄〕捷连季耶夫:《征服中亚史》,第 1 卷,第 254 – 255 页。

俄方沿岸,所有工事均须拆毁。要塞驻军长官巴蒂尔巴瑟要求宽限4天,企图拖延时间,等待援兵,但是,这一请求遭到了俄军的拒绝。于是,巴蒂尔巴瑟给勃拉拉姆贝格写了一封信,信中要求要塞于次日早6时前投降。勃拉拉姆贝格在不得与浩罕军进行任何书信联系的指令下,没有接受这封信。于是,他在第二天,也就是7月20日开始进攻这个已经准备投降的要塞,然而,这次进攻没有成功。阿克麦切季要塞是在第二年(1853年)才被彼罗夫斯基攻克的。彼罗夫斯基在兵临要塞城下时给要塞驻军写了一封劝降信,信中说:"尽管你们还盘踞在要塞里,但阿克麦切季已在攻克之中。你们可以看到,我能把你们杀得一个不留,而不损我们一兵一卒……俄国人到这里来,不是住一两天,也不是住一两年,而是长久之计,决不后退。你们如果想活命,就从速求饶,如果想死在阿克麦切季,那随你们的便。"[1]在经过较量之后,浩罕败而求和。于是,中亚第二条交通大道转到了俄国人手中,不久之后,俄国轮船已经在锡尔河上航行了。

阿克麦切季要塞陷落以后,浩罕汗国积极备战以遏制俄国人的继续南下。浩罕统治者开始招集人员组建新军和铸造新炮。为了造炮,城市居民的铜制餐具全部被征收。俄国也在加紧行动。1854年,俄国在阿拉木图村附近修建了维尔内要塞(今阿拉木图),它成为俄国征服浩罕汗国的军事据点,俄国在此驻扎了5000人的屯垦军。

1854年,最高大臣、奥伦堡和西西伯利亚总督等高级官员在圣彼得堡召开了一次特别委员会,会上组建了"中亚细亚今后政策问题委员会",委员会作出了连接新西伯利亚线和锡尔河线以及武力征服中亚南部诸汗国的决议,此决议因克里米亚战争而推迟了10年。

在此10年中,俄国人无暇顾及中亚事务,他们在锡尔河流域建的要塞散在哈萨克人游牧区域1000公里的领土上。浩罕军队利用这一时机频频对俄国要塞发动出击。1855年一支9000人的浩罕军从皮什凯克出发,渡过楚河,准备攻打维尔内。在得知维尔内已加强防守以及

---

〔1〕〔俄〕捷连季耶夫:《征服中亚史》,第1卷,第264页。

已从鄂木斯克调集增援部队之后,这支浩罕军撤回皮什凯克要塞。沙皇军队有时也骚扰浩罕要塞,在进行了破坏之后,返回维尔内要塞和彼罗夫斯基炮台。

在1853—1856年发生的克里米亚战争中,俄国因战败丧失了在黑海的一切权利。于是,沙皇政府做了战略重点转移,集中力量对付中亚和中国西部地区。在1856年以后,俄国加紧对这些地区的入侵活动。

19世纪,浩罕汗国与俄国之间的关系始终处于战争的敌对状态。在19世纪中叶以前,浩罕汗国占据了主动;此后,俄国采取了攻势。浩罕在一再失利的情况下,丧失了19世纪初期占领的北方领地,退守浩罕汗国的统治中心费尔干纳盆地。1876年,俄国侵占了浩罕的全部领土,浩罕汗国灭亡。

俄罗斯帝国对中亚的征服战争（19世纪60—90年代）

18世纪初期，中亚开始了封建地产集中的过程，土地兼并的现象严重。随着大地产的发展，封建割据势力强大。18世纪下半叶—19世纪上半叶，中亚诸汗国进行了兼并封建割据的统一战争，这一战争在俄国征服之前都未完成。18世纪，俄国农村开始使用雇佣劳动和以农场形式经营，地主经济开始向资本主义经济转化。俄国城市的家庭手工业逐渐被资本主义手工工场取代。1861年，俄国废除农奴制，大量的农奴制残余被保留下来，阻碍了俄国资本主义的发展。18世纪以后，中亚国家与俄国在不同的两条道路上发展的结果是19世纪中叶中亚国家遭到俄国的入侵，最终被征服。19世纪60—90年代，俄国先后征服了中亚腹地的3个汗国和中亚两侧的土库曼斯坦和帕米尔地区。

8　国家概况

从 17 世纪起,乌兹别克部落之间开始走向联合;18 世纪,中亚汗国已经形成了一些大的部落联盟。18 世纪下半叶,中亚汗国发动兼并封建割据的统一战争,然而,中央集权措施的收效不大。19 世纪初期,中亚汗国收取的土地税,出现了货币地租取代实物地租的现象。19 世纪是俄国资本主义生产关系的形成时期。19 世纪初,俄国农村和城市都开始有了资本主义生产关系的萌芽,随着资本主义因素的发展,俄国社会陷入了危机。1861 年,俄国废除农奴制,但是,改革保留了大量的封建农奴制残余,阻碍了俄国资本主义的发展。

8.1　中亚汗国

17 世纪中叶以后,布哈拉和希瓦汗国的中央政权衰落,部落首领和地区统治者,甚至宗教界上层,以自己领地上的城市或城堡为中心实施独立统治。18 世纪初期,布哈拉汗国遍布着独立和半独立领地,除汗国中心地带,即泽拉夫善河和卡什卡河流域以外,今土库曼斯坦东部地区,阿姆河以南至兴都库什山地区,今塔吉克斯坦境内的希萨尔、忽毡(列宁纳巴德)、乌拉秋别、乌尔古特等地区,以及泽拉夫善上游的一些山区,与汗国中央的联系都很微弱,实际上独立于中央政权的统治。其中,一些与中央政权保持了臣属关系,一些与中央政权敌对。18 世纪下半叶,布哈拉汗国统治者致力于中央集权,这一过程从穆罕默德·拉希姆时期开始。

穆罕默德·拉希姆拆除或占领了一些乌兹别克部落贵族领地上的城堡。拉希姆以后的历任埃米尔开始任命部落贵族在汗国担任中、高级行政职位,期望将他们吸引到国家政权之中。在海达尔统治时期,统

·欧·亚·历·史·文·化·文·库·

治汗国的曼格特人在中央政府的机构中掌握了军事和政治权力,地方政府官员的大多数也由曼格特人担任。

希瓦汗国开始中央集权的过程比布哈拉汗国晚。在18世纪下半叶,中央集权仍然没有建立起来。与布哈拉汗国一样,希瓦汗国也存在着很多大部落联盟,即昆格拉特部、乃蛮部、克雅特部、维吾尔部、努库兹部、坎格累部、契丹部和钦察部等,这些部落各有自己的领地,部落酋长在领地上实施独立统治。在18世纪的政治生活中,部落酋长成为左右汗国的力量,他们扶持成吉思汗后裔为傀儡汗,自己以亦剌克(宰相)的身份掌握国家权力。昆格拉德王朝建立之初,希瓦汗真正实施统治的地区只有以希瓦城为中心的希瓦绿洲南部,绿洲北部是以昆格拉特城为中心的独立领地。

直到19世纪初期,希瓦汗国才逐渐加强了中央集权,从穆罕默德·阿明起,以后3位统治者都致力于集权战争,他们陆续摧毁了乌兹别克独立领主的统治,艾利吐热尔以武力把汗国边境地区的土库曼约穆特、伊木别里、卓乌多尔部纳入自己的统治之中,果断地废除了"傀儡汗"。麦哈穆·拉希姆的主要打击对象是汗国北部的昆格拉特部。麦哈穆·拉希姆汗从政治和经济上打击旧贵族,改组了统治上层,没收了旧贵族的土地。大部分没收之地被赏赐给萨尔特人、土库曼人,甚至是被释放的波斯奴隶,麦哈穆·拉希姆依靠这些人进行统一战争。1811年,昆格拉特部的阿拉尔领地被征服,此后,阿姆河三角洲东部和呼罗珊北部地区承认了汗的统治,这些地区的土库曼人开始向汗国缴纳赋税和服兵役。

除了与独立和半独立领地的统治者进行战争外,麦哈穆·拉希姆还采取相应的措施吸引各领地统治上层向中央政权靠拢。希瓦历史学家讲了不少关于麦哈穆·拉希姆征服了某个土库曼或卡拉卡尔帕克部落之后赏赐土地和财物的情况。从汗手中获得土地、金钱、谷物等各种赏赐和奖励的这些人形成了支持汗政权的阶层,他们中有比伊、宗教界人士,以及汗的亲兵。他们的人数众多,据希瓦档案记载,在汗国的个别地区几乎达到了全体成年男性公民的一半。

然而,希瓦汗国加强中央集权的努力最终失败了,其主要原因是支持汗政权统一战争的社会基础是薄弱的。城市居民的比例太小,而农民又是分散的。此外,建立中央集权的意图遭到了乌兹别克土库曼封建主的反抗。约穆特部人在反抗失败以后迁到呼罗珊。

18 世纪中叶,浩罕汗国分裂成浩罕、安集延、纳曼干和马尔格兰 4 个独立领地。那尔巴图汗于 1770—1798 年间发动多次统一汗国的战争,征服了安集延、纳曼干和奥什,攻占了忽毡和乌拉秋别。爱里木汗(1799—1810 年)创建了一支主要由塔吉克高地人组成的雇佣军,这支军队逐渐使汗建立起自己的权威,地方大土地所有者纷纷向汗政权靠拢,形成了汗政权与封建主之间的联盟。此后,爱玛尔从中央到地方建立了一套统治机构,巩固了中央集权,在乌兹别克族明格部贵族和以和卓家族为首的宗教上层人物的支持下,汗成为兼有世俗和宗教权力的君主。

在中央集权的过程中,中亚 3 个汗国的军队发挥了一些作用。布哈拉汗国以大量资金维持着一支常备军。在埃米尔海达尔时期,仅布哈拉城的军队就达 1.2 万人。[1] 布哈拉统治者为了避免军官与当地贵族勾结,正规军的长官不再由贵族担任,而是雇佣外族军官统率军队。纳斯鲁拉赫在位时,创建了一支名为萨尔巴兹的民军,据这一时期访问过布哈拉的伯恩斯推测,这支民军的人数有 3900 人,而同时代另一些人认为人数可能还要多一些。[2] 这支军队主要由波斯人、阿富汗人、塔吉克人以及部分俄罗斯战俘组成。在布哈拉汗国,除了步兵和骑兵外,还在着手创建炮兵,铸造大炮的工作委派给一个叫纳斯尔汗的印度人,他曾在英属印度的军队中服役了 14 年。铸造大炮用的金属来自俄国,然而,铸造大炮的工作进展异常缓慢。[3]

19 世纪上半叶,希瓦汗国已经有一支由土库曼骑兵组成的军队,其中主要成分是土库曼约穆特部人。约穆特人因频繁的战争而破产,

---

〔1〕〔前苏联〕伊凡诺夫:《中亚史纲》,载《中亚史丛刊》,1983 年第 1 期,第 78 页。

〔2〕〔前苏联〕伊凡诺夫:《中亚史纲》,载《中亚史丛刊》,1983 年第 1 期,第 83 页。

〔3〕〔前苏联〕伊凡诺夫:《中亚史纲》,载《中亚史丛刊》,1983 年第 1 期,第 83 页。

他们中的一部分人生活出路就是到汗的军队中服役。艾利吐热尔在位的第二年,在侵袭布哈拉的希瓦军队中,有约穆特、伊木里利、卓乌多尔等部的土库曼人,他们的骑兵队伍起到很大作用。由于军事力量的增强,希瓦汗国19世纪最初25年的兼并战争扩大了汗国的领土。

浩罕汗国在19世纪初期也有一支以骑兵为主的常备军,据说,汗拥有1万匹马的常备军。此外,各部落有3万民兵,这些民兵每年为汗服务一个月,他们的主要武器是戈和矛。浩罕历史学家穆罕默德哈基姆在谈到爱玛尔改革时说,由国库供养的人数达到4万人,这些人大部分是官僚机构的成员和军人,他们的核心是亲兵。[1]

在强化中央集权统治之时,汗国统治者们还重视宗教的作用。布哈拉城是中亚地区最大的穆斯林神学中心,在宗教界的影响很大。布哈拉埃米尔在政治上拉拢宗教上层,据穆罕默德·雅库比记载,海达尔登上汗位以后,在他任命的4000官员中,大概有500人是有威望的教士。[2] 宗教界有强大的经济实力,在沙赫·穆拉德和海达尔时期,瓦克夫土地的增加幅度很大,占汗国全部土地总额的将近一半。[3] 海达尔以施舍的方式笼络宗教下层,每月从埃米尔国库中发放能供养1.2万穷人的费用,这些穷人中间有很多是云游四方的苦行僧。[4] 在沙赫·穆拉德和海达尔的鼓励下,汗国大兴宗教建筑,特别是宗教学院。

在浩罕汗国,浩罕汗本人就是宗教界首领,他们常常被授予伊斯兰世界的最高称号"有正统信仰的人的君主",大封建主和宗教上层人物在国家政权中掌握着重要职务。

19世纪初,中央集权在布哈拉汗国、希瓦汗国、浩罕汗国不同程度上都有所加强,但是,中亚政治统一的过程远远没有完成。吉尔吉斯人的氏族部落集团在政治上也是不统一的;在土库曼人中,氏族部落的组织形式和公社自治的残余长期保留下来,直到这一时期都没有建立自

〔1〕〔前苏联〕伊凡诺夫:《中亚史纲》,载《中亚史丛刊》,1983年第1期,第105页。
〔2〕〔前苏联〕伊凡诺夫:《中亚史纲》,载《中亚史丛刊》,1983年第1期,第78页。
〔3〕〔前苏联〕伊凡诺夫:《中亚史纲》,载《中亚史丛刊》,1983年第1期,第79页。
〔4〕〔前苏联〕伊凡诺夫:《中亚史纲》,载《中亚史丛刊》,1983年第1期,第79页。

己的国家,还处于部落分散的状态之中。从发展趋势来看,中亚3个汗国虽然有进一步联合、走向统一的趋势,但是,俄国的征服战争打断了这一发展趋势。

在19世纪最初的25年,在布哈拉汗国享有采邑(坦霍)的总人数是1.2万人,另一些资料反映已经到达了3.6万人。[1] 在希瓦汗国,根据写有汗国大臣和上层人物名单的档案文件记载,受赐土地(阿塔勒克)的人数很多,他们每人都有自己的亲兵,亲兵也获得土地。每个骑兵都可以分到面积从5~50公顷(ha)不等的阿塔勒克。[2] 以后,阿塔勒克逐渐演变成私有地。在浩罕汗国,土地所有制及贯彻实施与邻近的布哈拉埃米尔国所通用的制度并没有多大的差异,绝大部分土地归汗所有,土地收入的大部分以土地税,即谷物税(kharāj,哈拉吉)和田亩税的形式交给汗及伯克们。

17世纪末至18世纪初,中亚开始了封建地产集中的过程,土地兼并的现象严重。16世纪国有土地在原则上是不许出售的,17世纪以后,随着封建化的深入,出售国有土地的现象开始出现,出售的方式是买卖建筑物、园子、灌溉渠而不是土地本身,购买的建筑物、园子、灌溉渠等可以作为遗产代代相传。随着土地的买卖,大地产得到发展。达尼列夫斯基于1842年在谈到希瓦汗国的土地占有制时说,在这里几乎全部耕地的一半属于汗、汗室亲属、主要大臣、官员、宗教界人士、宗教学校和商人阶层,个别封建主所有地达到了2000~3000塔纳布(tanāb,长度单位,1塔纳布等于40米)。据达尼列夫斯基推测,属于所有平民的耕地只占全部耕地的一半强一点。19世纪希瓦汗档案文件表明,农民耕种国有土地,私有地穆尔克与瓦克夫地的数额不会超过10塔纳布,领有5~6塔纳布的人在这里就算富裕者了,大多数人只能租到一至两个塔纳布,一部分希瓦农民只租到一个塔纳布。[3] 因此,他们不得不再从邻近富有的土地占有者那里租佃土地。

---

〔1〕〔前苏联〕伊凡诺夫:《中亚史纲》,载《中亚史丛刊》,1983年第1期,第79页。

〔2〕C. Adle Irfan Habib:*History of Civilizations of Central Asia*,Vol.5.,p.69.

〔3〕〔前苏联〕伊凡诺夫:《中亚史纲》,载《中亚史丛刊》,1983年第1期,第94页。

采邑制是乌兹别克社会加速封建化的主要因素之一,在"坦霍"和"阿塔勒克"地上耕种的农民开始与领主之间建立了以土地为纽带的人身依附关系,虽然这种关系还未达到农奴的程度,然而,封建依附关系在逐渐加强,逃跑的农民被抓捕并强行押回原住地。

在农业中广泛使用奴隶劳动。中亚的奴隶主要是波斯人,还有少数奴隶是卡尔梅克人、阿富汗人、卡费利斯坦和邻近的帕米尔人,以及从哈萨克草原上或者在里海渔场上抓来的俄国人。据俄国旅行家瓦姆别里记,这类奴隶仅在布哈拉就有两万多。在希瓦汗国,一般的土地私有者使用 10 个或 10 个以上的奴隶,在某些大封建主地产上劳动的奴隶数量达 150 人,在拉希姆汗的私人土地上有 500 个奴隶劳动。[1] 据瓦姆别里说,在布哈拉,特别是在希瓦,从事农业的几乎只有奴隶,仅仅希瓦汗国就有 8 万奴隶。[2] 1858 年访问希瓦汗国的伊格纳季耶夫也说,这个国家的土地所有者,特别是有权有势的大臣,其收入和财富都是以波斯奴隶的劳动为基础的。在这个国家里,奴隶几乎是唯一的庄稼人。[3]

19 世纪初,中亚汗国内部出现了封建制度解体阶段所具有的特征,即货币地租逐步取代实物地租。在这一时期的史料中,可以看到地亩税常常折合成货币的记载。在城市,中亚诸国的手工业组织仍然是封建式的,手工工场形式刚萌芽,更不用说机器大工业了。

8.2   俄罗斯帝国

19 世纪是俄国资本主义生产关系的形成时期。19 世纪初期,俄国农村开始有了新生产关系的萌芽,一部分贵族地主为了取得更多的收入,在自己的领地上使用雇佣劳动;一部分富农购买贫苦农民的土地,

---

〔1〕〔前苏联〕伊凡诺夫:《中亚史纲》,载《中亚史丛刊》,1983 年第 1 期,第 95 页。

〔2〕前苏联史学界认为此数字是大大夸张了,俄国研究者确认 1873 年希瓦奴隶的数目只是 3 万~4 万,但不论数字如何还是可以认为,奴隶在居民总数中的比例是很大的。见〔前苏联〕伊凡诺夫:《中亚史纲》,载《中亚史丛刊》,1983 年第 1 期,第 95 页。

〔3〕〔前苏联〕伊凡诺夫:《中亚史纲》,载《中亚史丛刊》,1983 年第 1 期,第 95 页。

他们办起了大农场。在贫瘠的地区,一些地主以提高代役租的形式增加收入,有的地主还允许农民以重金赎买自由。凡此种种现象表明:在俄国农村,地主经济开始向资本主义经济转化。

19世纪初期,俄国城市的家庭手工业逐渐被资本主义手工工场所代替。1804年,手工工场有2402个,到1860年,手工工场已经有15388个。[1] 大机器生产也开始出现,最早从纺织业开始,然后发展到食品加工业、五金加工业。一些新的工业部门出现,如机器制造工业和石油工业。工业中心形成,莫斯科是纺织工业的中心;圣彼得堡是机器制造工业和五金加工业的中心;巴库是新兴的石油工业中心。工人队伍壮大起来,1804年,俄国工人有95200人,1825年有210600人,到1860年已经到达565100人。[2]

随着资本主义因素的发展,俄国社会陷入了危机。19世纪50年代,新的生产力和封建农奴制生产关系之间的矛盾达到了十分尖锐的程度,要求废除农奴制的农民起义在19世纪上半叶风起云涌。1853—1856年,克里米亚战争的失败,加剧了俄国社会矛盾,最终废除农奴制的要求被提出来。

1861年3月3日(俄历2月19日),亚历山大二世签署了关于废除农奴制度的《宣言》和《关于脱离农奴依附关系的农民的法令》。法令宣布,农民有人身自由,包括有权离开土地,有权拥有财产和有权以自己的名字进行诉讼、立约等活动。法令规定,全国土地仍归地主所有,农民在得到自由时可以获得一块份地的使用权,但要获得人身自由权利和份地,农民必须与地主订立契约,向地主缴付赎金。

1861年的农奴制改革属于资产阶级性质的改革,这一改革是资本主义生产方式在俄国封建社会内部进一步发展的必然结果。上述法令的实施解决了资本主义生产所需要的两个要素,即资本和自由劳动力。在西欧国家,资产阶级改革是由资产阶级领导的,

---

〔1〕〔前苏联〕利亚辛科:《苏联国民经济史》,第1卷,载《中亚史丛刊》,第4期,第31页。
〔2〕〔前苏联〕利亚辛科:《苏联国民经济史》,第1卷,载《中亚史丛刊》,第4期,第31页。

并伴随着革命。在俄国,由于资产阶级软弱,资产阶级改革由农奴主阶级进行,因此,俄国改革保留了大量的封建农奴制残余,阻碍了俄国资本主义的发展。

在改革以后,资本主义生产方式在俄国得到了迅速的发展。但是,由于封建农奴制残余的存在,俄国在生产能力和技术水平等方面仍远远落后于欧美国家。劳动群众的生活和工作状况比欧洲其他国家更加恶劣,受苦最深的是贫苦农民。农奴制改革带给他们的不是他们盼望的土地和自由,而是资本主义和封建主义的双重剥削和压迫。巨额赎金的交付使广大农民购买力低下,国内市场狭窄,不能满足工业的需求。扩大销售市场成为俄国当时一个迫切需要解决的问题,俄国资本主义的发展只有向广度开拓,才能向纵深发展。俄国经济的进一步发展只能依靠国外市场,这一市场不在西方,而在东方。

俄国的资本主义起步较晚,西欧国家在18世纪中叶以前几乎都经历了工业革命,而俄国的工业革命到19世纪30年代才开始[1] 因此,俄国在经济上很难与西欧国家发达的工业相竞争,要赶超西方国家还需要时间。在对欧洲的贸易中,俄国输出品的96%是粮食、各种原料和半成品,制成品的输出只占4%[2] 因此,对西欧来说,俄国是一个农业国,是西欧的原料产地。

然而,与东部国家相比,俄国在政治和经济都处于领先地位。俄国与中亚诸汗国成为邻邦之后,双方一直保持着频繁的贸易。在俄国工业革命以前,这种贸易基本上属于封建经济的范畴。19世纪30年代以后,俄国与中亚诸国之间的贸易逐渐具有了资本主义的性质,中亚成了俄国的原料产地和销售市场。中亚诸汗国出口到俄国的产品越来越多地以农产品和自然资源为主;而俄国运往中亚的商品是生铁、熟铁、各种金属制品、呢绒、印花布、各种棉制品及部分丝织品等工业产品。

---

〔1〕俄国工业革命始于19世纪30年代(〔前苏联〕涅奇金娜编:《苏联史》,第2卷第1分册,三联书店1957年版,第7页);陶惠芬认为"工业革命初期的19世纪30—50年代",见《俄国工业革命中的对外经济关系》,载《世界历史》,1994年第3期,第51页。

〔2〕〔前苏联〕哈尔芬:《中亚归并于俄国》,载《中亚史丛刊》,1988年第4期,第33页。

19 世纪中叶,俄国输出的金属将近 60% 是向亚洲、主要是中亚出口。[1] 因此,中亚成为俄国产品的销售市场。对中亚诸汗国来说,俄国是一个工业国。

俄国工商界和知识界对这一点有深刻的认识。1850 年出版的《俄国对外贸易统计评论》一书的作者涅鲍尔辛根据大量资料指出,俄国在技术方面日甚一日地落后于欧美先进国家。他写道:"俄国对外贸易划分为欧洲和亚洲,不应该看做仅仅是一个对外贸易主要部门在地理上的分配。这种划分明显地表明俄国对西方和东方贸易关系的差别,反映了俄国内部工业的需要与状况和俄国对外贸易的特殊性质的差别。"[2] 俄国对外贸易的特殊性质是:一方面俄国的农业是国民财富的主要源泉,俄国在西方销售原料产品以换得俄国必要的物资;另一方面,俄国已经登上工场手工业的舞台,俄国在东方销售俄国的工业产品,以此支撑着俄国的亚洲贸易。当中国和印度及亚洲其他国家已经处于欧洲列强的瓜分之中时,中亚与中国西北部便成了俄国的目标。

尽管俄国在亚洲加紧了侵略活动,但是,在克里米亚战争以前,俄国外交的重点仍然是欧洲。1812 年,拿破仑发动对俄战争,占领了莫斯科。当俄国人民把法军赶出国境时,俄国利用这一时机,与英、普、奥等国结成反法联盟。拿破仑帝国灭亡以后,俄国在欧洲开始发挥举足轻重的作用,充当了"欧洲的宪兵"的角色。当俄国在欧洲的地位加强之时,奥斯曼帝国正在走向衰落,俄国决定夺取黑海海峡,将势力扩展到巴尔干半岛。为此,俄国在巴尔干地区进行扩张活动,这些活动加剧了它与英、法的矛盾,最终引发了1853—1856 年的克里米亚战争。

战争一开始是在俄国与土耳其之间进行的,土耳其海军在黑海被俄国击败。1854 年,英国、法国和撒丁王国先后参加了对俄国作战。

---

〔1〕〔俄〕涅鲍尔辛:《俄国对外贸易统计评论》第 2 集,载《中亚史丛刊》,1988 年第 4 期,第 32 页。

〔2〕〔前苏联〕哈尔芬:《中亚归并于俄国》,载《中亚史丛刊》,1988 年第 4 期,第 33 页。

在塞瓦斯托波尔战役中,俄国被英、法打败。这一战役决定了克里米亚战争的结局,战争双方在巴黎举行和谈,并签订了合约。根据巴黎和约,俄国丧失了在黑海驻扎舰队的权利,黑海沿岸的要塞全部拆除,比萨拉比亚南部的一块土地划给土耳其。克里米亚战争的失败动摇了俄国在欧洲的霸主地位,"对于全俄罗斯帝国来说,到欧洲去的道路现在是堵塞着的;但是,如果西北方的道路走不通,还有南方和东南方的道路,即布哈拉、波斯、阿富汗、东印度,最后是君士坦丁堡"[1]。俄国把目标转向了东方,具体说,对准了中亚。

俄国要占领和独霸中亚市场必须抓紧时间,因为俄国强有力的竞争对手英国从19世纪初已经在这一地区展开积极活动了。19世纪下半叶,在欧洲各国为争夺殖民地、为争夺销售市场和原料产地激烈斗争的形势下,俄国与英国在中亚的争夺也达到了高潮。

在1639年,英国东印度公司在印度南部建立永久居留地,即今马德拉斯港;次年(1640年),南印度的绝大部分被并入称为马德拉斯管辖区的地区,英国修建了东印度公司的第一座防御工事圣乔治要塞,这是英国人在印度国土上获得的第一块落脚地。[2] 1651年,英国人来到孟加拉的主要港口呼格里,他们从莫卧儿帝国总督那里获得在孟加拉经商的许可。[3] 1654年,葡萄牙承认在亚洲海域的失势,将它在亚洲的领地全部向英国人开放,准许英国人经商。1665—1668年,英国政府占领孟买,将其地授予英国东印度公司。到1688年为止,英国在印度已经有了3个重要据点:加尔各答、圣乔治要塞、孟买。1757年6月23日,在加尔各答,孟加拉总督与由克莱夫率领的东印度公司的军队在普拉西发生战争,历史上把这一天视为英国在东方建立帝国的起点。[4] 18世纪中叶,英、法在印度发生战争,法国战败,英国独霸印度。1765年,英国在孟加拉建立起殖民统治体系。这一年成为英国在印度

〔1〕〔德〕马克思:《巴枯宁"国家制度和无政府状态"一书摘要》,引自《马克思恩格斯全集》,第18卷,人民出版社,1964年版,第681页。

〔2〕*Encyclopedia Britannica* 11*th*,Vol. 14,p,406,Cambridge,University Press 1911.

〔3〕*Encyclopedia Britannica* 11*th*,Vol. 14,p,406,Cambridge,University Press 1911.

〔4〕*Encyclopedia Britannica* 11*th*,Vol. 14,p,408,Cambridge,University Press 1911.

殖民地实行行政管理的开端。19 世纪中叶,英国完成了对印度的征服和占领,印度成了英国对亚洲进行广泛经济和军事、政治扩张的基地。1838 年,第一次英阿战争爆发,1849 年,英国吞并旁遮普。这些事件引起了俄国的恐慌,俄国政府认为,英国随时有可能占领呼罗珊和希瓦绿洲,从而损害俄国在中亚的利益。俄国的担忧加速了俄军的行动,1864 年,俄国征服中亚的战争开始了。

俄国之所以在 19 世纪 60 年代加紧对中亚的征服,还有一个遥远的因素。在俄国实施农奴制改革的同时,美国于 1861 年爆发了内战,即美国的南北战争。南北战争使在资本主义道路上加速发展的俄国遇到了"棉花危机"。俄国工业革命以后,发展最快的是棉纺织业。在 18 世纪下半叶时,俄国的纺织业还不太发达,当时,在恰克图的俄中贸易中,出口到俄国的中国货物中棉织品排到第一位。"1775—1781 年间(除 1778—1779 年),棉织品,连同少量的毛织品,占中国对俄国出口总额的 63%。"[1] 19 世纪上半叶,俄国的棉织业急剧发展,仅纱锭数就从 1843 的 35 万增加到 1854 年的 100 万。[2] 俄国棉花的加工总量也呈快速增长趋势。1812—1820 年,俄国年棉花加工量为 55 千普特,而到 1851—1860 年时,年加工量达到了 2145 千普特。[3] 以上数据可以反映俄国纺织业发展的迅速和俄国对棉花需求的迫切。

俄国棉花的来源主要是美国和中亚诸国。在南北战争时期,美国向俄国输出的棉花减少到战前的 1/6,俄国纺织业的原料供不应求,棉花价格急剧上涨。在俄国,一普特棉花的价格在 1860 年是 4 ~ 5 卢布,1861 年涨到 7 卢布 50 戈比,1862 年涨到 12 ~ 15 卢布,1864 年竟然涨到 22 ~ 24 卢布。[4] 棉纺织工业因缺乏棉花出现了危机,不少企业倒

〔1〕〔前苏联〕齐赫文斯基:《中国近代史》上册,生活.读书.新知三联书店,1974 年,第 83 页。

〔2〕〔俄〕米·尼·波克罗夫斯基:《俄国历史概要》,贝璋衡,等译,商务印书馆,1994 年版,第 145 页。

〔3〕〔前苏联〕潘克拉托娃主编:《苏联通史》,三联书店,1980 年,第 2 卷,第 257 页。

〔4〕〔前苏联〕波法夫:《征服中亚史略》,原载于前苏联科学院历史研究所学报《历史论丛》,1940 年第 9 辑;〔美〕亨利·赫坦巴哈等:《俄罗斯帝国主义—从伊凡大帝到革命前》,生活.读书.新知三联书店,1978 年,第 447 页。

闭,俄国棉纺织资本家由此而聚焦中亚,况且,中亚棉花在价格上比美洲进口的便宜。1861年,从中亚运往俄国的棉花是15.2万普特,1862年,增加到40.5万普特,1864年,已达70.4万普特。[1] 为了俄国纺织业的持续发展,俄国也要尽快地夺取盛产棉花的中亚。

俄国国际贸易史专家扬茹尔认为:"如果我国工业和贸易活动不扩大,俄国人民的生活还会像现在这样贫困,教育水准也会是低下的。"[2]扬茹尔还认为:"在中亚归顺之后,俄国织品在中亚将有不仅是可靠的,而且比现在广阔得多的市场。政治上的征服之后,随之而来的是商业上的征服。"[3]

俄国征服中亚的国策是不会改变的。然而,在执行这一政策的过程中,俄国军界与政界表现出来的态度是不同的。1864年月10月,俄国外交部制定了重要文件,确立了俄国征服中亚的侵略政策。沙皇政府将中亚的行动计划委托奥伦堡和西西伯利亚总督执行,两地总督兼有行政和军事权力。外交部采取了比较谨慎的态度,沙俄外交大臣戈尔恰科夫曾采取两面手法处理俄国对中亚的政策。对外,他向各国发送了有关中亚问题的特别照会,宣称俄国绝无任何征服邻国的意图,只不过为了维护边境安全及商业往来,俄国才向中亚腹地推进。对内,宣布俄国在中亚的"行动自由"政策。俄国在1875—1876年间奉行的正是这一政策。[4] 陆军部的态度是强硬的,主张在中亚实施果断有力的战争行动。俄国学者捷连季耶夫在《征服中亚史》一书中说:"我们在中亚就制定了一种特别的行动方式:部队的下级长官有开创局面的自由,动辄违背政府的方针,而他们进取的结果,又被政府看做既成事实,当做'历史财富'予以承认;有进取精神的先进人物挨了一顿呵斥之后,马上又得到嘉奖。"[5]切尔尼耶夫攻占塔什干,阿勃拉莫夫占领亚内库尔干,著名的涅维利斯基占领阿穆尔河口等军事行动都是未经任

〔1〕〔前苏联〕波梁斯基:《苏联国民经济史(上)》,三联书店出版社,1964年,第330页。

〔2〕〔俄〕扬茹尔:《历史短评》,载《中亚史丛刊》,1988年第4期,第114页。

〔3〕〔俄〕扬茹尔:《历史短评》,载《中亚史丛刊》,1988年第4期,第114页。

〔4〕〔俄〕捷连季耶夫:《征服中亚史》,第2卷,第368页。

〔5〕〔俄〕捷连季耶夫:《征服中亚史》,第1卷,第455页。

何上级批准的,完全是他们的擅自行为。结果怎么样呢?沙皇政府奖给切尔尼耶夫一柄镶钻石的佩剑,阿勃拉莫夫晋升一级,甚至还为涅维利斯基竖立了纪念塑像!不难看出,尽管俄国外交部与陆军部的意见常常不一致,但是,侵略中亚的战略目标是一致的。

·欧·亚·历·史·文·化·文·库·

9　俄罗斯帝国对中亚的征服

19世纪,西方列强开始争夺亚洲。在欧洲列强瓜分中国、印度及亚洲其他国家之时,俄国把目标对准了中亚与中国西北部地区。1865、1868、1873年,俄国先后出兵征服了中亚布哈拉、希瓦、浩罕3个封建汗国。布哈拉汗国和希瓦汗国沦为俄国的保护国;浩罕汗国被俄国兼并,成为俄罗斯帝国的费尔干纳州。1877年,俄国以克拉斯诺沃兹克为基地,开始征服土库曼斯坦,1887年,俄国与英国签订了《英俄勘分阿富汗西北边界协定》,完成了对土库曼斯坦的征服。随后,俄英两国将目光转向中亚东南部的帕米尔。1894年2月,英俄就瓜分帕米尔地区达成了初步协议;1895年,英俄就瓜分帕米尔之事达成协议。随后,双方组成了勘界委员会,对帕米尔地区进行了勘界。1896年1月,沙皇批准了俄国的新国界,俄罗斯帝国完成了对中亚的吞并。

9.1　征服塔什干

俄罗斯帝国兼并哈萨克草原以后,从锡尔河以北地区开始了对中亚南部的征服。1861年,奥伦堡总督别扎克在给陆军部的一份报告中说:"沿锡尔河向上游推进,直抵更富庶的、当地居民定居的地方,那里有丰富的粮食,有我们在锡尔河上的工程所需要的森林。只有这样,才会有巩固的边界。"[1]别扎克认为:"实现这个计划将使俄罗斯帝国有一条极好的边界,保证锡尔河各要塞的食物和木材的供应,保证锡尔河区舰队的燃料供应,保证祖国的工业得到宝贵的矿藏;而且有可能消除俄国国籍的哈萨克部落同浩罕国籍的哈萨克部落之间的纠纷并增加

---

〔1〕〔俄〕哈尔芬:《中亚归并于俄国》,载《中亚史丛刊》,1988年第4期,第62页。

（帐篷税）。"[1]从外交上考虑,沿锡尔河推进给英国造成的惊恐会小一些,如果沿阿姆河推进,直接威胁到英属印度,英国会阻挠俄国的行动,对俄国是不利的。

1863 年,俄国对锡尔河流域进行了一次勘察,陆军大臣米柳京草拟了连接要塞线的报告。1864 年初,沙皇批准了这一报告,并责成奥伦堡总督和西西伯利亚总督具体执行。根据这一报告,俄国军事远征的近期目标是占领苏扎克至奥里阿塔一线,远期目标是将突厥斯坦和奇姆肯特囊括入俄国版图。

1864 年春,俄军上校参谋切尔尼耶夫率领着由 22 门大炮武装起来的 2500 人的部队从伊犁河流域向南进。5 月,俄军不战而取托克玛克和麦尔克,并在此设立了两个兵站;6 月,俄军对奥里阿塔发起进攻,浩罕驻军死伤数百人,要塞司令领 400 骑兵弃城而逃走。俄军在 5 人受伤的微弱损失下占领奥里阿塔城。

与此同时,锡尔河要塞线司令维内夫金上校于 1864 年 6 月 25 日率领大约 1500 人的部队从彼得罗夫斯克出发,前往突厥斯坦城。6 月底,俄军到达突厥斯坦城下,浩罕守军顽强抵抗,俄军经过数天围攻后占领了突厥斯坦城。突厥斯坦城伯克达夫列特与 300 名民军沿塔什干大道撤退,其余守军散逃。

接着,俄军开始攻占奇姆肯特城。1864 年 7 月,俄军从奥里阿塔出发。与此同时,浩罕军队在距奇姆肯特南 30 英里(约 48 公里)的塔什干集结军队准备夺回奥里阿塔和突厥斯坦两城。浩罕汗爱里木库尔亲自赶到了塔什干指挥战斗。他与切尔尼耶夫派来的代表谢韦尔佐夫进行了谈判,爱里木库尔要求俄军停止进攻,并从他们占领的一切据点撤走。显然,俄国不会答应这种要求,因此谈判毫无结果。

7 月中旬,切尔尼耶夫率领大约 1300 人进攻奇姆肯特。俄军在城下遭到了爱里木库尔浩罕军的顽强抵抗,俄军败后撤退。俄军撤退以后,奇姆肯特城统治集团内部发生了意见分歧,形成了主战派和主和

---

[1]〔俄〕哈尔芬:《中亚归并于俄国》,载《中亚史丛刊》,1988 年第 4 期,第 62 页。

派。代表游牧钦察人愿望的主战派拥护浩罕军抵抗俄军,宁死不愿隶属于俄国;代表工商业者的主和派希望与俄国妥协,结束战争发展经济。两派之间的斗争十分激烈,无法达成一致。结果,主战派占了上风,他们杀了主和派的代表人物。正当奇姆肯特内外交困之时,传来了布哈拉埃米尔准备进攻费尔干纳盆地的消息。在此危急的形势下,爱里木库尔留下一部分军队驻守奇姆肯特,自己率领着大部分军队赶往塔什干。

对俄军来说,这是天赐良机。1864年9月,切尔尼耶夫从突厥斯坦城出发,同时命令驻扎在外楚河流域的列尔赫中校从奥里阿塔出发,两支军队在汇合之后开始攻打奇姆肯特城。9月21日,俄军轻易地攻占了该城。奇姆肯特的陷落,使俄国最终在奇姆肯特城把西西伯利亚线和锡尔河线连结起来,连结此两条要塞线的横线被称为"新浩罕线"。俄国将军罗曼诺夫斯基说:"我们封闭了草原,并从草原走到生长谷物,能够依靠当地资源供应我们军队的广大土地上来了。"[1]占领奇姆肯特城之后的第六天,即9月27日,切尔尼耶夫率领一支1550人的部队,带着12门大炮向塔什干进军。[2]

塔什干是一座拥有10万居民的设防城市,当时由浩罕驻军防守。切尔尼耶夫用大炮在城墙上打开了一个缺口,企图通过这一缺口冲入城内。然而,浩罕守军及时地堵住了缺口,拆除了要塞壕沟上的桥。俄军的这次行动失败,使得切尔尼耶夫只得向奇姆肯特撤退。

俄国进攻塔什干城的消息引起了欧洲列强的注意,为此,俄国外交大臣戈尔恰科夫于1864年11月21日向欧洲列强递交了沙皇政府的一份公告。公告声称,俄国对中亚的入侵是为了"保卫边界"而不得不采取的行动,"俄国在中亚的地位,如同一切与半开化的、没有稳定社会组织的游荡民族接壤的文明国家的处境一样。在这种情况下,维持边境安全和商业往来的利益,永远要求更文明的国家对那些以野蛮和

---

〔1〕〔俄〕罗曼诺夫斯基:《中亚问题札记》,圣彼得堡,1868年,第29、30页;引自北京大学历史系编:《沙皇俄国侵略扩张史》(下册),人民出版社,1980年,第107页。

〔2〕〔俄〕捷连季耶夫:《征服中亚史》,第1卷,第344页。

狂暴扰人的邻居拥有一定的统治权。"[1]在公告中,俄国声称奇姆肯特是俄国推进的"地理极限","在这个极限面前,我们必须停止"。

1864 年 11 月末,浩罕汗阿林沽率领 1 万浩罕军向阿雷斯河进发,企图夺回奇姆肯特城。他们阻断了突厥斯坦城与奇姆肯特城之间的道路。12 月初,浩罕军在伊坎城附近与俄国军官谢洛夫大尉率领的哥萨克军队相遇,发生战斗。阿林沽战败撤退。经此次战役,阿林沽失去了夺回俄军占领区的信心。于是,在他们撤退前,浩罕军将伊坎村的居民迁走并烧毁了该村。此后,阿林沽退往处于布哈拉汗国的塔什干城。

此时,塔什干城被布哈拉军队占领。在俄军南下之时,塔什干居民曾派使团到布哈拉城,鼓动埃米尔出兵保护塔什干,在埃米尔部队逼近塔什干之际,亲布哈拉者宣布接受布哈拉国国籍。阿林沽退到塔什干以后,埃米尔的部队撤回河中地区,阿林沽镇压了拥护布哈拉汗国的人,塔什干城重新处于浩罕汗国的统治之下。

1865 年春,切尔尼耶夫再次对塔什干发动进攻。4 月 28 日,切尔尼耶夫的部队进抵塔什干东北的尼亚孜伯克要塞,该要塞位于奇尔奇克河畔,控制着塔什干城的供水。经过一整天的猛攻,要塞被俄军占领。之后,切尔尼耶夫破坏了向塔什干输水的两条水道,致塔什干缺水。阿林沽率领着以 40 门大炮装备的 6000 士兵赶来,双方展开了一场残酷的激战。1865 年 5 月,浩罕汗阿林沽战死,浩罕军撤出塔什干。

塔什干城民进行了保卫战,城内的浩罕军民、哈萨克人和布哈拉人联合起来,共同抗击入侵者。从浩罕其他地区赶来救援的军民与领导过哈萨克反俄独立运动的肯尼萨里之子萨迪克和布哈拉的抗俄军联合作战,他们内外夹攻,打击入侵俄军。事件的目击者穆罕默德萨利赫在回忆录中说,塔什干近郊居民"从七岁的小孩到七十岁的老头,为了庆祝胜利,给浩罕民军送来了菜饭、清凉的果汁饮料、热饼、甜的和酸的水果"[2]。在塔什干保卫战中,切尔尼耶夫注意到浩罕的大炮已有很大

---

〔1〕Skrine,F. H. and Ross,E. D. :*The Heart of Asia*, pp. 246 – 247.

〔2〕朱庭光、张椿年编:《外国历史大事集》(近代部分第二分册),重庆出版社,1985 年,第 309 页。

的改善,射程比俄国军队的还远,并且发射的速度和准确性也比以往有了很大的提高,在浩罕军中还使用了大口径的平射爆裂跳弹。在这种情况下,切尔尼耶夫暂缓攻城,他在城外建筑了可容6门大炮、4门臼炮的炮垒,等待攻城机会。塔什干人民开始挖堑壕,在堑壕中逐步移动炮垒,采用军事工程中的"反接近壕"战术以守城。但是,塔什干的浩罕人没有真正掌握这一战术,结果,在浩罕士兵被打败向城内撤退之时,俄军趁机攻入城内。6月28日,在经过激烈的巷战之后,塔什干被攻陷。在此军事行动中,俄方通过离间浩罕和布哈拉的关系、收买塔什干上层等等手段削弱了浩罕守军的力量。

征服塔什干城以后,俄国人以设宴、送礼等等手段对塔什干上层人物进行拉拢,希望从塔什干上层人物手中得到一份自愿臣服的文书。塔什干统治层的绝大多数人拒绝签署臣服文书,以后,这些人遭到了俄军的逮捕。但是塔什干最高法官被收买,他拟了一份归顺俄国的声明,并强迫塔什干长老和一部分知名人士在上面盖了印。

征服塔什干以后,俄国政府召集了一次特别委员会讨论对塔什干的统治问题。外交部认为,塔什干应该建成一个完全由俄国操纵的、军事上软弱而商业发达的"塔什干汗国",让它成为俄国与布哈拉汗国之间的一个缓冲地带,这样做比吸收它加入俄国并向它派遣俄国统治官员更为有利。陆军部认为,应该在塔什干建立由沙皇军队保护的市政机关,军队不住在城内,但是,可以始终保护在该城的俄国政权。

如何统治塔什干的问题是在塔什干被征服两年以后才决定下来。1866年10月,塔什干以南的吉扎克城被俄国征服。此后,俄国成立了由陆军大臣米柳京担任主席的委员会,讨论对包括塔什干在内的新征服地区的统治。委员会决定把俄国占领的中亚南部领土从奥伦堡辖区划出,建立独立的突厥斯坦总督区,突厥斯坦总督区下属两个省,即锡尔河省和七河省。根据1867年7月11日的沙皇敕令,突厥斯坦总督区的首府设在塔什干,第一任总督是考夫曼将军。

俄国在塔什干颁布了管理条例,条例规定:塔什干设立由选举产生的公共经济管理局,分为俄国部分和当地部分,其职责包括对塔什干经济的管理,各种赋税的分配和征收。1870 年,俄国又颁布了市政条例。条例规定,塔什干建立市议会和市管理局,这一管理条例直到 1887 年通过的突厥斯坦边区管理条例时才获得正式通过。突厥斯坦总督的权力很大,他有权解决政治、边界和贸易等各种事务,有权向毗邻地区派出谈判代表和签署有关的条约、契约或议定书。突厥斯坦总督办公室草拟的报告指出,沙皇政府对中亚贸易政策的目标是最大限度地促进俄国的商品流通,以求俄国在亚洲大陆尽可能地向更南更东的地区渗透。考夫曼的主要任务是打开俄国贸易和工业进入中亚腹地的通道。于是,俄国的下一个目标就是征服占据着中亚腹地的布哈拉汗国。

9.2　征服布哈拉汗国

新浩罕线的形成和俄国对塔什干的征服,使俄国军队能够就地获取给养,实现了以战养战,为俄国征服布哈拉汗国奠定了物质基础。

俄国攻占塔什干城之后,布哈拉汗国埃米尔穆扎法尔派一个代表团到塔什干。他以通牒的形式要求切尔尼耶夫把俄国的行政机构和武装部队从塔什干撤走。与此同时,布哈拉汗国还有武装夺取浩罕汗国领地的想法。俄国以断绝贸易相威胁,阻止布哈拉军队进入浩罕汗国。俄国人宣布,任何占领浩罕领地的行为都是对俄国的敌对行为,它必将导致俄国限制布哈拉人在俄国的贸易。切尔尼耶夫下令逮捕在他管辖领地内的全部布哈拉商人,没收他们的货物。然后,他请求奥伦堡总督克雷扎诺夫斯基在其管辖区内对布哈拉商人采取同样的行动。奥伦堡总督区立即响应,积极仿效切尔尼耶夫的做法。[1]

俄国打击布哈拉商人的措施在俄国国内引起了强烈的反响。陆军部认为,沙皇政府如何处理与布哈拉汗国的关系将关系到俄国在中亚的前途,布哈拉埃米尔要俄国撤离塔什干的要求关系到驻突厥斯坦边区俄国部队的安全,他们还担心布哈拉和浩罕联合抗俄。俄国工商界

---

〔1〕《中亚史丛刊》,1988 年第 4 期,第 107 页。

认为,限制布哈拉汗国与俄国贸易的政策打击的不仅是布哈拉商人,同时也打击了俄国工商界。在流通渠道,俄国商品将失去布哈拉商人这一大买主;在生产渠道,俄国纺织业将会失去来自中亚的棉花,俄国纺织业的发展将受到限制。俄国工商界请求释放布哈拉商人,撤销奥伦堡总督区对布哈拉商品的管制,恢复俄国与布哈拉汗国的自由贸易。

在国内工商界的压力下,1865年10月,财政大臣就奥伦堡当局执行惩罚手段之后俄国与布哈拉贸易情况做了通报。在听了通报之后,大臣委员会决定,奥伦堡总督克雷扎诺夫斯基应该在适当的时候取消对布哈拉商人的限制。此后,克雷扎诺夫斯基在奥伦堡和特罗伊茨克城成立了专门处理布哈拉事务的机构,布哈拉商人在此机构的监督下可以自由贸易。

在征服塔什干期间,切尔尼耶夫曾派由斯特鲁维—格鲁霍夫斯基率领的使团到布哈拉,希望与埃米尔达成协议,阻止欧洲国家在中亚的活动。当时,布哈拉埃米尔将该使团成员扣留。塔什干被征服以后,1866年1月,切尔尼耶夫以解放使团成员为由,对布哈拉埃米尔采取了军事行动。在他的率领下,俄军从塔什干出发,强渡锡尔河,进逼布哈拉的商业中心吉扎克。在此危急关头,为了共同抵抗俄军,以布哈拉埃米尔穆扎法尔为核心,布哈拉、浩罕和希瓦3个汗国团结起来。各汗国纷纷派人到集市去宣传发动反俄"圣战",鼓动忠实的信徒团结起来把入侵者驱逐到西伯利亚草原上去。

1866年2月,切尔尼耶夫攻吉扎克失败。在布哈拉骑兵的追击下,弹尽粮绝的切尔尼耶夫狼狈逃走。这次战役决定了切尔尼耶夫的命运,他被招回莫斯科。1866年3月,总参谋部的罗曼诺夫斯基少将取代了他的位置。然而,人员的更换并没有改变俄国对布哈拉汗国的政策,沙皇军队继续侵扰吉扎克附近地区。

1866年4月,奥伦堡总督克雷扎诺夫斯基给陆军大臣写了一封信,信中谈到了俄国对布哈拉军事行动的步骤。他认为,为了切断布哈拉汗国与浩罕汗国的联系,俄国人在攻打布哈拉汗国之前,必须首先攻占处于两国边界的忽毡、乌拉秋别和吉扎克3城。因为,占领了这3个城市,就可以把两个汗国隔离开来,有利于俄国对布哈拉汗国的行动。

1866年5月初,在罗曼诺夫斯基的挑衅下,俄国与布哈拉军队在吉扎克与忽毡之间的伊尔扎发生摩擦,小冲突迅速发展成了正式的交战,即伊尔扎战争。5月7日,俄军从塔什干出发,沿锡尔河左岸前进,在伊尔扎与布哈拉埃米尔率领的军队相遇。战争于第二天爆发,布哈拉军大败,战死者达1000人,而俄军仅1人战死,12人受伤。[1] 布哈拉埃米尔战败后逃往吉扎克。

罗曼诺夫斯基没有向吉扎克追击,而是率军攻取忽毡。忽毡城是通向费尔干纳的必经之地,其城民大多数以经商为业。当时忽毡虽是浩罕属地,但是在塔什干被征服期间,布哈拉军队已经进驻该城。5月14日,俄军攻下忽毡南部的璎堡,5月17日,俄军向忽毡进发。忽毡城民在城内集结,准备抵抗俄军;而城市中的商人则主张投降。5月20日,俄军炮轰该城,有一个代表团出城表示愿意归顺于俄国。忽毡城在被围6天之后陷落,战死的布哈拉守军达2500人之多。

俄军占领忽毡城之后,布哈拉埃米尔穆扎法尔派使者到罗曼诺夫斯基处要求和谈,为了表示和谈诚意,他释放了扣留在布哈拉城的斯特鲁维使团成员。罗曼诺夫斯基向埃米尔提出了议和条件:(1)布哈拉汗国承认近几年来俄国所获得的一切领土归俄国所有。(2)降低俄国货物的关税,其税率应同俄国对布哈拉货物所抽的税率相等。(3)保障俄国所有前往布哈拉的臣民享有充分的自由和安全。(4)必须偿付俄国最近一次远征的全部军费开支。[2] 布哈拉埃米尔释放了拘留在布哈拉的俄国人,对其他条款却没有给予任何允诺。

1866年8月,克雷扎诺夫斯基来到了塔什干。他在塔什干宣布,俄国占领地不仅仅是塔什干,外奇尔奇克地区、忽毡、纳乌都应该纳入俄国版图。接着,克雷扎诺夫斯基要求布哈拉埃米尔派全权代表与俄国进行谈判。9月初,布哈拉代表来到忽毡,克雷扎诺夫斯基提出的和

〔1〕〔俄〕捷连季耶夫:《征服中亚史》,第1卷,第403—404页。

〔2〕〔俄〕捷连季耶夫:《征服中亚史》,第1卷,第412页。

平条件是：允许俄国在布哈拉驻扎一名贸易代表，以保护俄国商人的利益；俄国臣民可以在布哈拉汗国的任何一个城镇建商队客栈；俄国商人纳税与布哈拉商人在俄国相同；埃米尔必须永远不再干涉浩罕事务；布哈拉汗国应向俄国政府缴纳 10 万提拉的战争赔款。除了要求取消军事赔款一项外，布哈拉使者接受了其余条件。

然而，和谈只不过是一个幌子。在谈判期间，克雷扎诺夫斯基给陆军大臣米柳京写的信中已经谈到了俄国向布哈拉汗国开战一事。9 月 13 日（俄历），俄国向布哈拉使节发出最后通牒，规定布哈拉汗国在 10 天之内缴纳巨额赔款。在赔款期限（9 月 23 日）内，俄军已于 9 月 20 日从忽毡出发。23 日，俄军炮击布哈拉汗国的一些要塞。乌拉秋别城在防守 8 天后于 10 月 2 日被俄军占领。10 月 18 日，俄军占领吉扎克。俄国战地记者捷连季耶夫描述了俄军攻打吉扎克的情况："我军占领了所有的缺口后，关在夹道里的萨尔特人到处乱窜，既不能进入堡中，也无法逃到野外。大批守敌吓得晕头转向，在我们的枪弹和霰弹的追逼下，都向着塔什干门狂奔，争先恐后，把前面的人挤得连气也喘不过来。然而，如上所述，城门早就被堵塞了。将近四千名骑马的和步行的守敌，彼此撞来撞去，乱成一团。我军迅猛地跟踪追击，冷酷无情地对着已经放下武器的守敌开枪扫射。城门边人尸和马尸堆积如山。幸存者想越过这座尸山也是枉然，因为俄国人的子弹不断把他们撂倒在大尸堆的上层！从这个尸堆里，时而伸出一只人手或人腿，时而露出一个马脸或马蹄……至少有三千具尸体躺在这里。在这个旷古未闻的、阻止我方士兵前进的尸体街垒后面，约有一千五百名守敌蜷缩在墙边，他们能免于死亡，只是因为我们的部队受到尸堆的阻隔只得停下来。"[1] 在这次攻城中，布哈拉军民死伤达 6000 人，俄军阵亡 6 人、负伤 76 人（其中有 5 名是军官）和震伤 16 人（其中有一名中校）。[2] 俄军在吉扎克留下了几个连队驻防守城，委派了要塞司令官。从此，吉扎克成为俄

---

〔1〕〔俄〕捷连季耶夫：《征服中亚史》，第 1 卷，第 441 页。
〔2〕〔俄〕捷连季耶夫：《征服中亚史》，第 1 卷，第 442—443 页。

国的一个城市,归属于突厥斯坦总督区管辖。

俄军在占领乌拉秋别、忽毡和吉扎克城之后,实际上已经切断了浩罕与布哈拉两国之间的联系。考夫曼对布哈拉采取了强硬的态度,提出了将俄国与布哈拉汗国边界划到更西面的意见。按照他的指示草拟了一份新的草案送给布哈拉埃米尔穆扎法尔,穆扎法尔没有批准这一草案,他采取拖延的办法对待俄国无理的过分要求。1868 年 1 月,考夫曼成功地使浩罕汗胡达雅尔接受了一项贸易条约。在完成这些准备工作之后,沙皇政府开始武力进攻布哈拉汗国。

1868 年春,布哈拉和希瓦两国的抗俄联军迅速向撒马尔罕集结,准备进行抗俄圣战。撒马尔罕市民积极支持这次抗俄战争。他们表示,将带着妻儿老小去抵抗俄国人,直至战斗到最后一人。然而,统治上层与当年的塔什干一样分成了两派。以宗教界和封建贵族为主的主战派要求埃米尔采取行动抵抗俄国,他们指责穆扎法尔软弱,并寄希望于埃米尔的长子卡塔杜拉(名阿布杜尔马利克,外号丘里亚),他们依靠穆斯林宗教学校的学生,决定对俄国人进行圣战。持相反立场的是布哈拉和撒马尔罕工商阶层,他们关心的是布哈拉经济的发展,力求迅速妥善地解决冲突。势力强大的主战派在这次斗争中占了上风。1868 年 4 月,埃米尔率领布哈拉军队前往泽拉夫善河流域阻击俄军。4 月 30 日,考夫曼亲率大军向撒马尔罕进发;5 月 1 日,俄军渡过泽拉夫善河;5 月 12 日,联军在泽拉夫善河左岸的撒马尔罕附近迎击敌人。由于布哈拉埃米尔的全权代理习拉里亦刺克临阵脱逃,军心动摇,联军不战而败。联军的败逃激化了撒马尔罕城主战和主和两派之间的矛盾,双方的对抗最终发展到以伯克的民军和宗教界为一方,以城市贫民和商界代表为另一方的武装冲突。5 月 13 日,俄军乘撒马尔罕内讧之机占领该城,中亚古老的名城不发一弹就陷落了。俄国夺取撒马尔罕城以后,将它纳入突厥斯坦总督区。

5 月 17 日,俄军占领了通往汗国都城布哈拉要道上的最后一个大城市卡塔库尔干;6 月 3 日,考夫曼率步、骑兵两千多人,带着 20 多门炮继续西进,来到卡塔库尔干与布哈拉之间的泽拉布拉克高地。在此,布哈拉埃米尔穆扎法尔率主力军与俄军进行了决战。埃米尔的6000军士被俄军击溃,死伤过半,穆扎法尔本人准备逃亡花剌子模。正值此时,传来了撒马尔罕城爆发反俄起义的消息,考夫曼被迫回师支援被围在撒马尔城的俄国留守部队。

俄军镇压起义以后,俄国人在撒马尔罕城进行了反攻倒算,大肆烧杀抢掠了3天,连老人和儿童也未能幸免,著名的大巴扎(市场)和清真寺被焚毁。1868年6月,布哈拉埃米尔穆扎法尔与俄国签订了合约,内容大致可归纳为以下4个方面:(1)布哈拉政府正式承认忽毡,乌拉秋别和吉扎克归俄国所有。(2)布哈拉向俄国缴纳50万卢布的赔款;为了保证赔款的支付,撒马尔罕和卡塔库尔干由俄军占领,以后,俄国把这两个城市合并组成了泽拉夫善区。(3)布哈拉汗国不得与外国进行独立的外交活动。(4)俄国臣民在布哈拉汗国享有自由贸易和设立商务代办的权利,以及经布哈拉汗国去其他国家的权利,同时布哈拉汗国有保障他们人身及财产安全的义务[1]。

穆扎法尔在写给希瓦汗的信中说,他和俄国人缔结和约只是权宜之计,只要时机一到,他就会去反抗。但是,屈辱条约的签订加深了人民对俄军的仇恨和对埃米尔的愤怒,以穆扎法尔长子卡塔杜拉为首的反抗者废除了埃米尔穆扎法尔。他们立卡塔杜拉为汗,继续反抗俄军,一度收复了阿姆河上游的卡尔施等军事要镇。1868年10月,俄军打败反抗者,夺取了卡尔施城,然后将该城交给穆扎法尔统治。

通过不平等条约,布哈拉汗国沦为俄国的保护国,不再是具有独立主权的国家。接下来,俄国把目标对准了希瓦汗国。

9.3　征服希瓦汗国

1842年访问希瓦的俄国军官达尼列夫斯基指出,里海是希瓦汗国的西部边界,波斯领地是它的南部边界。1858年,俄国旅行家伊格纳

---

[1]关于布哈拉汗与俄国签订的和约和补充条款的具体内容,见〔俄〕捷连季耶夫:《征服中亚史》,第1卷,第542页。

季耶夫住在希瓦时,有人对他说,汗国的南部边界经过莫夫绿洲,北部边界沿恩巴河而行。[1] 自 1834 年以来,俄国不顾希瓦汗国的领土主权,在其领地上频繁活动。1834 年,俄国侵入里海东岸,在曼格什拉克半岛上建新亚历山大夫斯克要塞。1838—1839 年,俄国派彼罗夫斯基率军远征希瓦汗国;远征失败之后,俄国于 1844 年派遣布塔科夫对咸海进行了全面的军事测量;1847 年,俄国在咸海东北岸的锡尔河口修建了雷姆要塞(阿拉尔斯克);1848 年,俄国又在锡尔河口修建了卡扎林斯克要塞。雷姆和卡扎林斯克要塞以后成为俄国入侵中亚南部的主要基地,俄国在进攻希瓦汗国之时,有一支俄军就是从卡扎林斯克要塞出发的。

在征服塔什干和布哈拉汗国期间(1864—1868 年),为了稳住希瓦,免除两地作战的后顾之忧,俄国主动改善了与希瓦汗国的关系。1865 年 1 月初,俄国的特别委员会决定派出商队与希瓦汗国和土库曼人进行商务联系;同年 4—5 月,俄国政府通过一个决议,于第二年(1866 年)在里海东岸边的红水湾建立设防的商业据点,以便开通一条经伏尔加河、里海到红水湾的捷径,促进俄国与希瓦汗国的贸易。

在进攻塔什干期间,俄国与布哈拉的贸易一度中断,希瓦商人独享与俄国的贸易。据统计:1864 年,俄国向布哈拉、希瓦汗国的出口价值分别是 465.5 万和 1.1 万卢布;1866 年,俄国向布哈拉、希瓦汗国的出口价值分别是 87.7 万和 156.5 万卢布。[2] 1867 年,俄国与布哈拉汗国恢复贸易,向布哈拉出口的货物达到了以前的水平,而向希瓦汗国的输出也就相应地降低了三分之二还多。[3]

塔什干被征服以后,俄国对希瓦汗国的态度发生了变化。1867 年,考夫曼就他任突厥斯坦总督一事写信通知希瓦汗;1867 年 11 月 29 日,考夫曼在致希瓦汗的信中说,俄国将派兵到锡尔河南岸,以保护俄

〔1〕〔俄〕伊万诺夫:《中亚史纲(十六—十九世纪中叶)》,载《中亚史丛刊》,1983 年第 1 期,第 87 页。

〔2〕王治来:《中亚通史》(近代卷),新疆人民出版社,2004 年,第 302 页。

〔3〕Seymour Becker, *Russian's Protectorates in Central Asia*, *Bukhara and Khiva*, 1865—1924, Russian Research Center Studies 15, Harvard University Press, 1968, P. 65.

国商队。希瓦外交大臣科希别基严正谴责了这种侵略行为,他说:"一个君主应该统治着向来属于他的土地和民众,他的军队不应该越出国境破坏和平。"[1] 1868年2月,管辖希瓦汗国北部的大伯克对俄国人渡过锡尔河提出抗议;1869年5月,俄国工商业促进协会向俄国政府申请,要求开辟一条从里海到阿姆河的商路,其理由是,只有缩短商路和减少运输费用,俄国货物才能在中亚与英国货物相竞争。10月10日,陆军大臣米柳京回信说,他完全支持他们的这一计划。突厥斯坦总督考夫曼于1869年8月12日写信给希瓦汗,在信中,他指责希瓦汗怂恿俄属牧民暴乱,收容和庇护从俄国逃来的盗匪等行为。同年9月20日,他又给希瓦汗写信要求惩罚抢劫者,交还被他们抢去的财产,并释放在希瓦为奴隶的所有俄国人。考夫曼以布哈拉汗国被征服恐吓希瓦汗,他说,要给那些不接受俄国善意建议的人以军事镇压。对此,希瓦汗没有回信。1869年,考夫曼向俄国外交部亚洲司陈述说,俄军如果在里海东岸的红水湾登陆将可以对希瓦人和哈萨克人造成威慑。1869年10月14日,俄国亚洲司司长斯垂莫荷夫告知考夫曼,沙皇亚历山大二世命令他在一个月内夺取红水湾。1869年底,俄国派遣参谋总部上校斯托列托夫带领一支高加索军以考察队的名义在红水湾登陆,建立了克拉斯诺沃兹克要塞,要塞归高加索总督管辖。这是俄国在希瓦汗国西部的第一个据点,在此以前,中亚西面没有俄国的机构,中亚西部的事务完全由奥伦堡和突厥斯坦总督区管辖。克拉斯诺沃兹克要塞成为俄国在中亚的西部基地,至此,俄国从西、北、东3面完成了对希瓦汗国的包围。

在1867年俄国征服布哈拉汗国之时,希瓦汗国曾派军队支持布哈拉人抵抗俄国的入侵。俄国在中亚的武力征服唤起了希瓦人捍卫独立的决心。他们认为,希瓦汗国的边界最初是乌拉尔河,以后由于俄国的侵略,希瓦汗国的边界线退到里海东北岸上的恩巴河,现在,俄国蚕食的锡尔河左岸也是他们的领土,因此,他们有权在这些地区继续行使收

---

〔1〕〔俄〕捷连季耶夫:《征服中亚史》,第2卷,第65－66页。

税权,也有权阻止俄国商队在此通行。希瓦人采取以往常用的方式报复俄国人:抢劫俄国边境地区;阻断商路和掠夺俄国商队;把抓到的俄国人,或者杀掉或者在希瓦市场上卖掉;希瓦人还煽动俄属哈萨克人叛乱,并给造反者提供庇护。1869 年春,希瓦支持里海东岸曼格什拉克半岛上哈萨克人的反俄起义。同年,希瓦势力渗入奥伦堡政府治下的草原,鼓动俄属哈萨克人造反,一些哈萨克贵族代表来到希瓦,请求希瓦汗支持他们反对异教徒的斗争。于是,希瓦汗派部队到咸海东部沿岸,保卫迁居于此的哈萨克山民。

红水湾被俄国占领之后,希瓦汗麦哈穆·拉希姆迫于俄军的压力释放了一些俄国奴隶,想与俄国谋求和谈。但是,俄国征服希瓦汗国的主意已定,军事占领不可动摇。因此,从 1870 年起,希瓦汗国积极备战,希瓦汗决定禁运粮食到俄国;有计划地转移牧场,填塞辟为作战区的水井,不让敌人利用;截断阿姆河支流,使俄国船只无法行驶;并试图恢复对乌斯特乌尔特沙漠中的各部落征收税赋,尽管这一地区早已被俄国认为是俄国的势力范围。希瓦汗国还在咸海乌尔格角附近的江卡拉和卡拉塔马克林川地带修建堡垒,破坏塔什干与奥伦堡之间的交通联络,希瓦宗教界上层教士则鼓励希瓦汗进行圣战。

1870 年 1 月 18 日,考夫曼致函希瓦汗,催促他答应俄方提出的臣服要求,并且威胁说:"我三次写信给您,一封复信也未收到。您甚至违反常规,擅自扣押最近我方所派的信使……此类行动令人不能容忍。我们之间或者结为朋友,或者成为仇敌,二者必居其一,邻国之间别无中间道路可走。""任何忍耐都是有限度的,如得不到圆满答复,我将亲手去取得它。"[1] 4 月 14 日,他收到了希瓦方面的复函,信中对俄军占领克拉斯诺沃兹克提出了严重抗议,并希望俄国不要侵略别国领土:"开天辟地至今未见如此先例,一国君主为了别国的安宁和别国臣民的安全而在边界上修建堡垒并派遣自己的部队……我汗王希望白沙皇以祖先为榜样,勿醉心于扩张上天所赐予他的帝国领地,勿寻求别国领

---

〔1〕〔俄〕捷连季耶夫:《征服中亚史》,第 2 卷,第 73 - 74 页。

土,因为这样有损于伟大君主的气度。如想指靠自己的武力要与我们兵戎相见,那么在创造天地万物的造物主面前,在人间法官们的主宰面前,无论强者弱者,都是平起平坐的。真主的圣意叫谁取胜,谁就取胜……一切都不能违背真主的意志和定数。"[1] 1871 年 1 月,在俄国陆军部召开的外里海边区事务会议上,考夫曼提出了加快进攻希瓦汗国的建议。3 月,由考夫曼拟定、俄国陆军大臣米柳京部署的入侵希瓦计划得到了沙皇的批准,考夫曼被指定为总指挥,并预定在当年秋季开始军事行动。考夫曼远征希瓦的计划是:由突厥斯坦军区、奥伦堡军区和高加索军区 3 方面同时向希瓦汗国发兵。同年 6 月,俄国因出兵侵占中国伊犁地区,推迟了对希瓦汗国的围攻。

1872 年 12 月 3 日,沙皇亚历山大二世亲自主持召开了宫廷会议,次日,考夫曼向会议递交了一份关于中亚情况的长篇报告。在报告中,他提到"希瓦与俄国的不正常关系",主张进攻和征服希瓦汗国。沙皇同意考夫曼的意见,并于 12 月 12 日批准了对希瓦汗国进行军事讨伐的计划,同时给考夫曼下达了实行该计划的时间,决定于 1873 年春对希瓦发动所谓的积极防御的大规模进攻。

希瓦汗国的四周是沙漠,它与外界几乎是完全隔绝的。希瓦城距塔什干 600 英里(约 960 公里),距奥伦堡 930 英里(约 1490 公里),距克拉斯诺沃兹克要塞 500 英里(约 800 公里)。对希瓦汗国的劳师远征是险途,俄国曾经两次远征希瓦均告失败。因此,这一次俄国十分谨慎,组织了由 1.4 万人组成的庞大部队,备有 62 门大炮。全军由考夫曼总指挥,分四路向希瓦汗国进军。[2] 从塔什干出发的突厥斯坦军区部队分为两个团,一个团取道吉扎克,一个团经卡扎林斯克前进。奥伦堡军区的军团由维内夫金率领,从奥伦堡出发,取道恩巴河与咸海西岸前进。高加索军区的军团分两支向希瓦进军,由洛马金率领的咸海区舰队从曼格什拉克出发,经亚历山大罗夫斯克堡前往希瓦汗国北部、咸

---

〔1〕〔俄〕捷连季耶夫:《征服中亚史》,第 2 卷,第 74 页。
〔2〕Skrine, F. H. and Ross, E, D, *The Heart of Asia*, pp. 257 – 258.

海附近的昆格拉特地区;由马尔科佐夫率领的一支从里海东岸的克拉斯诺沃兹克出发。

俄国的进攻使希瓦汗大为震惊。1873 年春天,他释放了 21 名俄国奴隶及一些俄国使者,并写了一封表示友好的信送到卡扎林斯克俄国驻军处,但俄军不予理会。高加索军团的马尔科佐夫率领的俄军在人倒马死之后折回原地,突厥斯坦军区的主力军一万峰骆驼损失了 8800 峰,几乎全军覆没。除此而外,其余几支俄军于 1873 年 5 月中旬先后抵达希瓦城郊。他们对希瓦城发动了猛攻。城内因口粮缺乏发生政变,希瓦汗出走。虽然抵抗顽强,但是,希瓦城终因双方力量悬殊于 6 月 9 日陷落。

1873 年 8 月 12 日,希瓦被迫签订投降条约。条约规定,阿姆河右岸的希瓦领土全部被俄国兼并,阿姆河的航行权由俄国独占;希瓦赔偿俄国 250 万卢布的军费;交出所有在希瓦当奴隶的俄国人和波斯人。[1] 俄国政府为巩固对新征服的希瓦领土的统治,在其地设置了阿姆河省;在阿姆河右岸离希瓦城 250 英里(约 400 公里)处修建彼得罗亚历山大罗夫斯克要塞,作为控制希瓦的行政中心。希瓦汗被保留下来,希瓦汗国成为俄国的一个附属国。1874 年,俄国设立了南里海军区,它隶属于高加索总督区,由洛马金少将管辖。中亚腹地的两个汗国被征服以后,俄国开始了对浩罕汗国的兼并。

9.4　　征服浩罕汗国

1865 年,攻陷塔什干城之后,俄国没有乘胜吞并浩罕汗国,踌躇不前的原因主要是因为英国的反对,英国不愿意俄国夺取与阿富汗接壤的地区。英国的愿望是,保留浩罕汗国,以它作为俄国和英属印度之间的缓冲地带,这一缓冲地带最好与英国保持友好,与俄国敌对。为了不激化矛盾,俄国把目标转向布哈拉汗国。在征服布哈拉和希瓦两个汗

---

〔1〕Skrine, F. H. and Ross, E, D, *The Heart of Asia*, p. 285.

国之后,俄国才把目标转向浩罕汗国。

浩罕汗国在经过了 20～30 年的扩张之后,于 19 世纪初期已经成为中亚最大的国家之一,领土从南面的帕米尔高原一直向东北延伸到伊犁河流域。浩罕汗国虽然疆域广大,但是,浩罕汗的权力并不大。19世纪下半叶,浩罕汗国分裂成由伯克统治的若干伯克领地。除了割据政权外,中央统治层内部也经常发生争权夺利的斗争。在胡达雅尔汗统治的第一时期(1845—1853 年),1851 年 10 月,胡达雅尔与其兄弟——塔什干统治者迈里伯克之间的斗争尖锐起来。正是在兄弟斗争最激烈的时候,1853 年,彼罗夫斯基夺取了浩罕汗国北部的阿克麦切特要塞。1865 年,当浩罕汗阿林沽在塔什干城组织部队准备夺回奇姆肯特城之时,胡达雅尔登上浩罕汗位。为了保住自己的统治,他极力巴结俄国人。他帮助俄军镇压了哈萨克人中的反俄势力,把逃到浩罕国内的哈萨克人引渡给俄国。

征服塔什干以后,俄国为了阻止浩罕与布哈拉的联合行动,1867年底,俄军占领了两国边界城市乌拉秋别、忽毡和吉扎克,切断了浩罕与布哈拉两汗国的联系。为了进一步稳住浩罕汗,考夫曼对浩罕汗表示出热情,两国使者频繁往来,商谈贸易等等问题。给人造成的印象是:俄国不会以武力征服浩罕汗国,俄国仅仅只是为了在浩罕汗国获取一些与贸易有关的利益。

1867 年 12 月 3 日,浩罕汗派外交代表团前去答谢考夫曼发来的慰问信,代表团受到了隆重的接待。汗在致考夫曼的信中写道:"我们都是上帝的奴仆,我们怀着纯洁的心灵经常作祈祷。所有的人都是由亚当所造,因此,各国国君之间洋溢着温和友好的气氛。上帝吩咐我们,彼此要和睦相处。为了遵照创造我一万八千居民的上帝的圣训行事,我倡议:和睦与友谊就是美酒,谁尝上一滴,谁就能忘却一切愁苦和一切不满,就会尝到乐趣……"[1]12 月 19 日,考夫曼为浩罕使者送行,同时给汗王捎去了一封信和有关双方自由贸易及关税等问题的条约草

---

〔1〕〔俄〕捷连季耶夫:《征服中亚史》,第 2 卷,第 385 页。

案。

1868 年 1 月,俄国草拟了与浩罕汗国的条约,共有 5 条:(1)俄国商人有权游历汗国一切城市;(2)俄国商人有权随意在各处开办商店旅舍;(3)俄国商人有权在汗国的一切城市设置商队头目;(4)浩罕对俄国商人与伊斯兰教徒课税一视同仁;(5)俄国商队可以自由通过浩罕前往与其相邻的其他领地。该条约在贸易方面和保障来往于汗国从事各种活动的俄国臣民的安全方面,都对俄国极为有利。汗对第一条和第五条感到为难,不敢为他的臣民们担保。俄国的答复是:"我们决不容忍邻近地区的居民肆意横行,他们不服从汗王,就得服从我们。"[1]胡达雅尔汗最终(于 2 月)满足了俄国提出的条件。此后,胡达雅尔汗得到俄国赠送的贵重礼品,还获得了一级斯坦尼斯拉夫钻石星章。对此,他一直深感荣耀。在俄国征服了布哈拉和希瓦两个汗国之后,不管胡达雅尔如何想维护他与俄国人之间的友好,武力征服浩罕已经不可避免了。

1873 年,浩罕汗国爆发了反胡达雅尔汗的暴动,胡达雅尔汗派人到塔什干求援,当时在塔什干的俄国将军科尔帕可夫斯基没有答应他的请求,他将此事电报圣彼得堡。同时,他请求允许他趁此机会出兵占领浩罕汗国,但是,这一请求当时未被批准。

1874 年,胡达雅尔之弟发动政变,扣押了胡达雅尔汗,立胡达雅尔的次子穆罕默德·阿明(马达明)为汗。然而,此次政变没有成功,参与者被杀,马达明被监视。

1875 年 7 月,费尔干纳各城爆发了人民起义,在讹迹邗领导起义的人名叫伊斯哈克,他自称是原浩罕汗爱里木之孙普拉德汗,其实,他的真实身份是一个烟草商,真正的普拉德伯克与其母住在撒马尔罕。为了平息叛乱,胡达雅尔汗派阿布杜拉赫·阿弗托巴奇率军镇压。这支军队于 7 月 17 日在安集延与起义军遭遇,双方进行了激战。汗国各地的长官、贵族和军队纷纷加入到起义军中,起义军占领了奥什和安集

<hr />

[1]〔俄〕捷连季耶夫:《征服中亚史》,第 1 卷,第 463 – 464 页。

延等地,当起义军迫近浩罕城之时,胡达雅尔长子纳斯鲁丁率浩罕城卫队、次子马达明及胡达雅尔兄弟马尔格兰伯克穆拉德先后也加入到起义队伍之中。起义军立胡达雅尔的长子纳斯鲁丁为新汗。在众叛亲离之下,胡达雅尔再也无力对付这些起义,只得向俄国求援。考夫曼立即派4000俄军前往镇压,此举激起了浩罕人民的愤怒,他们把对浩罕统治者的仇恨转移到俄国人身上。他们宣布进行圣战,号召一切穆斯林团结起来,共同抗击侵略者。军政当权人士的加入改变了运动的性质,使它从一个直接反对残暴统治的群众运动变成了由国家当权者领导的反俄的民族运动,该运动的宣言是保护浩罕国家政权和浩罕人民的文化习俗。

起义军控制了从忽毡通往塔什干和撒马尔罕的道路,并开始对被俄国侵占区发起进攻,袭击了塔什干近郊,围困了忽毡。1875年8月9日,浩罕军民对忽毡发起进攻,被俄国击败。在俄军的攻击下,一支约5000人的浩罕军被击溃,另一支以祖勒富卡尔伯克为首的800民军进行了顽强抵抗,后来,也因伤亡过重不得不撤退。于是,塔什干与忽毡的道路被俄军占领。

8月12日,围攻忽毡城的浩罕军撤到距忽毡约51公里(44俄里)的玛赫拉姆要塞。8月20日,俄军向玛赫拉姆要塞进发,次日,来到了距玛赫拉姆要塞大约4.8公里的地方,在此,他们遭到了浩罕军的袭击。之后,考夫曼指挥攻城,一刻钟后攻下该城,通往浩罕城的道路敞开了。8月26日,俄军从玛赫拉姆出发前往浩罕城,途中遇到新继位的浩罕汗纳斯鲁丁派来的求和使团。考夫曼要使团转告汗,等俄军到达都城后再谈判。8月29日,考夫曼到达浩罕城下,纳斯鲁丁亲自出城迎接,俄军占领了浩罕城。

考夫曼发表声明,要求马尔格兰、安集延,纳曼干和其他城镇向俄国归顺,但这一要求没有得到任何响应。浩罕将军阿弗托巴奇在马尔格兰集结军队,准备抵抗。9月17日,考夫曼率军出发前往马尔格兰,阿弗托巴奇率军驻扎在距离马尔格兰不远处的古尔吉勒,在考夫曼抵达马尔格兰城时,阿弗托巴奇军撤退了。俄军斯科别列夫奉命率军追击阿弗托巴奇军,一直追到奥什,奥什城也投降了。俄军对马尔格兰和奥什的占领在浩罕国产生了很大的影响,安集延、八里克齐、沙赫里汗纳和阿萨克诸城纷纷派人前来表示归顺,浩罕汗国大多数城市在俄军的武力下屈服了。

1875年9月23日,考夫曼与浩罕汗纳斯鲁丁缔结了条约,按此条约,浩罕汗国被剥夺了外交和军事行动的独立权;锡尔河上游右岸及纳曼干地区割让给俄国;浩罕必须向俄国支付300万卢布的赔款。10月17日,沙皇批准了以上条约,并把新合并的浩罕国划为纳曼干军分区,隶属于突厥斯坦总督。

屈辱条约的签订激起了浩罕人民新的起义浪潮,他们将纳斯鲁丁赶出浩罕城。纳斯鲁丁只身一人离开浩罕前往忽毡。起义军以安集延为中心,他们拥戴伊斯哈克为汗,在他的率领下,起义军击退了前来镇压的俄国军队。10月9日,起义军一度攻入浩罕城,市民们踊跃参加到起义队伍之中。10月24日,起义军夺取纳曼干城,俄军调用16门大炮对该城进行了强攻,城内房舍尽毁,军民死伤近4000人。在伤亡如此惨重的情况下,起义军被迫弃城转移,纳曼干城再度被俄军占领。

1876年1月6日,俄军从纳曼干出发,渡纳林河,沿锡尔河而进,一直打到安集延。安集延的城墙不是要塞式的,但城四周的果园却围有2.8米左右的土墙。1月8日晨祷后,12门大炮齐射,共发射了大约500发炮弹。[1] 在安集延结集的起义军有3万人,[2] 俄国统帅斯科别列夫派人带信给他们,要他们投降。起义军把信使杀掉,表示了宁死不屈的决心。俄军采用与对付纳曼干城同样的手段,炮轰安集延。在炮击一周之后,俄军于1月21日占领了安集延。安集延陷落以后,起义军退往距安集延约9.6公里的阿萨克。俄军追击之并攻克了阿萨克,伊斯哈克汗被捕,之后,牺牲在俄国的绞刑架下。沙赫里汗纳城和马尔格兰城的起义军在俄军的威慑之下投降。

---

〔1〕〔俄〕捷连季耶夫:《征服中亚史》,第2卷,第461页。

〔2〕王治来:《中亚通史》(近代卷),第335页。

1876 年 2 月,俄国沙皇亚历山大二世特地选在他登基 21 周年的那天,签署了浩罕汗国归并于俄国的命令。从此,浩罕汗国灭亡了,成为俄国的费尔干纳省,受突厥斯坦总督统辖,斯科别列夫将军被任命为省长。[1] 俄国战地记者捷连季耶夫认为:"将费尔干纳省这样一个在所有方面都是最富饶的地区并入我国,不仅绰绰有余地补偿了占领费用,而且还带来了另一种极为重要的好处,这就是我们取得了进攻中国,甚至攻击英国属地东印度的一个最好基地。我们获得了从这一方面通往这两个国家的唯一通道。"[2]恩格斯说:"从军事观点看来,这些征服地的重大意义就在于,它们为进攻印度建立了作战基地的核心;的确,自从俄军这样深入中亚细亚以后,从北方进攻印度的计划,已经不再是模糊不定的意图,而是具有相当明确的轮廓了。"[3]

浩罕汗国的被征服,标志着俄国完成了对中亚腹地的征服。此后,俄国把侵略目标对准了中亚侧翼的土库曼斯坦和帕米尔地区。

9.5 征服土库曼人

18 世纪末至 19 世纪后期,俄国和以印度为基地的英国开始蚕食波斯领土,经过 100 多年的争夺,巴林、阿富汗的一部分成为英国势力范围;阿塞拜疆、土库曼斯坦成为俄国势力范围。英俄在原波斯领地上的争夺被学界称为"大博弈"。

土库曼斯坦位于里海和阿姆河之间,东临希瓦汗国与阿姆河,西至里海海岸,南与伊朗、阿富汗邻接,北界从曼格什拉克的南端向东越乌斯秋尔特高地直抵阿姆河下游河岸。土库曼斯坦基本上是大沙漠地带,其中,有两大绿洲,即阿哈尔帖克绿洲和莫夫绿洲。对俄国而言,土库曼斯坦是战略要地。通过它,俄国不仅可以到达中亚腹地和阿富汗,

---

〔1〕Skrine, F. H. and Ross, E, D, *The Heart of Asia*, pp. 259 – 260.

〔2〕[俄]捷连季耶夫:《征服中亚史》,第 2 卷,第 505 页。

〔3〕恩格斯:《俄国在中亚细亚的进展》,引自《马克思恩格斯全集》,第 12 卷,人民出版社,1962 年,第 641 页。

而且还是通往印度的捷径。1869 年,俄国人占领了里海东南岸的克拉斯诺沃兹克。之后,俄国以此为据点,不断向土库曼斯坦渗透。俄军以考察队的面目从该据点进入土库曼人各部,收集有关他们的情报。

土库曼人是突厥族的一个分支,在我国古代史籍中被称为古思。中世纪时,古思人的活动范围从里海北岸,向东一直到锡尔河中下游流域,向南延伸到今波斯北部的戈尔甘河。10 世纪后期,游牧于中亚北部草原的古思—塞尔柱突厥人(以后有一支称作土库曼人)迁移到了河中地区。到 15 世纪时,土库曼人生活的地区已经很广泛,波斯、花剌子模、呼罗珊、阿富汗斯坦、美索不达米亚、叙利亚、罗姆(小亚细亚)、达吉斯坦、俄国(阿斯特拉罕和斯塔夫罗波尔)都有土库曼部落。13—15 世纪,上述地区的大部分土库曼人先后处于成吉思汗后裔和帖木儿王朝的统治之下。

帖木儿去世以后,以里海为界,西土库曼人建立了两个土库曼王朝:即亚美尼亚和阿塞拜疆部分地区的黑羊王朝(1378—1468 年)和迪亚巴克儿和阿塞拜疆部分地区的白羊王朝(1378—1502 年)。历史上称黑羊王朝为喀喇科雍鲁(Qara Qoyūnlū),称白羊王朝为阿克科雍鲁(Āq Qoyūnlū)。这两个王朝先后被波斯人灭亡,其领土上的土库曼人接受了波斯萨法维王朝的统治。东土库曼人就是中亚土库曼人,他们生活在中亚西南部,即今天的土库曼斯坦境内。16 世纪初期,他们拥有广阔的领土,其范围东起阿姆河,西临里海(占据着漫长的海岸线),北到曼吉什拉克和花剌子模,南达厄尔布尔士山(Alborz)东段的科佩特山。波斯萨法维王朝兴起以后,中亚土库曼人与在安纳托利亚和西波斯的西土库曼人失去了联系。当哈萨克人和乌兹别克人在七河地区和河中地区建立汗国之时,他们还处于部落联盟阶段,尚未创建起自己的国家。

16 世纪中叶,阿姆河不再流入达里亚利克和乌兹博伊水道,阿姆河的改道改变了土库曼斯坦西北地区的自然和经济条件。1558 年访问了该地区的英国人詹金森注意到,达里亚利克已经干涸。[1] 16 世纪末至 17 世纪初,土库曼斯坦北部的土库曼部族开始向南部大规模迁徙,来到花剌子模和呼罗珊农耕绿洲。土库曼人的这次迁徙历时 200 多年,对近现代土库曼民族的形成有着深远的影响。

到 19 世纪时,土库曼各部落的居地基本上固定下来。阿哈尔帖克绿洲和莫夫绿洲被帖克土库曼人占据着,他们总人数有 30 万,是土库曼人中最强大的部族。他们分为两大支,即托赫塔梅什和乌捷梅什;每支又分成两小支。因而,土库曼—帖克人有 4 个支系:别克、维基利、瑟奇马尔和巴赫沙达沙亚克。[2]

在 16—19 世纪的几百年中,中亚土库曼人的各部分别臣属于希瓦汗国、布哈拉汗国和波斯萨法维王朝。在这一时期内,他们的历史构成了希瓦汗国和布哈拉汗国,以及波斯萨法维王朝历史的一部分。

在俄国征服希瓦汗国时期,1873 年,俄国从里海发起向希瓦汗国的攻击之时,俄国掳掠了约穆特部和帖克部民,约穆特人进行了激烈的反抗。1873 年 6 月 9 日希瓦城陷落以后,俄国下令在反击俄国战斗中顽强抵抗的约穆特部交付 30 万卢布的赔款,其中 10 万卢布必须在 10 日之内交付,剩余的 20 万卢布可以推延 5 日。也就是说,在半个月内必须全部交清。[3] 考夫曼在 7 月 18 日给部下的指令中说:"如果阁下发觉约穆特人不是收集赔款而是集结起来抗拒军队或有换地游牧的迹象时,则我建议您当立即率部前往约穆特人游牧地区,即沿哈扎瓦特渠及其支渠一带将这些游牧的约穆特人及其家小完全彻底清除消灭。其财产牲畜等物全部予以没收。"[4] 此令下达之后,俄军冲进村庄,逢人就杀,连儿童老人都斩尽杀绝。土库曼人逃命的场面构成了一副恐怖的场景:水深流急的湖中简直挤满了土库曼人的男女老少,他们都跳入湖中躲避追上来的哥萨克,绝望地挣扎着向湖对岸游去。土库曼人的

---

〔1〕《詹金森旅行记》(第 178 页)中认为是阿姆河的移位所致,原流入里海边的支流转流入咸海。见〔乌兹别克〕艾哈迈多夫:《16—18 世纪历史地理文献》,第 259 页。

〔2〕〔俄〕捷连季耶夫:《征服中亚史》,第 3 卷,第 1-2 页

〔3〕〔俄〕捷连季耶夫:《征服中亚史》,第 2 卷,第 311 页。

〔4〕Alexis Krausse,*Russia in Asia,A Record and a Study*,Reprt1973. p. 75.

男女老少在这里死了约两千人,部分淹死在湖中,部分沉溺在湖旁的沼泽里。[1] 恩格斯在谈到这次俄军的暴行时,讽刺地说:"1873 年夏天,考夫曼将军下令进攻鞑靼部落的约穆特人,焚毁他们的帐篷,并且像命令上所说的'按照高加索的好习惯'那样屠杀他们的妇女和儿童。"[2]

1875 年,沙俄派遣高加索第一司令官伊维亚诺夫率领 1300 名俄军以侦察为幌子,在克拉斯诺沃兹克附近对土库曼人进行骚扰劫掠。俄国的侵扰活动激起了土库曼人的反抗,土库曼部落首领和僧侣召开会议,决定加紧巩固阿哈尔帖克绿洲重镇格奥克帖佩城堡,不让俄军进入绿洲。

在征服浩罕汗国之后,1877 年,俄军以克拉斯诺沃兹克为基地开始武力征服土库曼斯坦。俄国征服土库曼斯坦的过程可以分为两步,第一步用武力征服阿哈尔帖克绿洲,第二步采用外交手段使莫夫绿洲臣属于俄国。

在 1876 至 1878 年的俄土战争(俄国与土耳其争夺黑海和巴尔干半岛的战争)期间,沙俄采用了威胁印度的办法牵制了英国对俄土战争的干涉。当时,考夫曼组织了两万俄军分兵四路远征印度。在 1878 年 7 月 19 日的柏林会议上,英俄之间的矛盾得到了缓和,于是除了洛马金率领的高加索—外里海远征军外,其余各路俄军都撤退了。洛马金率领的这支军队继续按原计划占领了土库曼部落领地恰特,恰特位于松巴河和阿特拉克河汇合处,地理位置甚为重要。俄国在此建立了恰特要塞。要塞长官的任务是了解土库曼人,研究他们的生活方式,注意发展与他们的贸易。土库曼人为夺回恰特而发动的武力进攻威胁着克拉斯诺沃兹克要塞的安全。

在俄国人咄咄逼人的态势面前,土库曼人曾向波斯卡扎尔王朝表示效忠,他们希望获得波斯人对他们的支持,这一行为加速了俄国人的武力征服。洛马金将军受命对离克拉斯诺沃兹克大约 320 公里的土库

〔1〕〔俄〕捷连季耶夫:《征服中亚史》,第 2 卷,第 318 页。
〔2〕恩格斯:《反杜林论》,引自《马克思恩格斯选集》,第 3 卷,人民出版社,1995 年版,第 442 –443 页。

曼要塞基考尔阿尔瓦特发起进攻，[1]该要塞处于通往格奥克帖佩城堡的途中。1879年6月，俄国派遣高加索第一司令官伊维亚诺夫为司令、洛马金任副司令，大举入侵阿哈尔帖克绿洲。途中伊维亚诺夫去世，军队由副司令洛马金率领。8月下旬，先头部队从恰特出发，翻越科彼特山脉，没有遇到任何抵抗就占领了基考尔阿尔瓦特；9月，俄军攻打格奥克帖佩。在此战役中，沙皇军队遭到了在整个"突厥斯坦远征"中最严重的一次失败，俄军失败的消息很快传遍了中亚。据不完全统计，俄国阵亡官兵约200人，受伤250人，俄军被迫撤退。[2] 这次失败对俄国政府的打击相当沉重，洛马金因此被撤职，斯科别列夫将军取而代之。土库曼爱国者在俄军的炮火下伤亡也十分惨重，领导者别尔德·穆拉特、卡拉·巴特尔等人牺牲。

1880年1月31日，在总参谋长盖伊坚主持下，俄国召开了高级军事官员会议讨论高加索总督制定的对阿哈尔帖克绿洲的作战计划。盖伊坚建议在土库曼斯坦不要采取任何行动，甚至应该完全退出外里海边区。他还建议修筑从奥伦堡到塔什干的铁路，以取代向无水沙漠的远征。他认为，这无论是对大英帝国的阴谋，还是对中亚工商业的发展，都是最合适的方法。总参谋长的建议遭到了反对。2月25日和27日，陆军大臣米柳京出席了关于外里海问题的一次讨论会，他向沙皇呈交了关于远征阿哈尔帖克绿洲的报告。他认为，不占领这一绿洲，高加索与突厥斯坦将永远被隔断。3月1日，米柳京的报告获得亚历山大二世的批准。沙皇在召见斯科别列夫将军时指示："已经确定了的计划在任何情况下绝不得变动，也不得后退一步，因为这会成为我们软弱的表示，也会鼓励我们的敌手更加狂妄，而且可能使俄国所受的损失比全部远征都大得无法估量。"[3]

斯科别列夫坚持从克拉斯诺沃兹克或里海岸边的其他地点筑一条

---

〔1〕Skrine, F. H. and Ross, E, D, *The Heart of Asia*, pp. 285 – 286.

〔2〕Fraser-Tytler, W. K. *Afghanistan*, p. 158.

〔3〕《乌兹别克苏维埃社会主义共和国历史》，塔什干、乌兹别克苏维埃社会主义共和国科学院出版局1956年版，第1卷第2编第96页；N. I. 格罗杰科夫：《在土库曼的战争：1880—1881年斯科别列夫的远征》，圣彼得堡，巴拉舍夫，1883—1881年。

铁路通往他将征服的地区,以便他可以顺着铁道线依次征服沿线的部落,最终孤立帖克土库曼人。1880 年 5 月,斯科别列夫开始行动,他动用了 1.1 万人和两万峰骆驼,建从克拉斯诺沃兹克通往格奥克帖佩堡的铁路,并在沿途建立军事据点。他采取逐步推移的战术,于 1880 年年底逼近格奥克帖佩堡。1880 年 12 月 23 日,斯科别列夫军围攻了有两万多土库曼军民守卫的格奥克帖佩要塞。驻守要塞的阿哈尔帖克人和从莫夫绿洲赶来支援的帖克人一起抗击俄国侵略者,他们坚守达 3 个星期之久。

1881 年 1 月 12 日,俄军挖了一条通向城堡的地道,用地雷炸毁了格奥克帖佩城堡,城堡被攻克,城中 2.5 万帖克人进行了殊死的抵抗。俄军不分男女老幼,见人就杀,有 8000 名无辜的帖克土库曼居民被屠杀。在大屠杀面前,土库曼部落纷纷投降,阿哈尔帖克绿洲被并入俄国版图。俄军还乘胜强占了阿什哈巴德、卡阿哈和阿哈尔帖克绿洲上的其他居民点。1 月 24 日,俄国国旗在以丹吉尔特普命名的小山上升起……[1] 5 月,俄国把原高加索外里海分区和新征服的阿哈尔帖克绿洲合并为外里海省,阿什哈巴德成为该省的统治中心。

俄国征服土库曼斯坦的第二步是占领莫夫绿洲和彭狄绿洲。阿哈尔帖克绿洲被纳入俄国版图以后,隔在俄国领土与俄属布哈拉汗国之间的未征服地只有莫夫绿洲了。莫夫城是俄国通往波斯和阿富汗道上的枢纽,当时在名义上属于波斯管辖。英国曾极力鼓励卡扎尔王朝在莫夫行使主权以抵抗俄军的南下,但是波斯沙赫无力实现对它的统治。1881 年 11 月,东北波斯地区总督通知驻德黑兰的英国公使说,他接到了沙赫的命令,令他不要进一步干涉莫夫事务。1881 年 12 月 9 日,俄国与波斯签订了边界协定,波斯正式宣布放弃对突厥斯坦及阿姆河以东地区的主权要求,实际上承认了俄军对上述地区的占领。这一边界协定有利于俄国征服莫夫绿洲。

俄国人的南下引起了英国人的强烈反对。1882 年 10 月 24 日,英

---

〔1〕Fraser - Tytler, W. K. *Afghanistan*, p. 158.

国驻俄大使索尔顿照会俄外交大臣格尔斯,要求俄军立即停止在土库曼斯坦的军事行动。索尔顿声称如果俄军不停止进攻土库曼人,所造成的一切后果将由俄国政府承担。在此强硬态度面前,俄国改变了对莫夫绿洲的武力征服政策,开始采取外交手段。

1883 年,在沙皇亚历山大三世举行加冕典礼之时,俄国邀请新近被击败的土库曼酋长们参加了典礼。莫斯科游行队伍的宏伟壮丽以及军事力量的强大给这些土库曼人留下了深刻的印象,以致他们返回土库曼斯坦后,纷纷表示,继续对抗俄国是一件蠢事。

1883 年 12 月,马斯洛夫上校对土库曼人进行了一次军事示威,随后莫夫的土库曼人派了一个代表团去见接替考夫曼的新任突厥斯坦总督切尔尼耶夫,请求俄国设立一个行政机构以解决土库曼人之间的争执。1884 年 1 月,俄军来到了莫夫城,莫夫绿洲上的土库曼部落在俄国武力的威胁下投降。沙皇政府宣布设置莫夫州,隶属于外里海省,莫夫绿洲至此也并入了俄罗斯帝国版图。

1884 年 1 月 31 日,来自莫夫绿洲各地的 124 位代表,在新建的南里海军区军部所在地阿什哈巴德集会,在隆重的气氛中,4 个部落首领带头在科马罗夫总督面前庄严宣誓向沙皇效忠。之后,科马罗夫将军签署了告"汗、长老和全体莫夫人民"的特别声明,接受他们加入俄国国籍。根据这个声明,莫夫享有某些自治,保持"不可侵犯的"宗教。声明还规定,在莫夫禁止抢劫性袭击和奴隶贸易。

1884 年圣诞节前夕,俄国在彼得堡召开了御前会议,会议决定把俄国的边界线再向南推进,划在离赫拉特 110 公里的地方。这样,彭狄绿洲和佐勒菲卡尔山口都将成为俄国领土。彭狄绿洲原属阿富汗领地,当时由土库曼人居住。为了抢占战略要地,俄军于 1885 年 2 月占领了彭狄绿洲边缘的普勒·伊·基什提,3 月 30 日进入彭狄绿洲。在此,俄军遭到了阿富汗军队的强烈抵抗,阿富汗军在伤亡惨重的情况下撤离彭狄绿洲。

俄国对土库曼斯坦的兼并,使从南北两个方向逼近中亚的英俄两国发生了直接接触,俄国与阿富汗国毗邻,直接威胁着英国在该地区的利益,英政府就俄军在这一地区的频繁军事活动曾多次向俄国提出强烈抗议。[1] 俄国占领了彭狄绿洲以后,英、俄矛盾极度紧张,战争一触即发。1885 年 9 月 10 日,俄国和英国拟定了《伦敦议定书》,1887 年 7—8 月间,两国在《英俄勘分阿富汗西北边界协定》的议定书上签字。谈判的最终结果是:阿富汗国家的边界从佐勒菲卡尔山口开始,彭狄绿洲被纳入俄国领土;为了补偿阿富汗,俄国把原布哈拉汗国所属的阿姆河以南地区划给阿富汗。同年 11 月,英、俄划界委员会开始共同标定俄、阿西段边界,确定了西自格里鲁德河,东至阿姆河的俄国—阿富汗边界。而具有领土主权的阿富汗却没有参与这次划界的谈判会议。至此,沙皇俄国对土库曼的征服基本完成。随着土库曼被俄国兼并,以及俄国在中亚西南部的国界最后确定,英、俄之争转向中亚东南部的帕米尔。

9.6　英俄瓜分帕米尔

帕米尔东起塔什库尔干,西到阿姆河上游的喷赤河,南抵兴都库什山,北达阿赖岭。帕米尔由北向南依次分为 8 个地区:和什库珠克帕米尔、萨雷兹帕米尔、郎库里帕米尔、阿尔楚尔柏米尔、大帕米尔、小帕米尔、塔克敦巴什帕米尔、瓦罕帕米尔。

帕米尔四面高山环绕,有"世界屋脊"之称,虽为天堑,但其在东西走向的山脉间有几处山隘,给交通提供了必要的出入口,它们构成了从中国新疆通往西方的交通孔道,古代著名的丝绸之路南道就经过此地。中国古代称帕米尔为葱岭,公元前 60 年,中国西汉王朝在此设置西域都护府,以后,中国历代政府在该地区设置了管理机构。1759 年,清政府在平定南疆大小和卓叛乱之时,在帕米尔设卡置守,派官管理,并在雅什里库里湖边立刻满、汉、回 3 种文字书写的界碑。此后,乾隆皇帝在勘定西域之时,"以葱岭为纲,东新疆,西属国"为原则,把葱岭以西的巴达克山、什克南、鲁善、达尔瓦兹、博罗尔、坎巨提(今巴基斯坦罕萨)及东帕

---

〔1〕〔美〕K. 伯恩,D. 瓦特:《英国外交事务文件:外交部机密报告与文书》,第 1 部分,B 集,卷 12,No:9. 美国大学出版社,1984 年。

米尔的瓦罕等土邦小国作为清朝的属国看待,称之为"新疆藩属"。清朝对藩属国的统治原则是"互不骚扰",因此,没有在其地设置行政、军事机构和委派官吏,也没有在这些地区征收赋税。东帕米尔是清朝的直接管理地,主要由塔吉克族和吉尔吉斯族(布鲁特)居住,清政府任命官员在此进行司法和财政管理,并对该地区居民征收赋税。

从1876年起,俄国先后派十余批武装探险队到帕米尔全境,其中包括清朝所属的地区。兼并土库曼斯坦之后,俄国加紧了在帕米尔北部阿赖谷地的活动。1884年6月,俄国强迫清政府签订《中俄续勘喀什噶尔界约》,其中第三条规定:自乌孜别里山口起,"俄国界线转向西南,中国界线一直往南;所有界线以西,及顺该处河流之西,归俄国属辖;其界线以东,及顺该处河流之东,均归中国属辖。"[1]这样一来,我国领土帕米尔便被分成3部分:帕米尔东部仍属中国;帕米尔西北部变成俄国领土;中俄界线之间(即"一直往南"的中国界线与"转向西南"的俄国界线之间)的这块45度角的三角形地带,成为中俄两国间的"待议地区"。

1888年,俄派侦察队潜入帕米尔及其附近地区,进行了为期两年的侦察活动。1889年,俄国人格郎勃切夫斯基窜到阿尔楚尔帕米尔、大小帕米尔、塔克墩巴什帕米尔,并深入到喀什噶尔、叶儿羌和西藏等地,为沙俄政府盗窃了大量中国情报。1891年7月27日,俄国上校约诺夫以打猎为名率领俄军入侵清朝所属的帕米尔地区,[2]历时两个月,行程1000多公里,俄军的目的是进一步了解有关帕米尔的情况。此外,俄军还在帕米尔撤掉了清朝当局委派的当地一些乡长的职务,任命亲俄分子担任其职,[3]为他们进一步控制帕米尔做准备。清朝政府对这次武装入侵提出了抗议。1891年7月和8月,清政府指示中国驻

---

〔1〕王铁崖编:《中外旧约章汇编》,三联书店,1957年,第1册,第457－458页。

〔2〕〔俄〕伊斯坎达罗夫:《十九世纪下半叶的东布哈拉和帕米尔》,第280－283页,引自西北师范大学历史系编:《帕米尔资料汇编》,打印本,1978年版,第81－82页。

〔3〕〔俄〕伊斯坎达罗夫:《十九世纪下半叶的东布哈拉和帕米尔》,第280－283页,引自西北师范大学历史系编:《帕米尔资料汇编》,第81－82页。

彼得堡公使许景澄照会俄国外交部,要求"须速将越境兵队撤回"。[1]
俄国对此加以否认,直到俄军已经完成使命返回塔什干后,俄外交部副
大臣才承认了俄国士兵越界入帕米尔一事,并保证以后"不再派兵入
中国界"。[2]

俄国在帕米尔的活动促使中国清朝政府采取了相应的防御措施,
加强了对帕米尔的统治。清朝在帕米尔的有关地方增兵设卡,1888
年,在六尔阿乌卡伦和阿克苏河流域增派兵力;1889 年,护理新疆巡抚
魏光焘派旗官张鸿筹带队"巡查内外卡伦"[3],在塔什库尔干、布伦库
里、布伦口等地设立哨所,选派当地牧民守卫重要的山口;同时在以上
地区修建驿道,开荒种地,以保证物资供应。

俄国在帕米尔的活动不仅使中国警觉起来,而且也引起了英国的
不安。帕米尔地区和阿富汗是通往印度西北部的门户,一旦帕米尔地
区全部归俄国所有,俄军南下印度洋就是十分容易的事情。19 世纪初
期,英国开始防范俄国假道中亚进攻印度,英国在西部拉拢波斯抵制俄
国南下的同时,在东部也在积极活动。1873 年,英国扶持窃据中国新
疆的阿古柏政权,妄图使阿古柏成为英国对抗俄国的一支力量;1878—
1880 年,英国与阿富汗进行了第二次战争,随后便完全控制了阿富汗。
英国殖民势力继续北上,征服了克什米尔,建立了查谟—克什米尔邦,
吞并了旁遮普,把他们的统治推进到了开伯尔山口。

中国在维护帕米尔领土主权之时,希望英国参与其中,以遏制俄国
的扩张。然而,英俄在帕米尔问题上的利益,使双方在牺牲中国利益的
基础上达成了妥协,最终瓜分了帕米尔。英俄瓜分帕米尔的过程可以分
为"俄中英 3 国勘界"、"中俄勘界"和"英俄瓜分中国领土"三个阶段。

为解决帕米尔争端,清政府曾提出"帕米尔地为中国所属,今中英
俄三国各不相占"的方案。清朝官员许景澄认为,这一地区居中、俄、
英之间,于中国边界最近,若俄国想占取,有碍中国边防,并且这一地区

[1]新疆社会科学院民族研究所:《新疆简史》第二册,新疆人民出版社,1980 年,第 269 页。
[2]许景澄:《许文肃公遗稿》,第 6 卷。
[3]王彦威:《清季外交史料》,第 87 卷。

·欧·亚·历·史·文·化·文·库·

难以防守,因此他主张3国各不相占。这一处理方案就是基于这一思想而提出来的。这一方案得到了英国的同意,但是,俄方认为这是中英联合制俄,因此俄国不同意此处理方案。1891年10月14日,在中俄双方会晤之时,俄方以帕米尔的"分界不甚清楚,……尚难确定"为由,提出"中俄英三国到帕米尔勘明地界。"

中国和英国对俄国提出的"中英俄三国勘界"的方案表示赞同,于是,3国决定于第二年(1892年)春共同派员勘分帕米尔边界。清政府对此持真诚和积极的态度;英国虽然同意了这一方案,但是,却对俄国抱怀疑的态度。1891年底,英国抢先占领了位于巴基斯坦境内的坎巨堤(今罕萨),坎巨堤事件的发生使"三国勘界"的设想破产。

坎巨堤事件使帕米尔的形势变得复杂,同时也成为中英俄3国交涉帕米尔到中俄勘界的转折点。坎巨堤(又称洪扎、罕萨,中国古籍称棍杂)是中国的藩属国,在新疆西南角,地处由帕米尔通往印度北部的要道上,对英国在印度的统治至关重要。1891年12月,英国乘坎巨堤内乱进兵占领,为此,中国驻英公使薛福成于1892年2月17日和21日两次向英国交涉。英方表示:英国并不想妨碍中国对坎巨堤的所有权,只是担心俄国可能会占领兴都库什山一线。于是,中英双方于1892年4、5月就坎巨堤的处理达成协议,中国仍对坎巨堤保有宗主权,中英双方派员"共同会立"坎巨堤新埃米尔。

坎巨堤事件之后,俄方认为,英国占领坎巨堤使兴都库什和帕米尔地区的局势紧张起来,"三国勘界"已经不可能了,于是,清政府又提出了中俄双方勘界的方案。俄国以英国占领坎巨堤为借口,提出中国必须退出在苏满卡的驻军,然后,俄国才与中国勘界。

苏满卡是清政府于1889年前后设置的。1891年夏,俄国入侵帕米尔后,为保证这一地区的安全,新疆巡抚魏光焘派兵驻守界内各卡。在英国入侵坎巨堤之后,俄国借口中国对英国让步,坚持要中国撤出苏满卡之兵,然后才和中国勘界。中国向俄国声明:苏满有满汉碑文,确系中界;何况随着英国入侵坎巨堤,"苏满乃原驻扼要之区,应驻兵防英,未便撤回"。[1] 俄国却坚持,清朝若不撤兵就不与中国勘界。为了与俄国勘界,清政府妥协,撤走了驻苏满卡的军队。以后,在俄国的威胁下,清朝又于1892年6月从帕米尔全部撤军。清政府撤兵以后,俄国并未立即与之商议勘界之事,而是派步、炮兵及哥萨克骑兵共1500余人抢占了帕米尔的各险要地点。到1892年10月,"待议区"和萨雷阔勒岭以西的中国帕米尔地区全部被俄军占领了。

在这种被动的形势下,中国与俄国在1892年11月终于开始了中俄勘界的实质性讨论。讨论一开始,双方在确定勘界的起点上就发生了争论。根据中俄1884年签订的《中俄续勘喀什噶尔界约》第三条规定,双方勘界应该从乌孜别里以南开始。然而,俄国提出以萨雷阔勒岭开始划界。因此,中俄勘界从一开始就难以顺利进行。俄国之所以坚持以萨雷阔勒岭划界,是因为帕米尔与外界相通的唯一道路穿过该山岭,如果没有这条道,这一地区的交通也就没有了。已经派兵占据帕米尔各险要地势的俄国,此时对划界之事不再迫切,而中国则陷入了十分被动的局面。俄国既不撤兵,又不与中国划界;而英国则持观望态度,也不再和中国一道与俄国交涉。

俄国利用拖延谈判时间,寻求与英国谈判。俄国对中国代表庆常说:"现在英俄商议帕事,英国虽争小帕,而小帕以北地方听俄处置,英不与闻。即小帕地界,英亦酌量割让,是英国受商而中国不受商。与其同中国作无谓之周旋,不如与英国商定一切,以符兵部初议。"[2]这席话表明了俄国已经下决心排除中国,单独与英国处理帕米尔问题。于是,开始了英俄瓜分帕米尔的阶段。

在中俄勘界期间,英国曾答应把小帕米尔还给中国,清政府因"中俄界未定,俄未必答应",又担心英国有变,因此,清政府仍然坚持与俄国交涉。由于中日甲午战争爆发在即,清政府想借助俄国对付日本,所以决定将帕米尔问题暂行搁置,这也符合俄国的愿望,俄国希望利用这

---

〔1〕《光绪十八年二月初三日总署收陕甘总督电》,引自西北师范大学历史系编:《帕米尔资料汇编》,第102页。

〔2〕许景澄:《许文肃公遗稿》,第8卷,第24-26页。

一时期与英国商议。1894 年 2 月,英俄就瓜分帕米尔地区达成了初步协议,4 月初,俄国外交大臣向许景澄提出"两国各不进兵以作调停"。[1] 1895 年 3 月 11 日到 4 月 23 日,中俄双方连续进行了 4 个换文,规定双方互约止兵,直到两国最终解决帕米尔划界问题。

在此期间,英俄两国积极磋商瓜分帕米尔之事,两国最终达成了协议,即从萨雷阔勒湖向东至中国边界划一直线作为南北分界线,界线以南归英国保护国阿富汗所有,界线以北归俄国所管辖。[2] 随后,双方组成了勘界委员会,进行了勘界。从 1895 年 7—9 月,这个勘界委员会完成了俄英瓜分帕米尔的勘界工作。中国帕米尔地区除了塔克敦巴什帕米尔和郎库里帕米尔的一部分仍归中国外,其余部分就这样被英俄瓜分了。清政府对英俄私分帕米尔十分愤慨,"英俄不顾中国允认与否,遽行定界,迹近强占,尤出情理之外"。[3] 清朝多次向英俄提出抗议,并郑重声明中国坚持《中俄续定喀什噶尔界约》中的原则,不承认英俄对帕米尔的占领。

中英俄 3 方对帕米尔的交涉,最终以英俄私分帕米尔、中国主权受到严重侵害的结果告终。帕米尔问题的产生和结局是英俄两个帝国主义在中亚进行"大角逐"的必然结果。以后,为了构筑防止俄国逼近印度西北的战略体系,英国人还划出了狭长的瓦罕走廊将沙俄统治下的布哈拉和英属印度隔开。这样,英国在俄国经帕米尔、越兴都库什山进军印度的通道上树起了一道"栅栏",为英属印度增加了一道安全保障,阿富汗缓冲国的地位正式形成。1896 年 1 月,沙皇批准了俄国的新国界。[4] 至此,俄罗斯帝国完成了对中亚的吞并。

〔1〕许景澄:《许文肃公遗稿》,第 8 卷,第 22 页。

〔2〕《英俄帕米尔界约》,载霍尔狄奇:《十九世纪的东土耳其斯坦》,伦敦 1959 年第 73 页;《俄国侵略中国西北边疆史》,人民出版社,1979 年,第 338－339 页。

〔3〕《总理各国事务衙门致新疆巡抚书》,见《新疆图志·国界志》,第 20 页。

〔4〕乌兹别克苏维埃社会主义共和国国立中央历史档案馆,基藏《费尔干纳省公署》,卷宗号 4546,第 42 页,载《中亚史丛刊》,1988 年第 4 期,第 202 页。

10　中亚被俄国征服的原因及后果

19 世纪 20 年代,西方列强掀起了瓜分世界的狂潮,在此狂潮中,中亚国家未能幸免。中亚国家在政治分裂、经济落后和军事软弱,国内阶级矛盾尖锐的形势下,最终被俄国征服。俄国在中亚的军事扩张与殖民统治给中亚人民带来了极大的痛苦。中亚成了俄国经济的边缘区,边缘化的结果导致中亚经济畸形发展。俄国破坏和遏制了中亚传统文化,其在中亚实施的民族政策激化了中亚的民族矛盾。然而,俄国的征服和统治尽管充满着暴力,最终改变了中亚社会的发展方向,将中亚地区纳入了资本主义体系,在一定程度上促进了中亚社会的进步。

10.1　中亚国家被征服的原因

19 世纪中叶以后,中亚国家被俄国征服,最终成为俄国的殖民地和半殖民地。中亚国家被征服是国际大环境决定的。

1500 年以前,尽管人类有着不同程度的交往,然而,人类基本上是生活在地区隔绝的状态之中。全球大范围的频繁联系始于 16 世纪。1500 年前后,西方进行了海外探险和扩张,各地区不再互相隔绝,经过几百年的交往,到 18 世纪后半叶,各地区的经济和政治关系发生了根本的变化。

从经济方面来看,欧洲与亚洲、非洲的交往不再是中世纪的模式,垄断贸易获取高额商业利润的掠夺方式已经退居次要地位。新的世界性经济关系开始形成,突出表现在国际分工和贸易方面。18 世纪初期,国际分工的初级阶段已在很大范围内完成,世界正在成为一个经济单位,世界各地卷入了以欧洲为中心的全球性经济活动。欧洲是工业中心;南北美洲、东欧和中亚是原料提供者;非洲是人力提供地。到 18

·欧·亚·历·史·文·化·文·库·

世纪末,欧洲与其他地区的贸易也发生了质的变化,欧洲的机器产品淹没了包括中亚在内的亚洲和非洲。俄国的机器纺织品打垮了中亚地区传统的手工产品。为了适应工业资本发展的需要,获取商品市场和原料产地成为列强的目标。西方列强的掠夺方式也以扩大殖民地和半殖民地、倾销工业品和掠夺原材料为主要形式。

在19世纪60年代,欧洲工业国家争夺市场的斗争激烈起来。各国争先扩展自己的海外殖民地和势力范围,在全球范围内展开了一种现代形式的"封建割据"活动。18世纪后期,欧洲列强通过控制印度洋和太平洋从南面和东面包围了亚洲,通过控制印度洋和大西洋从东西两面包围了非洲;俄罗斯人通过征服西伯利亚从北面包围了亚洲。此外,在彼得一世的对外扩张过程中,俄国已经拥有了北冰洋、大西洋、太平洋沿岸的一些地区。接着,西方列强从边缘地带逐渐向内陆蚕食,到19世纪,西方列强已经控制了非洲和亚洲的内陆。19世纪20年代以后,西方列强开始瓜分亚洲。缅甸、马来亚和阿拉伯半岛的南部被英国占据;越南、老挝、柬埔寨被法国占领,法国将此3国合并为法属印度支那;美国取代西班牙侵占了菲律宾;中国、泰国、伊朗、土耳其、阿富汗沦为了西方列强的半殖民地。在此过程中,地处欧亚中部的中亚诸汗国当然不可能幸免,遭到了俄国的军事征服,沦为俄国的殖民地和半殖民地。

在不到半个世纪的时间里,俄国以惊人的速度横越欧亚平原,征服了中亚的3个汗国和东、西两翼的土库曼斯坦和帕米尔地区。俄国之所以能够迅速地征服中亚首先与地缘因素有关,与西方列强相比,俄国占有地利。

俄国所占地域的东欧平原与中亚北部草原是连在一起的,在地理上,俄罗斯的平原区与中亚北部草原可以视为一个整体,没有高山险阻,便利了俄国对中亚地区的进入。此外,中部欧亚地区的河流便利了俄国东去南往的交通。在乌拉尔山脉以西,著名的河流有流入波罗的海的西德维纳河、向南流入黑海的德涅斯特河、第聂伯河、顿河、伏尔加河。在乌拉尔山脉以东,有额尔齐斯河、鄂毕河、叶尼塞河、勒拿河和黑龙江。由于地形平坦,欧亚平原上的河流一般漫长、宽阔,没有湍流的阻碍,这些河流及其众多的支流一起为俄国提供了一个东至太平洋,南至兴都库什山的一张交通网。以上这些地理因素便利了俄国对中亚的征服。

中亚国家一些自身因素也是俄国迅速征服中亚的原因。中亚地区远离工业文明中心,俄国强大起来之后,更是阻断了中亚国家与西方国家的联系。在古代,中国是一个强大而富裕的国家,西方要与中国建立联系必须通过中亚,作为东西方交通要道的中亚,其经济、文化与古代世界的东西强国发生着密切的联系。随着海路的开辟,东西陆路交通逐渐被海路取代,中亚与外界的经济、文化联系开始局限于周边国家和地区,对西方世界的了解极少。18—19世纪是西方人眼界开阔的时期,18世纪上半叶,具有各种专门知识的俄国学者来到中亚,他们中的大多数人写了日记、外交文件和报告,记载了他们在布哈拉观察到的各种情况。当俄国迫切想了解中亚的政治和经济情况之时,在亚洲,只有少数沿海地区和东印度群岛的某些岛屿才感觉到了欧洲的影响,对于地处欧亚腹地的中亚国家的统治者,他们对其身外的其他民族以及世界的变化毫无所知,他们对外界的认识是不切实际的。中亚诸汗国统治者的认识只局限在能够维护自己统治的范围内,他们的愿望是保持国内的稳定,不要侵略别的国家。希瓦汗在回答俄国人的信中说:"开天辟地至今未见如此先例,一国君主为了别国的安宁和别国臣民的安全而在边界上修建堡垒并派遣自己的部队……我汗王希望白沙皇以祖先为榜样,勿醉心于扩张上天所赐予他的帝国领地,勿寻求别国领土,因为这样有损于伟大君主的气度。如想指靠自己的武力要与我们兵戎相见,那么在创造天地万物的造成物主面前,在人间法官们的主宰面前,无论强者弱者,都是平起平坐的。真主的圣意叫谁取胜,谁就取胜……一切都不能违背真主的意志和定数。"[1]这番话出自19世纪70年代的君主,可以想象他对外面世界的了解程度。因此,当俄国打到了

---

〔1〕〔俄〕捷连季耶夫:《征服中亚史》,第2卷,第74页。

家门口之时,希瓦、布哈拉和浩罕三大汗国仍然是夜郎自大。在古代经济、文化荟萃之地的中亚地区,19世纪,无论是其统治者还是人民,对经常与之打交道的俄国文化一点都不了解,更不要说认识西方国家翻天覆地的变化了!

吸收不到外来"营养"的中亚国家,只能沿中世纪的老路缓慢地行走着,与学习西方资本主义强国的俄国不可同日而语。16世纪以前,中亚的文化和社会经济发展水平比俄国高,中亚的农业、手工业、水利工程、医学、文学、艺术都超过了蒙古人统治下的罗思诸公国。16—17世纪,莫斯科公国虽然有很大发展,但是,也与中亚诸汗国处于同一个水平上。18世纪,俄国开始向西方学习,接受了西欧的先进技术,在政治稳定发展的前提下,俄国的经济超过了中亚。18—19世纪,中亚的经济还处于前工业社会,即小农经济、小作坊经济的农业社会,直到俄国征服前夕也没有发生根本的变化。加之,封建割据战争的破坏和统治者的残酷剥削,中亚处于严重的贫穷与落后状态。

18世纪上半叶,由于战乱不断,中亚诸汗国绿洲水利设施遭到了破坏,社会经济衰退。到18世纪中叶以后,社会生产才得到了恢复和发展,中亚经济出现了转机。巴托尔德说:"在俄国征服时,土耳其斯坦大部分的经济状况比起一世纪前,已有很大发展。"[1]曾任西西伯利亚军区参谋长的巴布科夫说:"18世纪下半叶和上一世纪(指19世纪——作者注)上半叶,是吉尔吉斯人(指哈萨克人)经济生活发展最广泛的时期。""18世纪下半叶中亚的特点是朝经济生活普遍高涨的方向发生某种变化。"[2]中亚经济虽然有一定的发展,但是,由于接受不到先进的文化,中亚国家难以打破传统的经济格局。

中亚国家政治分裂也是俄国迅速征服中亚的主要原因。19世纪上半叶,中亚3个汗国(布哈拉、希瓦和浩罕汗国)都进行了兼并封建割据政权的战争,统一战争一直延续到19世纪中叶。在各国统一战争

---

〔1〕〔俄〕巴托尔德:《中亚简史》,耿世民译,新疆人民出版社,1980年,第74－75页。

〔2〕〔俄〕伊·费·巴布科夫:《我在西西伯利亚服务的回忆》,王之相译,商务印书馆,1973年,第325页。

还未完成之时,俄国的征服开始了。中亚 3 个汗国的统治者未能形成足够的权威,以调动全国之力防御和抗击侵略者。因此,俄国对中亚的征服能够在短时间内完成。

从 16 世纪到 19 世纪的这 400 年中,中亚在政治上是分裂的,汗国之间分崩离析,互相争夺。18 世纪上半叶,中亚 3 个汗国对分裂中形成的一些独立或半独立领地展开了争夺。这些领地有:塔什干、奇姆肯特、忽毡、吉扎克、卡拉捷金、达尔瓦兹、什格南、莫夫等等。为了争夺这些领地,3 个汗国之间进行了长期的战争。中亚 3 个汗国之间争夺领土的战争削弱了中亚共同抵抗俄国统治者的力量。

在俄国征服中亚的脚步越来越近之时,中亚诸汗国之间大多数时间内仍然没有团结对敌,反而利用这一机会互相打击。1858 年,一个从布哈拉回到俄国的战俘转述说,布哈拉人说如果俄国人占领塔什干,他们将很高兴,这样,布哈拉汗国就更容易征服浩罕了。这些话与埃米尔纳鲁斯拉及其子穆扎法尔的政治活动是相吻合的。1865 年初,俄国攻打塔什干期间,塔什干部分居民请求布哈拉埃米尔援助,穆扎法尔不仅不给予援助,而且还在撒马尔罕集结军队入侵费尔干纳盆地。布哈拉军沿途破坏城市,把大部分穆斯林抓来当俘虏。他的这些行为使对他满怀希望的浩罕人民绝望和崩溃了。中亚思想家阿赫墨德多尼什愤怒地斥责了布哈拉埃米尔穆扎法尔的行径,谴责他不去援助保卫塔什干抗击沙皇军队的浩罕汗国,反而去攻打它。

中亚诸汗国经济落后导致军事力量软弱也是中亚迅速被俄国兼并的一个原因。布哈拉和希瓦两汗国几乎没有常备军。通常是在战争时临时召集民兵,有时候甚至用棍棒把农民和手工匠驱赶去参战。[1] 这些民军的训练很差、装备恶劣。他们没有任何热情去为与自己利益相反的汗、埃米尔、伯克和地方土豪们作战。浩罕汗国军队的大多数是由未经正规训练的民军组成。俄国人维利亚米诺夫·泽尔诺夫写道:"浩罕没有常备军……浩罕人有炮队,但它是那样糟糕,以致未必能够

---

〔1〕〔俄〕哈尔芬:《中亚归并于俄国》,载《中亚史丛刊》,1988 年第 4 期,第 30 页。

用炮队的名称来称呼它们。"[1]军队在作战中的表现,表明中亚军人的素质极差。在沙俄攻打塔什干时期,浩罕的武器装备已经有了改善,有些装备比沙俄军队的还先进。但是,浩罕军队的低素质使这些武器未能充分发挥作用。布哈拉埃米尔的军队缺乏纪律。在埃米尔入侵费尔干纳时,军队在被占领地区肆意劫掠,"抢走一切落到他们手上的东西,对妇女和儿童们施行暴虐。"[2]

除了上述种种原因以外,中亚诸汗国统治者不得民心也是中亚国家迅速被俄国征服的原因。中亚国家的统治者和封建主对中亚人民实行政治压迫。布哈拉汗国统治者纳迪尔·穆罕默德曾采取非常残酷的刑法,如轻罪者要下油锅,重罪者被轧棉机一样的铁具把人从头到脚像轧棉花一样轧死。[3] 曼格特王朝埃米尔纳斯鲁拉也是一位残酷的统治者。在他统治时期,汗国内遍布特务和密探。市场、学校、清真寺和洗澡堂等地方都充斥着告密者。秘密警察常以监视宗教法的执行为借口,闯入民宅。他们常使用酷刑,逼人们交出自己的财产。他们采用的酷刑有活剥人皮,火上烘烤,把人从高塔上抛下来摔死。[4] 汗国统治者治罪是"随心所欲的,并且总是为汗的金库而谋取利益"[5]。 人们因为一点点小过失就可能被汗或埃米尔没收全部财产。

除了政治压迫外,经济的剥削也是残酷的。布哈拉、希瓦和浩罕汗国以苛捐杂税掠夺国民,国家没有固定的税收制度,税额被征税人增加了若干倍。[6] 19世纪初,在中亚出现了货币地租取代实物地租的现象,农民在将实物转换成货币的过程中,受到了高利贷者的剥削。对于

---

〔1〕《浩罕汗国报导》第115页,载《中亚史丛刊》,1988年第4期,第30页。

〔2〕阿赫马特多尼什:《从布哈拉到彼得堡旅行记》,第47页,载《中亚史丛刊》,1988年第4期,第30页。

〔3〕阿赫马特多尼什:《从布哈拉到彼得堡旅行记》,第80页,载《中亚史丛刊》,1988年第4期,第104页。

〔4〕A. Vambery, *History of Bokhara from the Earlist Period down to the Present. Composed for the First Time after Oriental Known and Unknown Historical Manuscrips*, London, 1873.

〔5〕《我们的中亚邻居——希瓦和土库曼》,第130页,载《中亚史丛刊》,1988年第4期,第27页。

〔6〕《中亚史丛刊》,1988年第4期,第27页。

不能按时纳税的人,国家采取严酷的惩罚,采用的惩罚之一是对受处分的人课以特别罚款。[1] 在征税过程中常常发生舞弊行为,统治者对此也心照不宣。[2] 曾于 19 世纪 60 年代访问过希瓦的俄国军官切尔尼耶夫写道:"卡拉卡尔帕克人的生活状况是很贫困的,这从他们破烂不堪的衣服上可以断定。他们有些人上半身没有东西来遮挡烤人的酷热。儿童们几乎是完全光着身子……他们没有固定的收入……希瓦人从他们那里拿走了一切可以拿走的东西。"[3]

农民还要负担建造宫殿和军事要塞、清理沟渠、修筑道路等劳役。希瓦官员驱赶农民,甚至用棍子打死那些白天没有完成任务的农民。[4] 最沉重的劳役是在汗国的军队中服役,布哈拉军队由亲兵和卡拉契里克(民兵)组成,亲兵的服役是无限期的,民军得不到国库支付的军饷。他们人数很多,几乎各部落和地区的所有成年男子都得参加,因此在战时,很多地区的经济生活完全停顿下来,留下来的只是一些没有劳动力的居民。

研究俄国与中亚各汗国经济关系的涅鲍利辛于 1850 年 11 月 14 日从奥伦堡写信给俄国地理协会的领导人说:"汗国同俄国的全部贸易都集中在某些资本家手里,他们多半是参与统治的人,而人民却处于极端地受压迫与贫困之中。"[5] 在布哈拉、希瓦、浩罕经商的富人,"对统治者隐瞒自己的财富,免得触动他们的贪欲,以便在不利的时刻好逃避他们的抢劫。因为这些统治者虽然挂着汗和埃米尔称号,但实质上却是暴君。他们不受任何约束,总是不知羞耻地占有被自己统治的人的财富。所以在那里连最富的人都无法确信,说不定将来会有一天,尽管自己没有一点过错,却会遭到不经任何法庭审判就被剥夺全部财产

---

〔1〕《中亚史丛刊》,1983 年第 1 期,第 81 页。

〔2〕《我们的中亚邻居——希瓦和土库曼》,第 130 页,载《中亚史丛刊》,1988 年第 4 期,第 27 页。

〔3〕〔俄〕切尔尼耶娃:《切尔尼耶夫在中亚》,第 844 页,载《中亚史丛刊》,1988 年第 4 期,第 26 – 27 页。

〔4〕〔俄〕伊万宁:《希瓦和阿姆河》,第 169 页,载《中亚史丛刊》,1988 年第 4 期,第 27 页。

〔5〕《中亚史丛刊》,1988 年第 4 期,第 28 页。

而成为一个真正的穷光蛋。"[1]与此形成鲜明对照的是统治者,他们聚敛了许多财富。纳迪尔·穆罕默德"在昔班尼王朝和阿斯特拉罕王朝的所有汗中,没有一个比他更富有的。他家的东西有六百卡塔尔骆驼驮子;在他的马厩里有八千匹上等马,放牧在外的马还不包括在内;不算其他牲畜,单是灰色的卡拉库尔羊就有八九千只。还知道在他宫中仓库里,有四百只装满橙黄色法兰克天鹅绒的箱子。"[2]

封建压迫和剥削激化了阶级矛盾,18—19世纪,反对埃米尔、汗、伯克、拜依、比等统治阶级的各族农民起义风起云涌。其中较大的起义有1814年浩罕汗国塔什干起义,起义被镇压下去之后,塔什干居民遭到了长达10天之久的大屠杀。[3] 1821—1825年的布哈拉汗国乌兹别克克普恰克部落的起义;1826年撒马尔罕手工业者起义;1827年和1855—1856年希瓦汗国起义;以及1856—1858年在南哈萨克斯坦发生的农民和城市贫民的反封建起义。1858年4月,俄国著名学者兼旅行家韦尔佐夫被浩罕士兵抓获。当他被押到南哈萨克斯坦的突厥斯坦城时,当地人民的起义正方兴未艾,起义的哈萨克部落包围了突厥斯坦和扬吉库尔干。

在俄国入侵之时,由于不满汗和封建比的残酷剥削和愤恨统治当局的各种征课和掠夺,中亚各族人民曾公开拒绝抵抗俄国军队,尤其是商人和手工业者。在浩罕和布哈拉汗国的一些城市里,特别是大商业中心塔什干、撒马尔罕、浩罕等城市也有强大的支持俄国人的势力。1865年,俄军与伊坎居民发生战斗之时,哈萨克和吉尔吉斯人站在俄国人一边,参加了反对浩罕的军事行动。当俄军兵临撒马尔罕城时,"从备受希尔·阿里(撒马尔罕省统治者)的压迫和国家元首的忽视而吃尽苦头的撒马尔罕居民那里,给俄军司令官送来了一封信,信中通知

---

[1]全国地理学会档案馆基藏1,1850,目录1,卷宗号17,第79-80页,载《中亚史丛刊》,1988年第4期,第28页。

[2]《穆克木汗史》第94页;引自[乌兹]艾哈迈多夫:《16—18世纪历史地理文献》,第105页。

[3][俄]纳扎罗夫:《关于中亚若干民族和国家的札记》,第87-88页,载《中亚史丛刊》,1988年第4期,第27页。

说:'他们希望他占领撒马尔罕。'考夫曼将军认为这真是天赐良机。"[1]在浩罕汗国,有贫苦农民直接向沙皇当局请求加入俄国国籍。俄国人曾收到一份约穆特土库曼人的呈文,呈文中说:"约穆德(即约穆特——作者注)民众向白沙皇委派的长官提出下面的请求:我们的汗王像一只虎,大官们像一群猪,而头目们却像一群豺狼。请来保护像绵羊一样的可怜的居民吧!请来解救他们,使他们能脱离这群贪污受贿者和狡猾奸诈的人们……我们害怕你们的惩罚,吓得哆哆嗦嗦像芦苇一样,一直不得安宁……请为我们主持公道吧!我们的思想就会解除束缚,像鸟儿那样展翅飞翔……"[2]

中亚国家政治分裂、经济落后和军事软弱,国内阶级矛盾尖锐。在此形势下,俄国在短时间内就征服了中亚国家。经过 30 多年的战争,俄国将布哈拉和希瓦两个汗国沦为保护国,将中亚的其余地区纳入沙皇俄国的政治版图。

10.2　俄罗斯帝国征服中亚产生的后果

在不到半个世纪的时间里,俄国以惊人的速度横越欧亚平原,采取武力方式征服了中亚的 3 个汗国和东、西两翼的土库曼斯坦和帕米尔地区。

俄国的征服给中亚社会带来了积极的影响。俄国征服中亚改变了中亚社会的发展方向,尽管征服和统治充满着暴力。俄国的征服把发展迟缓的中亚诸汗国纳入了俄国政治轨道,使中亚开始朝着资本主义的方向前进。在俄国征服以前,中亚处于封建王朝的统治之下,汗国的政治统治是封建性质的,有的地方甚至还保存着部落残余和奴隶制残余,如土库曼部落中存在着部落残杀的习俗。俄国征服中亚以后,中亚的政治纳入了俄罗斯帝国军事资本主义的发展轨道,政治管理模式从封建性质逐步向资本主义性质转变。

---

〔1〕〔俄〕哈尔芬:《中亚归并于俄国》,载《中亚史丛刊》,1988 年第 4 期,第 117 页。
〔2〕〔俄〕捷连季耶夫:《征服中亚史》,第 2 卷,第 369－370 页。

·欧·亚·历·史·文·化·文·库·

俄国征服中亚以后,中亚的经济被纳入资本主义的经济体系,客观上促进了中亚生产力的发展。在原有生产力的基础上,中亚出现了资本主义性质的农业和农产品初加工业,矿产的快速开采,推动了中亚矿产原料初加工的发展。从克拉斯诺沃兹克到塔什干的外里海铁路以及从奥伦堡到塔什干等重要铁路的建成,有利于中亚产品外销和外国资本进入中亚市场。所有这些都带动了中亚商品经济的发展,促进了中亚生产力的增长,同时也促进了中亚工人阶级和民族资产阶级的形成。俄国在中亚一些地区进行了土地改革,这些改革包括了减税和减轻农民对国家及地主的劳役。此外,俄国移民的到来推广了高产农作物的生产技术和灌溉农业的技术,中亚原有的水利灌溉设施得到进一步修缮,大片土地得到开发,中亚的生产方式由游牧为主逐步转向定居农业。这些措施无疑对中亚的经济产生了积极影响。

俄国对中亚的统治客观上给中亚的教育与社会文化生活带来了文明因素。19世纪中叶以前,中亚诸汗国的教育基本上依附于宗教,学校的教学大纲是以学习神学、经院哲学和伊斯兰教法典为主。学校办学的经费不从国库中支付,而是来自瓦克夫等宗教收入。俄国统治中亚以后,俄罗斯学校与地区宗教学校并存,具有现代教育意味的"新方法学校"出现。俄国政府在中亚创办师范类学校,为中亚教育培养师资。同时,俄罗斯、乌克兰等移民的大批涌入,改变了中亚文化的构成,使中亚地区的文化呈现出多元化特征。草原文化与定居文化,伊斯兰文化与基督教文化,古老的亚洲文化与现代的西方文化汇集于中亚,给中亚文化的多元性发展提供了空间。

俄国在中亚的军事扩张与殖民统治给中亚带来了许多负面影响,给中亚人民带来了极大的痛苦,这一点必须承认。中亚国家被俄国征服以后,中亚地区被纳入以东欧平原为中心的俄罗斯帝国的统治范围,成了俄罗斯帝国的边缘,改变了中亚的战略地位。在历史上,处于欧亚大陆中心的中亚在几千年中一直占据着重要的地位。凭借着得天独厚的地理优势,中亚曾是欧亚大陆商路的必经之地和商业贸易中转站,是东西方经济和文化交往的汇合点,也是东西方大国角逐较量的主要舞台之一。具有历史影响的许多帝国,如波斯帝国、亚力山大帝国、蒙古帝国等等都在中亚留下了自己的痕迹。中亚被征服以后,从政治和军事的角度上看,中亚成了俄罗斯帝国整体战略布局中的一部分,它只能在俄国范围内发挥作用。它成为俄国通向两个东方大国——中国和印度的通道和俄国推行亚洲政策的前沿,因此,中亚的战略重要性下降了。

俄国统治下的中亚经济表现出殖民地经济的特征。中亚经济纳入俄国经济体系,使中亚成了俄国经济的边缘区,边缘化的结果导致中亚经济畸形发展。中亚没有建立起自己的工业体系,产品单一,经济不能独立,在很大程度上依赖于俄国。作为俄国工业生产原料的棉花、亚麻等经济作物在中亚地区的种植急剧增加。为了宗主国的利益,俄国认为哈萨克人应永世游牧,为俄国生产牲畜、兽皮、油脂、兽毛及其他原料,[1]同时又为俄国消费粮食和手工业品。[2] 在俄国人的倡议下,棉花的种植得到极大的推动,到 1900 年时,棉花种植面积"在俄属突厥斯坦(即西突厥斯坦——作者注)的大多数地区"已高达耕种地面积的 30% ~ 40%。[3] 随着棉花耕地面积的增长,粮食耕地面积却急剧减少,过去粮食自给自足的中亚,成了必须从俄国大量进口粮食才能生存的中亚。

俄国为了本国纺织产品的销路,严格限制中亚纺织业的发展,使中亚纺织业从中世纪的优势产业变成了依赖俄国纺织品的地区。中亚居民穿的不再是自己纺织的布料,而是从莫斯科等省运来的俄国布料。1872 年,一个俄国财务官员写道,布哈拉人从头到脚都穿的是俄国的棉制品。前苏联经济学家琼图洛夫总结其主要原因为"沙皇政府推行殖民政策,有意识地限制民族地区的工业发展。例如,为了维护莫斯科、圣彼得堡、伊凡诺夫—沃兹涅先斯克的纺织工厂主的利益,限制中亚和外高加索棉纺织工业的发展。"[4]

俄国在中亚有文化侵略的意图,使中亚俄罗斯化,破坏和遏制了中

---

〔1〕〔俄〕捷连季耶夫:《征服中亚史》,第 1 卷,第 111 页。

〔2〕〔俄〕捷连季耶夫:《征服中亚史》,第 1 卷,第 115 页。

〔3〕C. Adle Irfan Habib:*History of Civilizations of Central Asia*,Vol. 5., p. 379.

〔4〕〔前苏联〕B. T. 琼图洛夫:《苏联经济史》,郑彪等译,吉林大学出版社,1988 年,第 72 页。

亚传统文化。俄国政府在中亚采取了一些措施确立俄语的地位,他们禁止用中亚的民族语言授课,在塔什干他们为儿童开办了俄语小学,[1]在哈萨克人的游牧学校里采用了俄语字母给哈萨克文注音等措施。[2] 俄国还禁止中亚民族使用自己的民族文字出版书籍和报纸。正如斯大林所指出的:"大俄罗斯沙文主义倾向的实质是:企图抹杀语言、文化和生活习惯方面的民族差异。"[3]这些做法在中亚各族人民中造成了深刻的文化与心理危机,激化了俄国文化与中亚本土文化,即斯拉夫文化与突厥伊斯兰文化之间的冲突。

俄国在中亚实施的民族政策激化了中亚的民族矛盾。19世纪90年代,大批俄罗斯、乌克兰农民来到中亚,挤压了土著牧民的放牧地,造成了牧民的贫困,由此导致了牧民与移居者之间因土地问题产生的冲突。俄国政府在中亚采取民族歧视政策,如俄国把肥沃土地让给俄罗斯移民,把中亚居民迁往贫瘠地区。俄国的这些做法激起了中亚各族人民与俄罗斯移民之间的矛盾,致使中亚各族人民反殖民压迫的起义不断发生。如1892年,塔什干举行了反俄的"霍乱"暴动;1898年,费尔干纳爆发了由杜克契、伊山领导的反殖民统治的安集延起义等等。

俄国在中亚的军事扩张与殖民统治给中亚社会带来的消极影响是很大的,尽管如此,俄国对中亚的征服不是中世纪的城池之战,而是近代的殖民扩张;俄国在中亚的统治不是传统的封建统治,而是被纳入了资本主义体系的殖民统治;征服和统治的结果没有使俄国人穆斯林化,而是使中亚居民接受了俄罗斯文化。恩格斯评价说:"俄国的统治,不管怎样卑鄙无耻,怎样带有种种斯拉夫的肮脏东西,但对于黑海、里海和中亚细亚,对于巴什基里亚人和鞑靼人,都是有文明作用的。"[4]

---

〔1〕〔俄〕捷连季耶夫:《征服中亚史》,第1卷,第416页。
〔2〕〔俄〕捷连季耶夫:《征服中亚史》,第3卷,第389页。
〔3〕《斯大林全集》,第12卷,人民出版社,1955年,第314页。
〔4〕《马克思恩格斯全集》,人民出版社1972年版,第27卷,第285页。

结束语

1991 年,"8·19 事件"导致了苏联的解体,此后,中亚 5 个加盟共和国踏上了独立建国的征程。从 1991 年 8 月 31 日至 1991 年 12 月 16 日,吉尔吉斯、乌兹别克、塔吉克、土库曼、哈萨克 5 个加盟共和国相继宣布独立,成为独立的主权国家。中亚地区从沙俄和苏联时期的边缘地区回归到世界的怀抱之中,确立了自己应有的地位。

由于地理位置的重要性和自然资源的丰富,回归后的中亚再次成为大国角逐之地。这一次中亚面临的大国不是英国和沙俄,而是美国与俄罗斯。凭借着历史关系,俄罗斯与中亚 5 国政治、军事和经济的联系紧密,中亚 5 国成为俄罗斯恢复世界帝国野心的战略和资源后盾。"9·11"事件以后,美国借打击恐怖主义的名义,将军事势力伸入中亚,直接与俄罗斯争夺中亚地区。外国军队进驻中亚地区,暂时可以满足中亚一些国家的安全需要,但是,外国军队在中亚又增加了中亚国家安全的不稳定性。

纵观 16—19 世纪中亚国家与俄国的发展,考察 400 年来中亚国家与俄国关系的轨迹,不难看出,中亚国家依靠自身的力量防御大国是有困难的。从历史中吸取教训,中亚独立国家正在参与创建或加入国际或区域合作组织,构建多形式、多领域、多成分的地区安全体系,以保证中亚国家的独立和经济的发展。独立以后,中亚五国参与创建了独立国家联合体(Commonwealth of Independent States)、上海合作组织(Shanghai Cooperation Organization)、亚洲相互协作与信任措施会议(The Conference on Interaction and Confidence Building Measures in Asia)等区域性组织。实践证明,多形式、多领域、多成分的区域合作组织有利于中亚国家构建地区安全体系,保证了中亚国家的独立和经济的发展。

·欧·亚·历·史·文·化·文·库·

外国在中亚建立军事基地和驻军给邻近国家的安全造成了潜在的威胁。美国和俄罗斯两个大国在中亚的角逐直接关系到中国西部边疆的安全。19世纪中叶,沙俄吞并中亚,中亚与中国之间的关系实际上是沙俄与清王朝之间的关系。苏维埃政权建立和苏联成立以后,中亚与中国的关系完全从属于中苏关系。20世纪60年代,中苏关系恶化,中亚与中国的各方面往来中断。在戈尔巴乔夫时期(1989年以后)中苏关系正常化,中亚与中国恢复了经济和文化的交往。这一时期的友好交往为独立以后的中亚五国与中国关系的良好发展奠定了基础。

中国新疆地区与哈萨克斯坦、吉尔吉斯斯坦、塔吉克斯坦3国有着长达3000多公里的边界,中亚国家的稳定对于维护中国西部边疆的安全至关重要。中亚与中国的来往历史悠久,中亚与中国的交通路线被称为"丝绸之路",丝绸之路的3道都经中亚通往西方。中国与中亚国家便捷的交通条件有利于中国加强与中亚国家的联系,同时也便利了别国势力的渗入,对中国的国家安全构成严峻的挑战。从经济方面看,中国经济的发展需要中亚的石油资源,中亚石油通过管道运输进入中国,就成本和安全来说都优于海运。因此,中亚国家的稳定也是关系中国能源安全的重要问题。

中亚5国独立以后,中国注重"发展经济和安全合作"的价值取向获得了中亚国家执政者的信任,中亚国家普遍将中国视为对外关系的重点。经过共同努力,中国与哈萨克斯坦、吉尔吉斯斯坦和塔吉克斯坦的边界问题顺利解决,增进了相互之间的信任和理解。在哈萨克斯坦承诺成为无核国家之后,中国政府于1995年2月8日发表正式声明,郑重承诺中国不向哈萨克斯坦使用和威胁使用核武器。如今,中国与中亚5国已经形成了好邻居、好朋友、好伙伴的关系。中国与中亚国家的睦邻友好关系维护了中国和中亚地区的安全,为中亚地区的稳定提供了现实的保证。

实践证明,中亚国家要巩固独立,发展经济,必须有安全的环境。中亚国家的安全体系要依靠国际社会的合作,正如《上海合作组织五周年宣言》所说:"只有所有相关国家和国际组织开展广泛合作,才能有效应对挑战和威胁,而确定维护地区安全的具体方式和机制,是该地区国家的权利和责任。"[1]

─────────────

〔1〕《上海合作组织五周年宣言》,中华人民共和国外交部网 2006 - 06 - 15。

参考书目

汉文著作(按拼音字母排序)

北京大学历史系.沙皇俄国侵略扩张史:上册.北京:人民出版社,1979.

北京大学历史系.沙皇俄国侵略扩张史:下册.北京:人民出版社,1980.

米儿咱·马黑麻·海答儿.中亚蒙兀儿史——拉失德史.乌鲁木齐:新疆人民出版社,1986.

厉声.哈萨克斯坦及其与中国新疆的关系(15 世纪至 20 世纪中期).哈尔滨:黑龙江教育出版社,2004.

刘祖熙.改革和革命·俄国现代化研究(1861—1917).北京:北京大学出版社,2001.

孟楠.俄国统治中亚政策研究.乌鲁木齐:新疆大学出版社,2000.

潘志平.中亚的地缘政治文化.乌鲁木齐:新疆人民出版社,2003.

沙俄侵略中国西北边疆史编写组.沙俄侵略中国西北边疆史.北京:人民出版社,1979.

孙成木,等.俄国通史简编.北京:人民出版社,1986.

孙成木.俄罗斯文化 1000 年.北京:东方出版社,1995.

孙祥秀.彼得一世改革.北京:求实出版社,1987.

王治来.中亚通史:近代卷.乌鲁木齐:新疆人民出版社,2004.

吴筑星.沙俄征服中亚史考叙.贵阳:贵州教育出版社,1996.

徐景学.俄国史稿.北京:中国经济出版社,1989.

汉译著作(按拼音字母排序)

〔波斯〕拉施特.史集:第 2 卷.余大钧,周建奇,译.北京:商务印书馆,1995.

〔俄〕捷连季耶夫.征服中亚史:第 1 卷.武汉大学外语系,译.北京:商务印书馆,1980.

〔俄〕捷连季耶夫.征服中亚史:第 2 卷.新疆大学外语系,译.北京:商务印书馆,1983.

〔俄〕捷连季耶夫.征服中亚史:第 3 卷.甘肃师范大学外语系,译.北京:商务印书馆,1986.

〔俄〕瓦·奥·克柳切夫斯基.俄国史教程:第 1、2 卷.贾宗谊,等,译.北京:商务印书馆,1996.

〔俄〕M. P. 泽齐娜,科什曼、舒利金.俄罗斯文化史.刘文飞,苏玲,译.上海:上海译文出版社,1999.

〔俄〕巴托尔德.中亚突厥史十二讲.罗致平,译.北京:中国社会科学出版社,1984.

〔俄〕波克罗夫斯基.俄国历史概要.贝璋衡,等,译.北京:商务印书馆,1994.

〔俄〕尼·伊·帕甫连科.彼得大帝传.斯庸,译.北京:三联书店,1982.

〔俄〕伊万诺夫.中亚史纲:16—19 世纪中叶.董兴森,吴筑星,译.刘品大,校.贵阳:贵州师范大学历史系.中亚史丛刊,1983(1).

〔法〕加斯东·加恩.彼得大帝时期的俄中关系史,江载华,等,译.北京:商务印书馆,1980.

〔法〕勒内·格鲁塞.草原帝国.蓝琪,译.北京:商务印书馆,2003.

〔美〕亨利·赫坦巴哈,等.俄罗斯帝国主义—从伊凡大帝到革命前.吉林师范大学历史系,译,北京:三联书店,1978.

〔美〕特伦斯·K.霍普金斯,伊曼纽尔·沃勒斯坦,等.转型时代——世界体系的发展轨迹 1945—2025.吴英,译.北京:高等教育出版社,2002.

〔美〕爱德华·阿尔窝什.俄国统治中亚百年史.许序雅,蓝琪,李一新,马骏骐,杨子娟,译.中亚史丛刊,1985(3).

〔美〕斯塔夫里亚诺斯.全球分裂上册.迟越,王红生,等,译.北京:商务印书馆,1993.

〔美〕斯塔夫里亚诺斯.全球通史(1500年以后的世界).吴象婴、梁赤民,译.上海:上海社会科学出版社,1992.

〔前苏联〕诺索夫.苏联简史.武汉大学外文系,译.北京:三联书店,1977.

〔前苏联〕B.T.琼图洛夫.苏联经济史.郑彪,译.吉林大学出版社,1988.

〔前苏联〕格列拉夫,雅库博夫斯基.金帐汗国兴衰史.余大钧,译.张沪华,校.北京:商务印书馆,1985.

〔前苏联〕哈尔芬.中亚归并于俄国.吴筑星,董兴森,译.刘品大,校.中亚史丛刊,1988(4).

〔前苏联〕加富罗夫.中亚塔吉克史.肖之兴,译.北京:中国社会科学出版社,1985.

〔前苏联〕潘克拉托娃.苏联通史.山东大学翻译组,译.北京:三联书店,1980.

〔前苏联〕沙斯季娜.十七世纪俄蒙通使关系.北京师范大学外语系,译.北京:商务印书馆,1977.

〔乌兹别克〕艾哈迈多夫.16—18世纪历史地理文献.陈远光,译.昆明:云南人民出版社,2002.

〔伊朗〕志费尼.世界征服者史.何高济,译.北京:商务印书馆,2004.

〔印度〕巴布尔.巴布尔回忆录.王治来,译.北京:商务印书馆,1997.

〔英〕约·弗·巴德利.俄国·蒙古·中国.吴持哲,吴有刚,译.北京:商务印书馆,1981.

贾合甫·米尔扎汗.哈萨克族.纳比坚穆哈穆德罕.何星亮,译.北京:民族出版社,2004.

王铖.往年纪事译注,兰州:甘肃民族出版社,1994.

王钺. 罗斯法典译注, 兰州:兰州大学出版社,1987.

外文著作(按英文字母排序):

A Vambery. History of Bokhara from the Earlist Period down to the Present. Composed for the First Time after Oriental Known and Unknown Historical Manuscrips. London:[s. n.],1873.

Alexis Krausse. Russia in Asia, A Record and a Study. Reprt:[s. n.],1973.

Barthold V V. History of the Semirecheye//Four Studies on the History of Central Asia. tr. V and T. Minorsky. Leiden.

Burnes A. Travels into Bokhara, together with a Narrative of a Voyage on the Indus (1831—1833). London:[s. n.],1973.

Burton A. The Bukharans,a Dynastic,Diplomatic and Commercial History 1550—1702. London:[s. n.],1997.

C Adle Irfan Habib. History of Civilizations of Central Asia:Vol. 5. [S. l.]:UNESCO Publishing,2003.

Dunmore. The Earl of The Pamirs, 1894,2 vols.

Encyclopedia Britannica: 11th. Cambridge: Cambridge University Press,1911:Vol. 14.

Eugene Schuyler. Turkistan Notes of a Journey in Russian Turkistan Khokand Bokhara and Kuldja.

Fletcher,Doctor Giles. A treatise of Russia and the Adjoyning Regions. A. D. 1588.

Fraser – Tytler W K. Afghanistan. 1953.

H Landsdell. Russian Central Asia. 1885.

Howorth H H. History of the Mongols from the 9th to the 19th Century. London:[s. n.],1880.

Savory R. Iran under the Safavids. Cambridge:[s. n.],1980.

Seymour Becker. Russian's Protectorates in Central Asia,Bukhara and

Khiva,1865—1924. Russian Research Center Studies 15. Cambridge: Haverd University Press,1968.

Skrine F H,Ross E D. The Heart of Asia. London:Methuen,1899.

The Cambridge History of Iran. Cambridge: Cambridge University Press,1986.

术语表

Adras,阿德拉(丝绸)

Alācha,阿拉查(布)

amīr – i kabīr,大埃米尔

amīr – i qassāb,屠夫埃米尔

Ansāb al – salātīn wa tawārīkh al – khawāqīn,〔书〕《速檀王统与可汗世袭》

Aqtaban – shubirindi,阿克塔班·苏比里大灾难

Arimaspea,〔书〕《独目人》

atālīq,阿塔雷克(监护人)

bakhmal ,深红色天鹅绒

begs(或 *bīs*)伯克(封建地主)

be – qasab,贝卡沙布(丝绸)

charkha,恰卡(织布机)

chīt,奇特(印花布)

fals(*fulūs*),铜币

fūta,夫塔(丝绸)

Gul – i Surkh,红玫瑰节

Hudud al Alam,〔书〕《世界境域志》

imām al – zamān wa – khalif al – rahmān,最仁慈的哈里发时代的伊玛目和真主的使者

jul,货币税

kanaus,卡瑙丝(丝绸)

Karatagh,卡拉塔格(丝绸)

karbās,卡尔巴丝(布)

kārkhāna)作坊

khānanqāhs,修道院

mal – i amān,马尔·依·阿曼(保护税)

mannas,曼纳(重量单位)

ming – bāshī,千夫长

mīrzā,米尔咱(波斯语指王公、贵族)

mudarris,教师(大清真寺的讲演者)

muftīs ,法理学家

muftīyat,法律鉴定所

muhtasib,市场监督官

okrugs,行政区

pisé,晒干的砖

qālibs,印模

qāzī – kalān,大法官

qush – begī,首相

ribāt,大旅店

risālas,行会章程

Samarqand Darwāza,撒马尔罕门

saqirlāt,羊毛织绵

sardāba,水库

shaykh al - islām,首席祭师(首席神学家)

suyūrghāls,大地产

tāfta,塔夫塔(丝绸)

The Geography,〔书〕《地理志》

tillias(*tallās*)提拉(金币,1 提拉等于 4 卢币)

tūp,火炮

Ubaydullāh - nāma,〔书〕《奥贝都拉史》

urān,口令

ustād,乌斯达德(行会会长)

zandān - īchī,赞丹尼奇布

zapovednye tovary,公开市场

zhuz(*zhus*,复数 *shuzder*,*zhuzler*),玉兹

索引表

A

·欧·亚·历·史·文·化·文·库·

288

欧亚历史文化文库

已经出版

林悟殊著:《中古夷教华化丛考》 定价:66.00元

赵俪生著:《龏兹集》 定价:69.00元

华喆著:《阴山鸣镝——匈奴在北方草原上的兴衰》 定价:48.00元

杨军编著:《走向陌生的地方——内陆欧亚移民史话》 定价:38.00元

贺菊莲著:《天山家宴——西域饮食文化纵横谈》 定价:64.00元

陈鹏著:《路途漫漫丝貂情——明清东北亚丝绸之路研究》

定价:62.00元

王颋著:《内陆亚洲史地求索》 定价:83.00元

〔日〕堀敏一著,韩昇、刘建英编译:《隋唐帝国与东亚》 定价:38.00元

〔印度〕艾哈默得·辛哈著,周翔翼译,徐百永校:《入藏四年》

定价:35.00元

〔意〕伯戴克著,张云译:《中部西藏与蒙古人

——元代西藏历史》(增订本) 定价:38.00元

陈高华著:《元朝史事新证》 定价:74.00元

王永兴著:《唐代经营西北研究》 定价:94.00元

王炳华著:《西域考古文存》 定价:108.00元

李健才著:《东北亚史地论集》 定价:73.00元

孟凡人著:《新疆考古论集》 定价:98.00元

周伟洲著:《藏史论考》 定价:55.00元

刘文锁著:《丝绸之路——内陆欧亚考古与历史》 定价:88.00元

张博泉著:《甫白文存》 定价:62.00元

孙玉良著:《史林遗痕》 定价:85.00元

马健著:《匈奴葬仪的考古学探索》 定价:76.00元

〔俄〕柯兹洛夫著,王希隆、丁淑琴译:

《蒙古、安多和死城哈喇浩特》(完整版) 定价:82.00元

乌云高娃著:《元朝与高丽关系研究》 定价:67.00元

杨军著:《夫余史研究》 定价:40.00元

梁俊艳著:《英国与中国西藏(1774—1904)》　　　　　定价:88.00 元

〔乌兹别克斯坦〕艾哈迈多夫著,陈远光译:

　《16—18 世纪中亚历史地理文献》(修订版)　　　定价:85.00 元

成一农著:《空间与形态——三至七世纪中国历史城市地理研究》

　　　　　　　　　　　　　　　　　　　　　　　定价:76.00 元

杨铭著:《唐代吐蕃与西北民族关系史研究》　　　　定价:86.00 元

殷小平著:《元代也里可温考述》　　　　　　　　　定价:50.00 元

耿世民著:《西域文史论稿》　　　　　　　　　　　定价:100.00 元

殷晴著:《丝绸之路经济史研究》　　　　定价:135.00 元(上、下册)

余大钧译:《北方民族史与蒙古史译文集》　定价:160.00 元(上、下册)

韩儒林著:《蒙元史与内陆亚洲史研究》　　　　　　定价:58.00 元

〔美〕查尔斯·林霍尔姆著,张士东、杨军译:

　《伊斯兰中东——传统与变迁》　　　　　　　　　定价:88.00 元

〔美〕J.G.马勒著,王欣译:《唐代塑像中的西域人》　定价:58.00 元

顾世宝著:《蒙元时代的蒙古族文学家》　　　　　　定价:42.00 元

杨铭编:《国外敦煌学、藏学研究——翻译与评述》　定价:78.00 元

牛汝极等著:《新疆文化的现代化转向》　　　　　　定价:76.00 元

周伟洲著:《西域史地论集》　　　　　　　　　　　定价:82.00 元

周晶著:《纷扰的雪山——20 世纪前半叶西藏社会生活研究》

　　　　　　　　　　　　　　　　　　　　　　　定价:75.00 元

蓝琪著:《16—19 世纪中亚各国与俄国关系论述》　　定价:58.00 元

敬请期待

〔俄〕Т.Б.巴尔采娃著,张良仁、李明华译:

　《斯基泰时期的有色金属加工业——第聂伯河左岸森林草原带》

李鸣飞著:《玄风庆会——蒙古国早期的宗教变迁》

马小鹤著:《光明的使者》

许全胜著:《黑鞑事略汇校集注》

张文德著:《朝贡与入附——明代西域人来华研究》

尚永琪著:《胡僧东来——汉唐时期的佛经翻译家和传播人》

篠原典生著:《西天伽蓝记》

桂宝丽著:《可萨突厥》

张小贵著:《祆教史考论与述评》

贾丛江著:《汉代西域汉人和汉文化》

王冀青著:《斯坦因的中亚考察》

王冀青著:《斯坦因研究论集》

王永兴著:《敦煌吐鲁番出土唐代军事文书考释》

薛宗正著:《汉唐西域史汇考》

李映洲著:《敦煌艺术论》

许序雅著:《唐朝与中亚九姓胡关系史研究》

叶德荣著:《汉晋胡汉佛教论集》

〔俄〕波塔宁著,〔俄〕奥布鲁切夫编,吴吉康译:《蒙古纪行》

王颋著:《内陆亚洲史地求索》(续)

〔德〕施林洛甫著,刘震译校:《叙事和图画
  ——欧洲和印度艺术中的情节展现》

王冀青著:《斯坦因档案研究指南》

刘雪飞著:《上古欧洲斯基泰文化巡礼》

汪受宽著:《骊靬梦断——古罗马军团东归伪史辨识》

〔前苏联〕巴托尔德著,张丽译:《中亚历史》

徐文堪编:《梅维恒内陆欧亚研究文选》

〔前苏联〕К.А.阿奇舍夫、Г.А.库沙耶夫著,孙危译:
  《伊犁河流域塞人和乌孙的古代文明》

徐文堪著:《古代内陆欧亚的语言和有关研究》

刘迎胜著:《小儿锦文字释读与研究》

李锦绣编:《20世纪内陆欧亚历史文化研究论文选粹》

李锦绣、余太山编:《古代内陆欧亚史纲》

郑炳林著:《敦煌占卜文献叙录》

陈明著:《出土文献与早期佛经词汇研究》

李锦绣著:《裴矩〈西域图记〉辑考》

王冀青著:《犍陀罗佛教艺术》

王冀青著:《敦煌西域研究论集》

李艳玲著:《公元前2世纪至公元7世纪前期西域绿洲农业研究》

许全胜、刘震编:《内陆欧亚历史语言论集——徐文堪先生古稀纪念》

张小贵编:《三夷教论集——林悟殊先生古稀纪念》

李鸣飞著:《横跨欧亚——马可波罗的足迹》

杨林坤著:《西风万里交河道——明代西域丝路上的使者与商旅》

杜斗诚著:《杜撰集》

林悟殊著:《华化摩尼教补说》

王媛媛著:《摩尼教艺术及其华化考述》

〔日〕渡边哲信著,尹红丹、王冀青译:《西域旅行日记》

李花子著:《长白山踏查记》

王冀青著:《佛光西照——欧美佛教研究史》

王冀青著:《霍恩勒与鲍威尔写本》

王冀青著:《清朝政府与斯坦因第二次中国考古》

芮传明著:《摩尼教东方文书校注与译释》

马小鹤著:《摩尼教东方文书研究》

段海蓉著:《萨都剌传》

〔德〕梅塔著,刘震译:《从弃绝到解脱》

郭物著:《欧亚游牧社会的重器——鍑》

王邦维著:《玄奘》

冯天亮著:《词从外来——唐代外来语研究》

芮传明著:《内陆欧亚中古风云录》

王冀青著:《伯希和敦煌考古档案研究》

王冀青著:《伯希和中亚考察研究》

李锦绣著:《北阿富汗的巴克特里亚文献》

〔日〕荒川正晴著,冯培红译:《欧亚的交通贸易与唐帝国》

孙昊著:《辽代女真社会研究》

赵现海著:《明长城的兴起
　——"长城社会史"视野下明中期榆林长城修筑研究》

华喆著:《帝国的背影——公元 14 世纪以后的蒙古》

〔前苏联〕伊·亚·兹拉特金著,马曼丽译:《准葛尔汗国史》(修订版)

杨建新著:《民族边疆论集》

〔美〕白卖克著,马娟译:《大蒙古国的畏吾儿人》

余太山著:《内陆欧亚史研究自选论集》

·欧·亚·历·史·文·化·文·库·